实践应用型学前教育专业规划教材

幼儿园教育活动设计与实施

主　编　陈世联
副主编　唐大章　任　捷　刘姝含
参　编　彭　曦　孙　杨　秦泽虎　郑国艳

中国人民大学出版社
·北京·

图书在版编目（CIP）数据

幼儿园教育活动设计与实施/陈世联主编. —北京：中国人民大学出版社，2016.10
实践应用型学前教育专业规划教材
ISBN 978-7-300-23003-0

Ⅰ.①幼… Ⅱ.①陈… Ⅲ.①幼儿园—教学活动—教学设计 Ⅳ.①G612

中国版本图书馆 CIP 数据核字（2016）第 140210 号

实践应用型学前教育专业规划教材
幼儿园教育活动设计与实施
主　　编　陈世联
副 主 编　唐大章　任　捷　刘姝含
参　　编　彭　曦　孙　杨　秦泽虎　郑国艳
You'eryuan Jiaoyu Huodong Sheji yu Shishi

出版发行　中国人民大学出版社
社　　址　北京中关村大街 31 号　　**邮政编码**　100080
电　　话　010－62511242（总编室）　010－62511770（质管部）
010－82501766（邮购部）　010－62514148（门市部）
010－62515195（发行公司）　010－62515275（盗版举报）
网　　址　http://www.crup.com.cn
经　　销　新华书店
印　　刷　唐山玺诚印务有限公司
开　　本　787 mm×1092 mm　1/16　　**版　　次**　2016 年 10 月第 1 版
印　　张　17.75　　**印　　次**　2024 年 6 月第 8 次印刷
字　　数　394 000　　**定　　价**　39.80 元

前　言

本书编写宗旨：参照教育部《幼儿园教育指导纲要（试行）》《幼儿园教师专业标准（试行）》《3～6岁儿童学习与发展指南》的精神与要求编写，坚持理论联系实际，讲学练结合，突出岗位技能训练。在内容和体例上力求做到科学、实用、新颖。基础知识的构建以阐述基本问题为主，通俗易懂，便于理解；技能训练则与幼儿园的实际需要对接，做到目的明确、重点突出、指导具体，具有很强的实用性和可操作性。

本书编写原则：继承传统精华，反映当代主流；重实践轻理论，求简明去复杂。全书以党的二十大精神为引领，全面贯彻党的教育方针，落实立德树人根本任务，推进习近平新时代中国特色社会主义思想进教材、进课堂、进头脑，尽量吸收当前国内外学前教育的最新理论和研究成果，对教育理念和教学内容有所创新，贴近幼儿园教育教学活动实践，有较强的实践性和应用性。

本书学科定位：是介于"三学"（学前卫生学、学前心理学、学前教育学）和"五大领域"（幼儿园语言教育、社会教育、科学教育、健康教育、艺术教育）教法课程的一门桥梁性学科，既有基础理论性知识，也有极强的操作实践性知识，同时集课内教学与课外练习、专业能力培养与职业素质训练为一体。在继承我国传统幼教师资培训模式的基础上，结合幼儿教育专业培养定位，在教学组织方式上，采取教师讲授与学生设计、操作相结合的形式进行教学。其目的是增强学生的实际操作能力，帮助学生获取实践性知识，培养实践应用型人才。

本书应用定位：基于"实践性教学"理念而编写，这种实践性教学设计理念是经过我国幼教师资培训机构几代人努力探索积累的宝贵经验，这种实践性理念有助于学生获取"原理性知识、教育观念性知识、自我知识、个案情景性知识、人际知识、策略性知识、反思性知识和行业性知识"八大方面的被当代教师教育专家们极力提倡的专业实践性知识体系。本门学科能为学生学习后续专业课程奠定扎实的整合性、实践性知识基础，避免"五大领域"中的重复性知识，在促进学生专业化成长及培养幼儿园操作应用型人才方面有明显的教育效果。同时，本书关注当今幼教领域最新动态与教科研成果，学科内容呈现较强的动态性。

本书章节体系：由目标导航、基础知识、技能训练、学练结合四部分构成。"目标导航"分为两个方面：知识目标、能力目标。"基础知识"即每一节内容，面向具体问题深入浅出地介绍理论知识或操作技能。"技能训练"以案例分析为主，案例实用，针对性强。"学练结合"是每一节最后让学生思考和练习的内容，以达到操作实践的目的。

本书适用对象：适用于各类高等院校人才培养目标，定位于"实践应用型"的学前教育专业五年一贯制专科段、普通与高职专科、普通本科学生。它既可以作为学前教育专业的教材，也可以作为幼儿教育工作者、学前教育转岗考证等社会人员的参考用书。

本书编写分工：西华师范大学彭曦撰写第一章，重庆师范大学陈世联撰写第二章、第三章第一节、第四章第三节，重庆师范大学郑国艳撰写第三章第二节，重庆幼儿师范高等专科学校孙杨撰写第四章第一、二节，重庆幼儿师范高等专科学校任捷撰写第五章，成都师范学院唐大章撰写第六章，重庆人文科技学院刘姝含撰写第七章，重庆师范大学秦泽虎撰写第八章。本书由主编陈世联进行教材目录框架拟定、审稿与统稿，副主编唐大章、任捷参与了审稿，最后由主编定稿。

在本书付梓之际，特别感谢教材中所引用案例与文献的原作者，感谢编著者所在单位的大力支持，感谢重庆师范大学学前教育专业郑雪岚、卢静两位同学帮助校阅。

本书虽经编著者们通力合作探讨，多次修改书稿体系与内容，但终因我们水平与能力有限，在本书体系构建、知识内容及具体阐述中难免会有片面、疏漏甚至错误。我们诚望专家、同行教师与读者提出宝贵意见与批评，以便我们修正与完善。

编　者

目　录

第一章　幼儿园教育活动概述

目标导航

［**知识目标**］理解幼儿园教育活动的含义、特点；掌握幼儿园教育活动要素层面及运作成面的结构组成。

［**能力目标**］能运用幼儿园教育活动的相关知识分析和解决目前幼儿园教育活动目标、内容、实施及评价中的问题，指导幼儿园教育活动的实施。

第一节　幼儿园教育活动的内涵

基础知识

幼儿教育是基础教育的重要组成部分，是我国学校教育和终身教育的奠基阶段，各类幼儿园都应从实际出发，因地制宜地开展教育活动，为幼儿一生的发展打好基础。幼儿园教育应在教师有目的、有计划地利用幼儿园所提供的环境和材料下，组织传递一定的教育内容，通过教师和幼儿的双边活动，促进幼儿身心全面和谐的发展，实现幼儿园教育目标。

一、幼儿园教育活动的方式与含义

在幼儿园设计与实施教育活动，其目的是促进幼儿学习与发展。《3～6 岁儿童学习与发展指南》（以下简称《指南》）在说明部分明确提出，要“理解幼儿的学习方式与特点”。所以，在理解幼儿园教育活动之前，我们首先要理解幼儿学习活动的方式与特点。

（一）幼儿的学习活动方式

在《现代汉语词典》上，活动是指“（肢体）动弹；运动”①。在学前教育领域，“活动”一词依然保有其本义，但除了本义之外，受活动理论的影响，“活动”一词背后还

① 中国社会科学院语言研究所词典编辑室编：《现代汉语词典》，北京，商务印书馆，2007。

隐含着丰富的幼儿发展观念和教育观念。活动是人与客观世界建立联系的必要形式，幼儿通过活动才能够获得发展，活动是幼儿发展的基础和源泉。

幼儿不可能像中小学生那样主要通过书本等知识载体来获得前人的间接经验，而是通过感知、操作等学习方式获得直接经验，而这些经验的积累必须通过一定的活动环境才能获取。幼儿的学习是在有刺激且有准备的活动环境中通过主、客体相互作用主动建构知识经验的，活动有助于知识经验的习得、转化和应用，人的各种能力也唯有在活动中才能得到发展与提高。社会价值观、情感、态度的教育如果只是单纯地讲解、训导，缺乏相关的活动体验、实践锻炼，也达不到良好的教育效果。

蒙台梭利非常重视活动在幼儿发展中的作用，她说："活动、活动、活动，我请你把这个思想当做关键和指南，作为关键，它给你揭示了儿童发展的秘密；作为指南，给你指出应该遵循的道路。"只有在活动中的学习才是有意义的学习。幼儿的学习活动主要有以下基本方式与特点：

1. 生活学习

幼儿期的思维处于动作思维向形象思维过渡的阶段，他们的思维是直观的、形象的，因此适合他们的学习内容必须是可以直接感知且具体的，这就决定了幼儿园活动内容必然带有浓厚的生活色彩。这种生活性就是幼儿园教育活动的一个重要特性，即活动内容来源于幼儿的生活。我们应贴近幼儿的生活来选择幼儿感兴趣的事物和问题；活动实施要贯穿于幼儿一日生活的各个环节；从生活中发现问题，利用习得的能力解决生活中的问题。幼儿教育与幼儿的生活是紧密地联系在一起的，幼儿的身心发展特点和规律决定了幼儿教育必须是保教并重、寓教育于生活之中。

2. 游戏学习

对幼儿而言，游戏是幼儿最喜欢的活动，是一种源自内在动机、自觉自愿、无外在目的的自身行为。只有当学习活动成为幼儿一种自发自觉的行为时，幼儿进行的才是有意义的学习，也才能够体会到自我存在的价值，感受到学习的快乐并无形当中获得发展，游戏本身就是幼儿一种自然发生的学习。幼儿在游戏中获得了身体、认知、情感、社会性各方面的发展。如在身体动作方面，感觉运动阶段的各种机能性游戏不仅可发展婴儿的粗大动作，也可发展幼儿的精细动作；在情感方面，游戏不仅可发展幼儿的理智感、美感、初步的道德感，而且也有助于宣泄、抚慰和稳定幼儿的情绪情感；在认知方面，幼儿通过游戏不仅可积累丰富的感性经验，获得大量知识与技能，而且问题解决能力、想象与创造能力等均可获得提升；在社会性方面，游戏材料的使用和角色的分配扮演能够帮助幼儿逐步摆脱自我中心倾向，学会倾听同伴的想法，理解同伴的情感，掌握沟通、分享、轮流、合作等社会技能。

3. 操作学习

操作学习是指在特定的环境中，主体有意识地运用自身的肢体活动来对特定的对象施加作用和影响，以探索对象的特性与变化，发现不同对象之间的相互关系，并在这一过程中实现主体对对象的个体性认识，获得相应的个人经验和体验的过程。操作是脑体并用的活动，幼儿天性是好奇、爱动的，操作学习符合幼儿的特点。无论是福禄贝尔、杜威还是蒙台梭利、皮亚杰都特别强调操作对幼儿发展的价值。皮亚杰指出："思维就是操作，思维是内化了的动作，知识分为物理知识和数理逻辑知识，二者都起源于动作。"① 动作不仅是主客体相互作用的中介，也是幼儿早期认识世界、适应环境、赖以生存的主要手段。蒙台梭利最有特色的感官教育也是通过幼儿操作相应的教具，如杂音筒、重量板等来发展幼儿的视觉、听觉、触觉等感觉能力。"我听过了，我忘记了；我看到了，我记住了；我做过了，我理解了"是蒙台梭利重视幼儿操作活动、重视幼儿"工作"的形象化概括。

4. 探究学习

当幼儿作为一个新生命来到世界时，就与生俱来地产生了一种探究的潜能，他们通过自发探究加深了对这个未知世界的认识。探究学习是指以幼儿自主的发现、探究和解决问题为主的学习方式。它既不同于以记忆为基础的接受式学习，也不同于基于模仿而进行的学习。探究指探索研究、探寻追究。探究学习是指幼儿围绕一定的问题而展开的一系列以自主探究为主的活动，包含观察、提问、假设、预测、操作、实验、讨论、验证、合作、交流、质疑、推理、归纳、整理等逻辑性环节。活动中，幼儿自主探索、自由表达、合作交流、质疑解惑，从中获取丰富的学习经验，满足和激发探索的好奇与兴趣，发展创造性表征能力和问题解决等能力。

5. 体验学习

在教育领域，幼儿体验式学习是指幼儿通过实践来认识事物，在亲身经历的学习与活动中获得情绪感受，融入自身的经验之中，并对原有经验发生影响。它是影响幼儿情感、态度和价值观，获得新知识、技能和方法的重要活动。有学者将体验式学习描绘成一个四阶段、动态的循环往复运转模式，由具体的体验、观察与反思、抽象概念的形成、在新情境中检验概念的意义四个元素组成。体验式学习贴近幼儿生活，我们应该充分利用各种资源，选择幼儿感兴趣的事物和问题，尊重幼儿对自然、社会、人生独特的体验、理解和感悟。如为了激发幼儿节水、爱水的情感，养成节约用水的好习惯，可以营造一个缺水的真实情境，让幼儿亲身体验没有水的不方便，体验缺水时的生活，而不是直接向幼儿讲解水的重要性，示范如何节约用水。相比于别人的说教，亲身参与活动而形成的个体体验是刻骨铭心、终生难忘的。

幼儿的学习方式与特点就是在生活中、游戏中，通过自身操作、体验、探究，不断地发展对自我、对他人、对外部世界的认识，从而进行有意义的自我建构，因此只有尊重幼儿的学习方式与特点才能设计出科学合理的幼儿园教育活动。

（二）幼儿园教育活动的具体含义

"教育活动"是一个广义的概念，是指教育者依据教育目标，对受教育者实施有目的、有计划、有组织的影响，使其发生预期变化的活动。幼儿园的一切活动都应该具有教育性，都应该成为促进幼儿身心发展的教育活动。《幼儿园教育指导纲要（试行）》(以

① ［瑞士］皮亚杰著，卢濬选译：《皮亚杰教育论著选》，北京，人民教育出版社，1990。

下简称《纲要》)第三部分“组织与实施”中指出：幼儿园的教育活动，是教师以多种形式有目的、有计划地引导幼儿生动、活泼、主动活动的教育过程。幼儿园教育活动包括在幼儿园内所发生的游戏活动、教学活动、生活活动、劳作活动以及运动活动等所有活动。

幼儿园教育活动作为幼儿园教育的基本形式及幼儿园教育的实施载体，它是在教育目标的指引下，以幼儿为主体，通过教师创设的环境而开展的适合于幼儿身心发展特点和需要的多种形式的活动，以引发幼儿积极参与、主动探索并大胆表现，旨在促进幼儿全面、健康、和谐、整体地发展。我们可以从以下几个方面来深入理解幼儿园教育活动的含义。

1. 幼儿园教育活动具有明确的社会目的性

教育作为一种社会现象，和国家的政治、经济、文化分不开，幼儿园教育活动是在专门的社会幼教机构中，由社会培养和指派的专职幼教人员实施的幼儿教育活动，它体现了国家或阶级的意志和要求，是一种依据社会需要来培养人的社会教育活动。因此，它具有明确的社会目的性。

2. 幼儿园教育活动具有计划性

幼儿园教育活动具有规定性、组织性和计划性。它不仅与家庭教育不同，而且与其他幼儿社会教育活动也有明显的本质区别。幼儿园教育计划的制订与实施是幼儿园依据幼儿教育目标和活动标准，有计划、系统地设计、组织和安排各种教育教学活动的过程。

(1) 教育活动计划的类型。

教育教学计划可依据活动目标的层次分为年龄班计划、学期计划、月（周）计划、具体教育教学活动计划几种类型。

年龄班计划是一个整体性的规划，计划出全年的活动范围和进度，如制定出全年的教学主题、教育要点、每个主题所需要的时间以及对教师的要求等。

学期计划是把全年计划按学期进行划分，反映班级学期教育的具体任务、内容和要求，是教师学期教育工作的依据。

月（周）计划比较有弹性，可以根据主题活动所需的时间确定，有时可能会两三周，有时可能会一两天，在该计划中包含了对具体教育活动的安排。

具体教育教学活动计划包括一日活动的安排和每个教育活动的设计。这些计划之间的关系是紧密相连的，上位计划对下位计划具有指导和约束作用，下位计划是上位计划的具体化。

(2) 教师制订教育教学计划。

一般来说，年龄班（全年）计划由园领导组织有关教师集体制订，学期计划、月（周）计划、教育教学活动计划由班级教师共同制订。教师依据年龄班的活动目标和本园的学期计划进度，具体地制订出班级的学期、月（周）和活动计划。

(3) 计划性与生成性的统一。

幼儿园教育活动的计划性并不是要求活动实施时必须按照计划一成不变地执行。教师如果实行“按需预设内容、弹性设计教学、动态生成”的策略，以预设为基础，彰显生成，有助于解决传统教学过于强调预设的弊端。

教育活动的计划性与生成性并不矛盾。“凡事预则立，不预则废。”教育是有目标、有计划的活动，预设是集体教学活动的基本要求。生成活动虽然以幼儿兴趣需要为主，但也不能完全跟着幼儿的兴趣跑，而放弃教师的指导作用。教学活动的生成必须首先是在幼儿园教育总目标的统领下，教师对幼儿的生成进行价值判断，然后采取相应策略，灵活调整预设，使生成内容成为对幼儿发展起着积极促进作用的有意义的教学活动。

预设与生成作为一对矛盾统一体，共同存在于幼儿园集体教学中，它们之间水乳交融、和谐共生，在集体教学活动中可以相互转换。只有正确处理两者的关系，才能达到师幼共建活动的理想彼岸。

3. 幼儿园教育活动是以幼儿为主体进行的活动

幼儿与教师在人格上平等。教师在与幼儿的共同生活中要建立平等、亲密、信赖的良好关系，创设一种开放、温暖、和谐、宽松的活动氛围，使幼儿快乐健康地成长。

幼儿是以主体的身份在与外部世界相互作用的活动中获得发展的，幼儿的认识、理解、想法、感受以及活动的方式等主体性表现需要受到尊重。幼儿教育要创设有利于幼儿展现其主体性的机会与条件，通过幼儿自主、创造性的活动，促进其发展。活动应让幼儿自主参与，以幼儿的兴趣、积极性和内在动机需要为基础，而不是让幼儿被动学习。

4. 幼儿园教育活动是在教师的引导下进行的活动

教师在教育中应尽量发挥支持、引导作用，而不是灌输作用，旨在让幼儿积极参与活动，主动建构知识。《纲要》第三部分组织与实施中明确提出：教师应成为幼儿学习活动的支持者、合作者、引导者。

在教育中，我们应以关怀、接纳、尊重的态度与幼儿交往，耐心倾听，努力理解幼儿的想法与感受，支持、鼓励幼儿大胆探索与表达；善于发现幼儿感兴趣的事物、游戏和偶发事件中所隐含的教育价值，把握时机，积极引导；关注幼儿在活动中的表现和反应，敏感地察觉他们的需要，及时以适当的方式应答，形成合作探究式的师生互动；尊重幼儿在发展水平、能力、经验、学习方式等方面的个体差异，因人施教，努力使每一个幼儿都能获得满足和成功；关注幼儿的特殊需要，包括各种发展潜能和不同发展障碍；与家庭密切配合，共同促进幼儿健康成长。

5. 幼儿园教育活动的形式是多种多样的

幼儿园教育活动是多种形式、生动活泼的活动。幼儿园要创设与教育相适应的良好环境，为幼儿提供活动和表现能力的机会与条件，寓教育于各项活动之中。幼儿园教育活动是多种组织形式的综合运用。其中生活、游戏、集体教学是最常见的形式，幼儿园教育活动也可采用集体、小组和个别活动相结合，户内和户外活动相结合，幼儿自发的活动与教师指导的活动相结合等形式。

幼儿教育应尊重幼儿的人格和权力，尊重幼儿的身心发展规律和学习特点，以游戏为基本活动。幼儿园的游戏形式也多种多样，常见的两类游戏形式是创造性游戏和规则游戏。其中创造性游戏指角色游戏、结构游戏、表演游戏；规则游戏指智力游戏、体育游戏、音乐游戏等。

6. 幼儿园教育活动中注重教育过程对幼儿的发展价值

首先，应树立正确的活动价值观，最大限度地支持和满足幼儿通过直接感知、实际操作和亲身体验获取经验的需要。幼儿是在操作实物以及在与物体和他人的相互作用中获得发展的相互作用论观点已经得到幼教界的公认。作为幼儿教师应充分认识到活动的作用，并在教育过程中组织多样化的活动。要注重幼儿的经历、感受、体验（非语言形态的知识）的教育价值。如开展《认识苹果》的活动，教师应该准备许多不同品种、处于不同成熟期的苹果，给每个幼儿一个或几个，让幼儿自己观察、品尝、讲述。这样幼儿所获得的经验才是真切的。同样，在《8 的分解合成》活动中，教师应该给每个幼儿以充足的材料，让幼儿在实际操作中找到规律，形成数量守恒的概念。教育不再是知识的传授过程，而是探求知识、建构知识的过程。

其次，教师要重视幼儿的认知发展过程。教师单单重视组织活动是不够的，还必须关注幼儿活动的过程。幼儿的活动过程体现了幼儿的认知发展过程特点。皮亚杰认为，幼儿的认知发展不是一个数量不断增加的简单积累过程，而是伴随同化性的认知结构的不断再构。幼儿整个认知发展的过程具有阶段性，每一阶段都诞生了与上阶段不同的认知能力，这标志着幼儿获得了适应环境的新方式。如在“沉浮”实验中，对于同样大小的各种物体，幼儿通过操作可能会得出这样的结论：重的东西沉下去，轻的东西浮上来。这个答案不完全正确，但这个答案却是幼儿自己头脑思考的结果。如果我们说“错了”，幼儿就不会再用自己的头脑去思考，而是去看教师的眼色。实际分析起来，幼儿的答案也并非完全错，这只是发展过程中某一个阶段认识上的必然结果。教师应重视幼儿思考问题、解决问题过程本身。如幼儿搭积木时，好像没学到什么特定的知识和技能，但活动对幼儿的思维力、符号理解力、空间理解力的发展有独特的作用。如果教师只注重结果，就会出现两种错误倾向：让幼儿随便玩和强行传授知识。教师应重视活动对幼儿发展可能造成的长远影响，从一次活动来看，幼儿获得的知识是有限的，甚至有些知识是片面的。但是，随着活动次数的增加，幼儿经验就会越来越丰富，概念也就会逐渐形成。另外，教师要认识到幼儿的年龄特征决定了其比较“注重活动过程”，幼儿在活动时只关注活动的本身和动作的过程而非活动的结果。如幼儿在搭积木时可能只对“搭”这个动作感兴趣。又如在泥工活动中，幼儿可能把一块泥不停地搓、揉、分段或改变形态，他关注的是“泥”和各种动作而非成品。所以，我们必须注重幼儿活动的过程。

最后，教师要正确认识过程和结果的关系。注重活动的过程并不是视结果而不见。我们在注重过程的同时必须关注活动的结果。什么是活动的结果？过程和结果之间是什么关系？在重结果的教师眼里，结果指的是幼儿学到的知识和技能。实际上这只是结果的一个方面，真正的活动结果应是幼儿所获得的全面发展。它不仅包括知识技能的掌握，同时还应包括智力的发展、良好品德行为习惯的形成、美感的发展等多个层面。以幼儿劳动活动《浇花》为例，在活动中，幼儿认识了水、花、壶、土壤等事物的特性，获得感性经验，观察力、想象力、思维力都得到了发展；小肌肉群得到锻炼，手眼更加协调；爱劳动、爱护公物、爱护环境等良好品德行为得以培养；美感也得到发展…… 所有这些，才是这次劳动的真正结果，而非仅指幼儿浇花技能的获得。对幼儿教育的评价不仅要重视结果，更要注重活动的过程，评价应自然地伴随着整个教育过程进行。在过程评价中，要强调幼儿参与活动，强调幼儿在日常生活、学习过程中的各种变化和发展。从这个意义上讲，过程即结果。

既然幼儿园教育活动是一个教育过程，过程意即事物发展所经过的阶段、历程，“十年树木、百年树人”，那就需要一定的时间等待幼儿的成长，我们一定要严禁“拔苗助长”式的超前教育和强化训练。

二、幼儿园教育活动的特点

虽然说，从学前教育到高等教育，教育活动有共同之处，但是，幼儿园教育活动在许多方面是有别于其他各级各类学校的教育活动的，“其最明显的差别表现在对教育对象的考虑方面，以幼儿为教育对象的幼儿园活动的决策，要求教育者更多地关注个体幼儿的发展水平”①。因此，幼儿园教育活动有其特殊性。其特殊性主要表现在以下几个方面：

（一）教育活动目标的全面性、启蒙性

幼儿教育是全面发展的教育，幼儿园活动是实现幼儿全面发展目标的中介，因此，幼儿园活动以实现幼儿在身体、认知、情感、个性、社会性等方面的全面、和谐发展为目标，其中又以身体发展为首要目标，充分遵循保育和教育相结合的原则，做到教育目标与保育目标的融合，使幼儿在原有发展水平的基础上得到适度的发展和提高。

幼儿园活动的对象是3～6岁的幼儿，处于这个年龄阶段的幼儿，身体发育迅速，好奇好问，表现出强烈的求知欲望，这些都为他们探索周围奇妙的世界提供了基本的条件。但是对于这个神秘而且复杂的世界，幼儿毕竟还是懵懵懂懂的，所以，一个睿智的引导者是不可或缺的。幼儿园教育应该成为这样的引导者，幼儿园活动也就自然担负起启蒙的任务——开启幼儿的智慧与心灵，萌发他们优良的个性品质。

（二）教育活动内容的浅显性、生活性

幼儿处在身心发展的特殊时期，他们的思维是感性的、直观的，而语言发展水平也较低，所以学习系统的学科知识有一定的困难，这决定了幼儿园活动不能以系统的知识学习为主要内容。幼儿感性直观的思维决定了他们最有效的学习是感兴趣的学习，最有效的学习内容是可感知的、具体形象的内容。因此，幼儿园活动内容与幼儿现实生活的距离越近，就越能激发幼儿的学习兴趣，幼儿学习就越有效。由于现实生活是多层次的、复杂的，生活中有有益的经验，也有无益的或有害的经验。因此，应对现实生活进行过滤，以生活的逻辑组织多样化、感性化、趣味化的活动。幼儿园活动内容应具有浅显性和生活性。

---

① Spodek B. & Saracho O. N., *Issues in Early Childhood Curriculum*, Teachers College Press, 1991.

（三）教育活动结构的整体性、综合性

幼儿生活是整体的，其自身发展领域之间是相互联系、相互促进的。所谓发展领域只是一种人为的划分，在现实的活动实施中，幼儿是以“完整人”的形象出现的。因此，幼儿园活动内容应是综合的，尽可能使不同的活动内容之间产生联系，以促进幼儿的学习迁移。不要把学科、领域这种人为划分知识的方式用以划分幼儿的经验，并以单一的经验作为幼儿活动的起点。因而在构建幼儿园活动时要体现活动结构的整体性、综合性。

（四）教育活动实施的活动性、经验性

幼儿主要通过各种感官来认识世界。只有在获得丰富的感性经验的基础上，幼儿才能理解事物，才能对事物形成相对比较抽象概括的认识。幼儿的这种具有行动性和形象性的认知方式和认知特点，使得幼儿园活动必须以幼儿主动参与的教育性活动为基本的存在形式和构成成分。幼儿园活动实施的关键在于为幼儿创设丰富的活动情境、创设有利于幼儿自发主动活动的氛围，为幼儿提供各种互动的机会，为幼儿提供与其发展相应的帮助。

（五）教育活动的特殊性、不可替代性

幼儿园是为处于人生发展初级阶段的幼儿特设的教育机构，幼儿园面对的是身心处于特定发展阶段的特定对象，需要特殊的活动、特殊的方法和特殊的老师，是其他活动、方法、老师所不可替代的。幼儿教育的特殊性、不可替代性决定了幼儿园活动也具有特殊性、不可替代性。幼儿园活动要求的是一种多样性的、参与性的学习，而不是书面的、学科的学习。幼儿的学习和心理特点决定了幼儿的学习不同于其他年龄段的学习，他们不可能从事系统的学科知识学习，而是通过多种类型的信息和途径来学习。

技能训练

运用本节所学知识，分析以下教育案例，并回答以下问题：(1) 案例中体现了哪些教育目的性与计划性？(2) 教师与幼儿在该活动中的角色定位是什么？(3) 如何评价该活动的实施过程？

一天，小班水彩课上。小朋友一边画，一边洗笔。突然，皮皮大声地叫道：“老师，你看！水桶里的颜色变得不一样了！”大家一听，都开始注意水桶里的颜色变化。小朋友干脆将各种颜色的水彩全都倒进水桶里，看看到底会变成什么。看着小朋友对颜色变化有那么大的兴趣，我答应小朋友，明天将在科学角玩《颜色变化》的活动。为了让小朋友能具体操作，观察颜色的各种变化，我得事先准备一些可能会用得上的工具，如滴

管等。我记得有一位家长做营养基栽培工作，或许他可以提供教具。一个电话打过去，事情果然完全解决了。

第二天活动角活动开始时，小朋友陆陆续续来到科学角，我请想玩变颜色活动的小朋友沿桌坐下，给他们一人一份材料（托盘中放着红、黄、蓝三个颜料瓶，三瓶清水及三根滴管），放在自己的桌前。由于滴管是新的工具，小朋友没有操作过。因此我也格外小心，在提供材料的同时，先示范滴管的操作方法。“这是什么?”“我知道，那是滴管，我妈妈工作时都会用到。”立书急急地发表意见。“对了，滴管。立书，你愿不愿意教小朋友玩?”我想趁机运用小朋友的旧经验，但是立书急得直摇手：“不行！我妈妈说，小朋友不能玩，滴管容易打破、割到手，很危险哦!”小朋友一听，都吓得把手缩了回去。谁想这下子反而弄巧成拙，我赶紧自己示范，讲解使用中的注意事项，并提醒小朋友观察水彩在水中的变化。“哇！它们跑得好快哦!”“真棒！水都变成红色了。”小朋友兴奋地叫着。但是小崴在我示范过工具的使用方法后，还是大叫着：“老师，我不会。”这时，我就轻轻地握住他的手，拿起滴管将水彩吸起又滴入清水中，经过这一次帮助，小崴就开始静静地自己操作了。“老师，为什么红色和黄色在一起，会变成这种颜色?”建文边操作边问。我告诉建文，“这种颜色叫紫色!”“哇！哇!”水槽边传来刺耳的哭声。“怎么啦？跌倒了!”糟糕，事前的准备工作显然没有做好，水洒在地上，让小朋友滑倒了！我立即准备了几个大水桶与小茶壶（茶壶中装着清水），让小朋友可以就近换水，以免弄得满地是水。就这样，大家尽兴地玩着。收拾的时间到了，睿智不肯收拾，他着急地说：“老师，我要把我变的颜色带回家。”小朋友总是希望能把自己做的东西带回家与爸妈分享，但我不得不说：“不行啦，玻璃瓶跟水彩得留给别的小朋友明天再用。这样好了，我们大家想想办法，怎样把颜色水带回家去，又把玻璃瓶、水彩颜料留下来。”我故意提出一个难题问小朋友。小朋友想了很久，在一旁始终很安静的小文小声地说：“老师，你给我纸、笔，我把变出来的颜色画下来带回家，我妈妈就看到了。”哇！这是个好办法。

学练结合

阅读下面的材料，如果你是该班的幼儿教师，你将如何处理？

早餐结束后，幼儿陆续进入活动区，开始自己的学习活动，小红满心欢喜地进入美工区，挑选了一张粉红色的美工纸和折叠鸽子的分解图示。小红很专注，边看样图边折，从第一步到第三步进行得非常顺利，但在第四步上卡壳了，怎么也折不出来……

第二节 幼儿园教育活动的结构

基础知识

关于幼儿园教育活动的结构，可以从表层结构与深层结构两个方面来理解。表层结构包括师幼关系及相互作用，教育目标、内容、手段、环境间的关系及相互作用，幼儿园、家庭、社区间的关系及相互作用这三组要素；深层结构包括教育活动的指导思想与理论基础，它对幼儿园教育活动组织形式起决定性作用。此外，还可以从教育活动的构成要素层面和运作层面来分析幼儿园教育活动的结构，本节将从此角度进行介绍。

一、幼儿园教育活动构成要素层面的结构

从构成要素层面来进行分析，幼儿园教育活动实际上是由幼儿园教育活动目标、内容、组织与实施、评价组成的一个有机整体。

（一）幼儿园教育活动目标

1. 幼儿园教育活动目标的取向

对幼儿发展、社会需求及对幼儿园教育活动的不同理解，在幼儿园教育活动目标的设计中，体现出不同的价值观，从而就会表现出不同的目标取向。概括地讲，幼儿园教育活动的目标取向主要有行为目标、生成性目标和表现性目标。①

---

① 参见朱家雄主编：《幼儿园课程论》，北京，中央广播电视大学出版社，2007。

（1）行为目标。

行为目标强调目标的可理解性、可把握性和可操作性，行为目标是以具体的、可被观察与操作的行为来表述的活动目标，它指明活动实施以后幼儿身上所发生的行为变化，能够指导教育者具体实施教育活动并评价教育活动效果。如数学活动《三只熊买鞋》，以行为目标的取向可制定其中一条目标为：在为三只小熊选择合适鞋子的情境中，进一步感知比较大、中、小，并进行颜色、大小的匹配。该目标定位就比较明确、具体，可以观察幼儿的行为表现来反馈预设的活动目标是否达到。

以行为目标的取向确定幼儿园教育活动目标，可使教育活动的实施有一个具体化的操作方向和结构化的操作程序，这样做能提高幼儿园教育过程的计划性和可操作性，且便于准确评价。因此，行为目标取向成为幼儿园教育活动目标常用的表达方式。在设计幼儿园教育活动时，某些知识和技能的传授、幼儿行为习惯的养成，可以运用行为目标的方式表述活动目标，以期通过活动让全体幼儿或大部分幼儿能够发生预期的行为变化。事实上，对于一些非高智能性的认知活动、一些文化知识传递性质的活动、一些养成性的习惯等，采用行为目标取向制定教育活动的目标，往往能收到较为直接的、理想的效果。

但是，以行为目标的取向制定幼儿园教育活动目标，也存在一些问题和缺陷。首先，活动设计者预设的行为目标比较容易成为强加于幼儿的东西。因为教育活动的行为目标是由活动设计者制定的，但其对幼儿的发展水平、学习规律以及他们的兴趣和需要认识可能存在不足，特别是幼儿富有创造性的行为在很大程度上具有不可预知性，很难把握。其次，行为目标忽略了对幼儿发展有价值的高层次的教育活动目标。如果幼儿园教育活动的目标以幼儿可被观察的、具体的行为变化来确定，那么教育活动就会很强调可以用幼儿行为明确识别的目标，而忽略难以转化为行为的目标。事实上，真正有教育价值的东西，并非都是能由即时的、可被观察和测量的行为变化标明的。例如，幼儿的许多高级心理素质（如价值观、情感、态度、审美情趣等）是很难用外显的、可观察的行为来预先具体化的，因为这些高级心理素质不只是行为问题，更主要的是意识问题。由此，行为目标只能指向人的较低层面的教育要求，而不能反映高层次的教育要求，掩盖了很多对幼儿来说更有价值的东西。最后，行为目标过分追求结果。按行为目标的方式确定幼儿园教育活动的目标，强调的是通过活动来达成预期的结果，这可能使教师在教育活动过程中忽略未曾预期的一些重要发现。

（2）生成性目标。

生成性目标又叫展开性目标，是指在教育情境中随着教育过程的展开而自然生成的活动目标。它关注的不是由外部事先规定的目标，而是强调教师根据活动的实际进展提出的相应目标，强调幼儿、教师与教育情境的交互作用。如果说行为目标关注的是结果，那么生成性目标关注的则是过程。生成性目标最基本的特征是过程性。生成性目标反映的是幼儿经验生长的内在要求，是问题解决的过程和结果，其本质是把教育活动的过程看作是一种动态生成的师幼互动的过程。对于生成性目标，由于事先不可预期，往往很难在预先的活动设计中明确表述出来。但是为了体现教师的目标动态观以及促使教师注重活动过程，能在活动中关注预设目标以外的价值，在表述活动目标时，教师一般会留有生成性目标的空间，如一些教师在教育活动中提出“满足幼儿的好奇心，培养思维的灵活性”“让幼儿具有理解他人的情感，与人合作”等。

由此，我们可看出与行为目标的具体明确相比，生成性目标具有一定的模糊性和不确定性。所以，其对教师的专业素质和能力提出了较高的要求，在教育实践中不容易操作，难以被教师广泛地运用，对教育活动的评价也往往因缺乏客观标准而具有过多的主观色彩。另外，由于幼儿的兴趣和需要是动态的、变化的，生成的活动是随机的，因此，教育活动的生成性目标取向往往使教育目标导向缺乏科学性、计划性和系统性。

（3）表现性目标。

表现性目标关注每一个幼儿在具体教育情境中所产生的个性化表现，强调幼儿反应的多元化和个性化。由于教育强调受教育者主体性的发挥，因此表现性目标是必不可少的。表现性目标强调的是个性化，目的是培养幼儿的创造性。表现性目标不规定幼儿在完成学习活动后应该获得的行为，而是关注每一个幼儿在教育情境的种种“际遇”中所产生的个性化表现，它适合表述复杂的智力活动和艺术活动。表现性目标追求的不是幼儿反应的同质性，而是反应的多元性。在本质上，表现性目标把教育活动看成幼儿个性发展和创造性表现的过程。

如果教师希望幼儿富有想象力地运用技能来表现情感或观点，希望幼儿能建立某种完全属于自己的行动或观点，那么表现性目标极为合适。表现性目标鼓励幼儿运用已有的技能，拓展并探索自己的观点、意象和情感。比如语言活动《七个小矮人》，如果从表现性目标的角度设计，教师关注的就不是“能够复述故事”，而是“谈谈自己对七个小矮人的看法，并用自己喜欢的方式表达对故事的感受”这类目标。表现性目标适合表述那些情感、态度类的目标、追求反应的多元性，较适合艺术领域和语言领域的教育活动，它对教师专业素质和能力有比较高的要求。

与生成性目标相同，表现性目标具有不可预测性和不可控制性，在教育实践中不容易操作，难以被教师广泛运用，对教育活动的评价也往往因缺乏客观标准而带有过多的主观色彩，制定的表现性目标常常比较模糊，难以对教育活动的实施起导向作用。

不同取向的目标只是从某一特定的角度把握教育活动的目标，都有其存在的价值，它们之间并不是相互排斥或对立的，而是相互补充和联系的。教师可以从行为目标、生成性目标和表现性目标等不同的取向设计目标。从目标的三种不同取向来看，其分别关注结果、过程、情感。因此，在教育活动的设计和实施中，教师对于行为目标的把握是最基本的，但不是唯一的。如果我们过分地强调行为目标，就有可能把行为目标作为一个可预先决定和操纵的机械过程，或视作是不可变化和更改的教条，忽视活动过程中幼儿学习的主体性和教师工作的创造性，割裂目标与手段、结果与过程之间的有机联系。幼儿园教育活动目标的确定应该把生成性目标和表现目标作为行为目标的补充，使其三者有机融合、相互渗透。因此，我们应全面辩证地看待行为目标、生成性目标和表现性目标的关系，根据幼儿身心发展和社会发展的需要，以及教育活动的内容和特点，科学合理地设计教育活动目标，以促进幼儿在知识、技能、能力、情感及个性和社会性等各方面和谐整体地发展。

2. 幼儿园教育活动目标的层次及其关系

制定幼儿园具体活动目标的过程，实际上是将国家的教育目的、幼儿园教育目标层层分解，逐步具体化并落实在幼儿发展上的过程。只有在教育总目的的指引下，《幼儿园工作规程》《纲要》等才能确定幼儿园的保教目标、幼儿园各领域教育目标、幼儿园各年龄班教育目标、单元活动目标、具体幼儿园教育活动目标。教育目标是有内在联系的，从教育目的到教育目标再到活动目标是一个从宏观到中观再到微观、从概括到具体的过程。幼儿园教育活动目标体系见图 1—1。

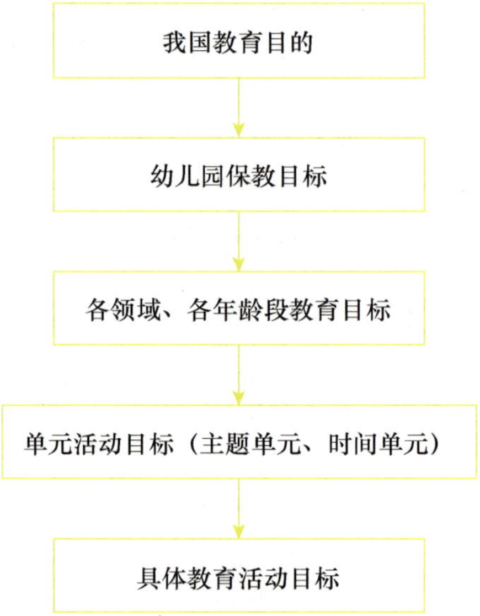

图 1—1　幼儿园教育活动目标体系

（1）我国教育目的。

《中华人民共和国教育法全书》对教育基本制度、学校及其他教育机构、教师和其他教育工作者、受教育者、教育与社会等事宜做出了详细的规定。其中对教育目的做了如下阐述："教育必须为社会主义现代化建设服务，为人民服务，必须与生产劳动和社会实践相结合，培养德、智、体等方面全面发展的社会主义事业建设者和接班人。"确定了教育目的，就要制定一定的教育目标，教育目标是教育目的的下位概念，它所体现的是不同性质的教育和不同阶段的教育价值。

（2）幼儿园保教目标。

幼儿园保教目标是幼儿园各项工作和保教工作人员开展工作的指南，是幼儿园人才培养的规格和要求，它明确了通过幼儿园的保育和教育要把幼儿养育成什么样的人。我国在《幼儿园工作规程》第一章总则第五条明确提出，幼儿园保育和教育的主要目标是：1）促进幼儿身体正常发育和机能的协调发展，增强体质，促进心理健康，培养良好的生活习惯、卫生习惯和参加体育活动的兴趣。2）发展幼儿智力，培养正确运用感官和运用语言交往的基本能力，增进对环境的认识，培养有益的兴趣和求知欲望，培养初步的动手探究能力。3）萌发幼儿爱祖国、爱家乡、爱集体、爱劳动、爱科学的情感，培养诚实、自信、友爱、勇敢、勤学、好问、爱护公物、克服困难、讲礼貌、守纪律等良好的品德行为和习惯，以及活泼开朗的性格。4）培养幼儿初步感受美和表现美的情趣和能力。

幼儿园保教目标包含了体、智、德、美等全面发展的教育目标，它是根据幼儿身心发展规律，对教育目的在幼儿园阶段要求的具体化，是引导幼儿园教育各方面工作的纲领性要求。

（3）幼儿园各领域目标。

我国在2001年颁发的《幼儿园教育指导纲要（试行）》中，把幼儿园的活动分为健康、社会、语言、科学与艺术五大领域，各领域有明确的目标说明。

健康领域的目标包括：1）适应幼儿园的生活，情绪稳定；2）生活、卫生习惯良好，有基本的生活自理能力；3）有初步的安全和健康知识，知道关心和保护自己；4）喜欢参加体育活动。

语言领域的目标包括：1）乐意与人交谈，讲话礼貌；2）注意倾听对方讲话，能理解日常用语；3）能清楚地说出自己想说的事；4）喜欢听故事、看图书；5）能听懂和会说普通话。

社会领域的目标包括：1）能主动地参与各项活动，有自信心；2）乐意与人交往，学习互助、合作和分享，有同情心；3）理解并遵守日常生活中基本的社会行为规则；4）能努力做好力所能及的事，不怕困难，有初步的责任感；5）爱父母长辈、老师和同伴，爱集体、爱家乡、爱祖国。

科学领域的目标包括：1）对周围的事物、现象感兴趣，有好奇心和求知欲；2）能运用各种感官，动手动脑，探究问题；3）能用适当的方式表达、交流探索的过程和结果；4）能从生活和游戏中感受事物的数量关系并体验到数学的重要和有趣；5）爱护动植物，关心周围环境，亲近大自然，珍惜自然资源，有初步的环保意识。

艺术领域的目标包括：1）能初步感受并喜爱环境、生活和艺术中的美；2）喜欢参加艺术活动，并能大胆地表现自己的情感和体验；3）能用自己喜欢的方式进行艺术表现活动。

这是所有幼儿园必须遵循的目标，是幼儿园工作努力的方向，是幼儿园保教目标在各活动领域的具体化。

（4）各年龄阶段目标。

《3～6岁幼儿学习与发展指南》从健康、语言、社会、科学、艺术五个领域描述了幼儿的学习与发展，将幼儿每个领域学习与发展最基本、最重要的内容划分为若干方面。同时，目标部分分别对3～4岁、4～5岁、5～6岁三个年龄段末期幼儿应该知道什么，能做什么，大致可以达到什么发展水平提出了明确具体的要求。

（5）单元活动目标。

单元活动目标既可指时间单元目标，也可指内容单元目标。以时间为单位，如按学年、学期、月等划分的，称时间单元，相当于学期计划、月计划和周计划中的教育活动目标。以内容为单位（往往也有时间的规定性），如按主题、中心划分的，称内容单元。两者都是把年龄目标落实到具体的单元之中，是对年龄目标的具体化，即多个以时间或内容为单元的目标的相互联系、逐步递进。同时，单元活动目标为具体社会教育活动目标的制定指明了方向。

（6）具体教育活动目标。

具体教育活动目标是指每日或每次具体的教育活动所要达到的目标。它是最具体的目标，必须与前五个层次的目标保持一致、对应。具体教育活动目标的主要特点是具有可操作性、可验证性，可以通过具体的教和学的行为，通过师生及环境的相互作用得以实现。如美术活动《小雏菊》，可以制定如下活动目标：1）学习用手指的指腹印画小雏菊，表现雏菊盛开的造型。2）通过欣赏小雏菊的图片，了解花的组成部分和构图。3）感受手指印画带来的新鲜感。

幼儿园目标体系纵横相联，构成一个相互联系的统一体，旨在实现幼儿全面发展的任务。从纵向联系看，下层目标与上层目标之间协调一致，下层目标都是上层目标的具体化，下层目标的实现是实现上层目标的必然环节，各层次目标层层递进。从横向联系看，幼儿园保教目标围绕体、智、德、美确立了全面发展教育目标，幼儿园教育确定了健康、科学、社会、语言、艺术等各领域目标，教育活动目标从认知、技能、情感态度等方面来设定，每一层次的目标都是相辅相成、相互促进的，以保证幼儿的全面发展。

（二）幼儿园教育活动内容

1. 幼儿园教育活动内容的取向

不同的教育观、幼儿观体现了对幼儿园教育活动内容的不同理解，也产生了三种不同的内容取向。

（1）幼儿园教育活动内容即教师教学的材料。

活动内容就是教学材料，强调知识本身的系统性、逻辑性，活动内容是预设的东西，教师教什么幼儿学什么，教师的教学就是知识技能的传递。例如在 1981 年的《幼儿园教育纲要（试行草案）》中规定幼儿园活动为体育、语言、常识、计算、音乐、美术六个科目。其强调系统知识的价值和系统知识教学，活动内容按学科组织，计划性、系统性强，能让幼儿较系统地掌握各类知识；分科教学难度小，易为教师掌握；结构较单纯，评价方便。但学科活动往往忽视幼儿的生活经验、需要和兴趣，教学中教师单向灌输多，幼儿主动学习少；分科教学容易导致以“学科”为中心，割裂学科知识间的有机联系和幼儿的知识结构，幼儿很难将学习成果进行综合、统一和迁移。

（2）幼儿园教育活动内容即幼儿的学习经验。

活动内容即学习经验的取向把活动内容看成是幼儿的学习经验，认定幼儿是主动的学习者，决定学习的质和量的主要方面是幼儿而不是教材。换言之，幼儿是否能够真正理解和获得活动内容，主要取决于幼儿已有的心理结构，取决于幼儿与环境之间有意义的交互作用。根据这种取向，知识是幼儿自己“学”会的，而不是教师“教”会的；活动内容应由幼儿决定，而不是由学科专家支配。

在幼儿园活动编制中，这种取向也不难看到。对活动内容持这种取向，会使活动编制者关注幼儿园环境的创设，关注幼儿学习经验的获得。例如，一些以皮亚杰建构理论为主要理论基础的早期幼儿教育活动和教育方案，就是以此作为活动内容的。活动和方案设计者强调的是幼儿在与环境交互作用中经验的获得和知识的建构，而不是特定知识的传递，或是一般意义上活动的组织和安排。

活动内容即学习经验的取向将幼儿在学习过程中所获得的经验作为选择和组织活动内容的出发点，这种看法有深刻的理由。但是，幼儿的经验主要还是幼儿自己的心理体验，这是一种主观的东西，活动编制者和教师难以把握，容易使活动内容过分泛化。

（3）幼儿园教育活动内容即幼儿的学习活动。

用活动来解释幼儿园活动，有利于研究者和教师同时注意两个方面的问题——学习的对象和学习的主体。因为活动具有主体性和对象性，作为活动的两大要素，对象和主体并存在活动当中，活动是连接主客体的桥梁。此外，活动自身有一定的存在形式，教师比较容易把握和控制。同时由于活动具有双重转换性，外在的学习材料和活动方式可以通过学习者的活动内化为主观的学习经验，而学习者的学习经验也可以外化为态度、技能、动作方式等，在活动中表现出来，并在活动中得到完善、重组和改造。因此活动工作者可以通过活动来了解幼儿的兴趣需要和经验水平，也可以通过创设活动情境、提供活动材料来干预幼儿的活动，从而影响幼儿的学习经验。

如果过分注重外显的活动气氛，活动表面看起来很活跃、很有兴趣，幼儿也很兴奋，但是否引起幼儿心理结构的变化，是难以保证的。

实例链接

难忘的生日

在谈话活动《难忘的生日》的开展中，教师为了引发幼儿的谈话兴趣，特意创设了一个生日情境，还准备了蛋糕和礼物，花了将近二十分钟的时间为班上即将过生日的小朋友过了一下生日。蛋糕吃完了，礼物也送完了，开始请小朋友说一说自己的生日是怎么过的。5 个小朋友讲完了，离园时间快到了，教师赶忙说了一句：“小朋友们都说得很好，待会儿回去再和家里人说一说你想过一个什么样的生日好吗?”一场谈话活动就这么结束了。

该活动中，教师充分认识到“兴趣”在幼儿教育活动中的重要作用，非常强调要让幼儿体验到活动的乐趣。于是，准备了蛋糕、生日礼物等，并且用了很长时间开展庆祝生日的活动，活动气氛热闹，充满着快乐。但当我们静下心来，却不难发现，热闹的背后，谈话活动的目标是否达成，幼儿到底获得了哪些经验，活动促进了幼儿哪些方面的发展，有时候连执教者自己也说不清楚。这就是杜威批评的虚假的兴趣，“我们惯用伎俩是用机巧的方法引起兴趣，使材料有趣，用糖衣把它包裹起来，用起调和作用的和不相关的材料把枯燥无味的东西掩盖起来。”①

2. 幼儿园教育活动内容选择的原则

《纲要》明确指出，幼儿园教育活动内容的选择应体现以下原则：第一，既适合幼儿的现有水平，又有一定的挑战性。第二，既符合幼儿的现实需要，又有利于幼儿长远发展。第三，既贴近幼儿的生活来选择幼儿感兴趣的事物和问题，又有助于拓展幼儿的经验和视野。教育活动内容的选择是一项复杂的工作。选择时要考虑多重因素，应兼顾社会发展、幼儿园工作、幼儿、家长等各方面的需要，以保证活动内容的科学性和适宜性。在选择幼儿园教育活动内容时应遵循以下原则：

（1）生活化原则。

幼儿教育与幼儿的生活是紧密联系在一起的，因此幼儿园教育活动的内容应该主要来源于现实生活，教育活动应该是促进幼儿美好生活的积极手段。衡量幼儿发展最核心的依据是幼儿在现实生活中的表现。因此，幼儿园教育活动应从现实生活中挖掘教育资源，选择教育内容，把各种教育内容与幼儿的现实生活联系起来，把教育活动和幼儿的生活结合起来。

（2）适宜性原则。

适宜性指的是教师在确定教育内容时，要充分考虑幼儿的年龄特点、学习特点、发展水平和情感需要，以最适合幼儿特点的活动开展教育。适宜性原则充分表明了幼儿自身特点和需要对教育内容选择的影响。《纲要》提出：教育内容的选择应该既适合幼儿现有水平，又有一定的挑战性；要与0～3岁幼儿的保育教育以及小学相衔接。这些都是从教育内容的适宜性出发而提出的。所以，幼儿园教育活动内容的选择必须以幼儿的生活经验为基准，遵循各年龄段幼儿在认知、情感态度、能力、个性和社会性发展方面的一般规律，提出既与幼儿原有经验相适宜又有利于幼儿主动建构的活动内容范围和在幼儿“最近发展区”的内容难易程度，协调好学科逻辑与幼儿心理发展逻辑之间的关系。

（3）目标性原则。

活动内容是实现活动目标的手段，活动目标一旦确定，就要求选择与之相符的内容来保证它的实现。如为了发展幼儿追逐跑的能力，可以选择游戏《踩影子》《老鹰捉小鸡》等活动内容。所以说，目标为内容的选择提供了一个基本的范围和标准。教师在选择内容时首先要考虑选择这个内容是为了实现哪一个或哪几个目标，这个内容是否与目标有关联，是什么样的关联，是否还有关联更密切的内容等。

---

① ［美］约翰·杜威著，任钟印、吴志宏译：《学校与社会·明日之学校》，修订第2版，北京，人民教育出版社，2005。

教育内容与目标并非是一一对应的关系。一项活动目标往往需要多项活动内容才能实现，因此，围绕某一目标来选择内容时教师需要考虑还有哪些内容可以促进这一目标的实现。如“能进行简单的分类”目标，就需要通过图形分类、颜色分类、玩具分类、食物分类、服装分类等多种多样的内容逐渐达成。同样，一项活动内容也可能指向多项目标，所以在选择某一内容时还需要考虑这一内容还可以达到哪些目标。例如，艺术领域《多彩的幼儿园》活动不仅可以发展幼儿的绘画表现能力，还有利于幼儿观察能力、图形组合能力的提高，同时还可以激发幼儿热爱幼儿园的情感。只有正确理解目标与内容之间的关系，才会使活动开展得更有效。

（4）兴趣性原则。

“兴趣是最好的老师。”兴趣具有一种动机力量，能使人进入一种“情感性唤醒状态”，产生一种吸收信息、扩展自己的倾向，为观察、探索、追求和进行创造性努力提供可能性。幼儿的年龄特征决定了兴趣是直接支配他们学习的最大内在动力。有了兴趣，幼儿就有了主动参与活动的愿望和积极的态度。

教育活动要关注幼儿的兴趣，从幼儿感兴趣的事物中选择教育价值丰富的内容。把幼儿的直接兴趣转化为间接兴趣、短时兴趣转化为长时兴趣、外部兴趣转化为内部兴趣，使兴趣成为幼儿学习与发展的真正动力。活动内容的兴趣性增强，可以更好地引发幼儿主动学习、快乐发展，使学习活动变得轻松、愉快，让幼儿在自觉自愿、积极主动中获得健康发展。

实例链接

搭纸杯

活动室里，一位小男孩正在搭叠一堆纸杯。一开始，他饶有兴趣地叠了七八个杯子，嘴里还不停地自言自语，一副兴高采烈的样子。几遍以后，可能觉得没什么好玩的，他放下杯子，寻找老师的身影。等老师一走远，这小男孩马上叫起来：“老师，老师，我不要玩了。”老师便问：“你叠了几个杯子？”他回答：“我叠了八个，可我不想玩了。”老师没有答复他，转身去拿了几张硬纸板，交给他说：“你再试试看，加上硬纸板会怎样？”“好的，我试试看。”小男孩接过硬纸板，放在一个杯子上，并试着将其余的纸杯往硬纸板上放，这样一来，一个纸杯上就可以叠放上两三个杯子了。小男孩马上又来了兴致，高兴地说：“哦，我造了一座大楼！”老师笑眯眯地看了一会儿就走开了，而这小男孩又琢磨着用其他方法来叠杯子。

在幼儿对叠纸杯这类建构活动玩久了不感兴趣的情况下，老师及时地提供一些硬纸板作为辅助材料，并鼓励幼儿尝试，这又激发了幼儿的活动热情，让纸杯的玩法更多样，培养了幼儿的想象力、创造力，同时又培养了幼儿的耐心、自制力。

（5）基础性原则。

基础性是学前教育最基本的特征，幼儿园活动的内容应该体现这种基础性，它应该立足于幼儿基础素质的全面发展，并为其一生的可持续发展奠定坚实的基础。《纲要》指出，幼儿园教育活动内容的选择应该既符合幼儿的现实需要，又有利于其长远发展。因此，活动内容应该涉及人生发展最基本的问题，帮助幼儿学知、学做、学生活。其中，健康的生活方式、良好的行为习惯、学习的欲望和能力、积极适应社会生活的态度和能力尤为重要，《指南》提出必须重视幼儿学习品质的培养。

判断所选内容是否具有“基础性”的参照标准，还可以看它是否与幼儿现在的生活、学习有直接关系；是否必须现在学，以后再学就失去最佳时机；是否是文化或人类知识中的最基本成分，而且是今后所必需的基础；是否具有最大的应用性与迁移性。

另外，在选择幼儿园教育活动内容的时候，我们也应该综合考虑是否有利于认识事物的本质，体验它们之间本质的联系；是否能够让幼儿去研究，并有利于幼儿学习和掌握基本的研究方法；是否会挑战幼儿的能力，并包含合作才能解决的问题。

3. 幼儿园教育活动内容的组织与编排

教育活动内容的编排是对已选定的学习内容进行组织安排，使它具有一定的系统性或整体性。近几十年来，关于教育活动内容的组织编排有各种不同的观点和主张，比较有影响的有以下三种观点：

（1）螺旋式编排教育活动内容。

布鲁纳提出应根据学生的智力发展水平，让学生尽早有机会在不同程度上去接触和掌握某门学科的基本结构，以后，随着学生在智力上的成熟，围绕基本结构不断加深内容，使学生对学科有更深刻和有意义的理解。这就是螺旋式编排教育活动的形式。这种组织方式在不同的阶段，内容会重复出现，但这些重复的内容在广度和深度上都有所加强。螺旋式组织有益于幼儿在与环境的交互作用中获得经验，原有经验将在新经验的获得中起到连接作用，有利于学习活动的迁移，有利于学习活动的深入。

螺旋式编排方式最常见于单元主题活动或者是方案活动中。如开展《食物》活动，小班可以通过参观、制作、品尝等形式来建立联系，可采用参观水果、食品超市，制作各种食品，开办食品品尝会等，让幼儿不偏食、不挑食。中班可以以分析肯德基食品为例，运用讨论、家园合作和设计食物金字塔等活动来和关键经验之间建立联系。大班则可从建立金字塔入手，家园一起设计幼儿营养食谱，通过讲故事、家园问卷、天天厨房等活动对食物有更深入的认识。各年龄班具体的活动内容和要求呈现螺旋式上升的态势，从而使幼儿对食物的认识和有关概念的形成逐步加深和拓展。

（2）直线式编排教育活动内容。

加涅从学习层级论的观点出发，把教育活动内容转化为一系列习得能力目标，然后按这些目标之间的心理学关系，即从较简单的辨别技能的学习到复杂的问题解决技能的学习，把全部教育活动内容按等级排列，使前后内容互不重复。这就是直线式编排的形式。该种组织形式有益于幼儿逻辑地思考问题，而且对于一些接受性知识和技能的传递具有较好的效果。

幼儿园数学教育的活动内容基本是以直线编排的形式组织的，一般分为数、量、形、时空、感知集合与分类等。在编排《认识几何形体》教育活动内容时，不同年龄班有不同的教学内容和要求。小班的活动内容和要求是：1）认识区分圆形、三角形和正方形；2）能用圆形、三角形和正方形进行组合拼搭。中班的活动内容和要求是：1）认识长方形、椭圆形和梯形；2）能按平面图形角和边的数量正确区分、辨认不同的图形；3）初步理解平面图形之间的简单关系；4）用六种平面图形进行组合拼搭。大班的活动内容和要求是：1）认识区分球体、正方体、长方体和圆柱体；2）寻找、区分、理解平面图形和立体图形间的关系；3）学习几何图形的二等分和四等分，知道整体和部分间的分合关系。从小班、中班到大班的教育活动内容和要求，我们可以非常清晰地看出活动内容编排由简到繁、直线上升、逐步提高的趋势。

（3）纵向组织与横向组织编排教育活动内容。

纵向组织指按照活动组织的某些准则，以先后顺序排列活动内容；横向组织指按"广义概念"组织活动内容，即打破传统的知识体系，使活动内容与幼儿已有经验连为一体。奥苏贝尔认为纵向组织与横向组织编排教育内容是相互联系、辩证统一的。

目前，一些幼儿园对传统的分科教学进行改革，提出了"幼儿园综合主题活动""幼儿园活动整合活动"等，在这些活动模式中，许多教育活动内容的编排就体现了奥苏贝尔的主张。比如在"幼儿园活动整合活动"中，为了引导幼儿了解社会环境，可以设计一系列的教育活动。小班可以安排《我最喜欢的家人》《妈妈的节日》《家中的老人》等；中班可以安排《热闹的大街》《附近的超市》《劳动的人们（医生、建筑工人、巧手裁缝）》；到了大班可以设计《多彩民族风》《中国传统节日》等教育活动。在此，从纵向看体现了渐进分化，使幼儿对家及周围环境的认识逐步分化和扩展；对社会环境的认识为家庭—社区—家乡—祖国，从点及面逐步拓展；而从横向看体现了综合贯通，通过语言、科学、艺术、数学等不同活动，帮助幼儿掌握有关家和周围环境的人、物品、标志、设施、环境等方面的知识，培养幼儿热爱家人，与社区其他人员友好相处等良好的情绪体验。纵横相联，形成了一个整体，全面完成幼儿园教育任务。

（三）幼儿园教育活动的组织与实施

确定了幼儿园教育内容之后，还得考虑如何将这些教育内容有效地组织与实施，以形成最大教育合力促进幼儿的发展。《纲要》指出：教育活动内容的组织应充分考虑幼儿的学习特点和认识规律，各领域的内容要有机联系、相互渗透，注重综合性、趣味性、活动性，寓教育于生活、游戏之中。教育活动的组织形式应根据需要合理安排，因时、因地、因内容、因材料灵活地运用。可见，幼儿园教育活动的组织与实施是教师创造性地开展工作的过程，教师要根据本地、本园，结合本班幼儿的实际情况制订切实可行的工作计划并灵活地执行。

1．幼儿园教育活动的组织形式

一般来说，幼儿园教育活动有三种组织形式：集体活动、小组活动和个别活动。

集体活动是由教师有目的、有计划地组织全班幼儿在同一时间、同一空间下所进行的统一的活动。教师预设教育目标，选择活动的内容、手段和方法，布置相应的教育环境。整个活动过程以教师的直接引导或指导为主，教师作用突出，活动效率高，但容易忽视幼儿个别差异，互动机会少，不利于幼儿独立性、创造性的培养。

小组活动是由教师创设一定的环境，提供相应的材料给予一定的间接影响的教育活动类型。如多功能活动室、活动区、活动角等。其可以是教师有计划安排的活动，也可以是幼儿自发的活动。小组活动中以幼儿主动学习为主，幼儿可以积极主动地操作材料，可以和同伴、教师谈论或交流他们所做的事情，并用自己的速度和方式完成所做的事情。小组活动容易调动幼儿主动积极地操作材料，促进幼幼、师幼的谈论或交流。幼儿在小组活动中合作学习、共同建构中学会理解、学会交往、学会遵守共同的游戏规则，并可以按照自己的速度和方式做事。

个别活动是教师按照个别幼儿的特殊需要而展开的教育活动，可以是由一个教师面对一两个幼儿进行指导，也可以是幼儿的自发、自由活动。教师的指导一般在幼儿自选活动时间进行，教师作为同伴参与幼儿的活动，与个别幼儿互动，或是针对个别幼儿的特殊情况进行专门辅导。个别活动能考虑不同个体的兴趣、经验、学习方式、水平、能力等的差异，做到因材施教。但其相比集体教学活动，效率相对较低。

2．幼儿园教育活动的实施途径

幼儿园教育活动实施途径是多种多样的。在幼儿园内可通过教学活动、游戏活动、生活活动来进行。但“幼稚教育是一种很复杂的事情，不是家庭一方面可以单独胜任的，也不是幼稚园一方面可以单独胜任的，必须两方面共同合作方能得到充分的功效。”① 要使教学、游戏、生活活动达到最佳效果，离不开幼儿园和家庭、社区的合作。

（1）园内实施途径。

1）教学活动是组织和实施幼儿园教育活动的重要途径。

幼儿园教学活动是由教师的教和幼儿的学组成的双边活动，在我国的幼儿教育实践中，这仍是一种重要的活动形式。幼儿园的各种活动都有教与学的因素，但是专门组织的教学活动的教和学的因素更突出。幼儿园没有强制性的学习系统学科知识的教育任务，教师只需遵循总体的幼儿教育目标、内容和要求，由幼儿园、教师或幼儿共同来选择教和学的方式。这种教学活动强调幼儿是学习的主体；强调幼儿学习、探究的主动性和积极性；强调让幼儿愉快地、有效地进行学习，达成教育目标。教学活动可以以班级为单位进行，也可以以小组和个别等形式进行。

在开展教学活动时，我们应注重以下几个方面：教学活动应遵循幼儿的身心发展规律和学习特点，遵循生活性、游戏性、整合性的原则，体现规范与自主、集体与个别、动与静的结合，注重与环境的有效互动，营造丰富、宽松、适宜的教学氛围；教师应充分保护幼儿的好奇心和学习兴趣，激发幼儿的想象力和创造力，注重幼儿积极、专注、勇于探究和尝试等良好学习品质的培养；教师应提供充足的活动材料，引导幼儿自主探

---

① 陈鹤琴：《家庭教育》，北京，中国致公出版社，2001。

究、自主学习，让幼儿在玩中学、操作中学、感知中学，提高幼儿的学习兴趣；教师应了解幼儿的已有经验，精心预设活动，关注幼儿获得新经验的过程；善于发现教育契机，及时调整和生成教学活动，满足幼儿的学习兴趣和需要；教师应明确教学目标，熟悉教学内容，合理使用教具学具，灵活组织教学活动；关注个体差异，因人施教，促进每个幼儿在原有水平上的发展和提高。

2）游戏是组织和实施幼儿园教育活动的最佳途径。

游戏是幼儿期特有的主导活动，也是幼儿最基本、最喜欢的一种活动形式。为此，《幼儿园工作规程》明确指出："游戏是对幼儿进行全面发展教育的重要形式"，幼儿园的教育工作应"以游戏为基本活动"，"应因地制宜地为幼儿创设游戏条件"，"应充分尊重幼儿选择游戏的意愿"等。游戏活动主要是指在室内和室外开展的幼儿自由、自主、自发的活动。

室内的游戏活动主要指区域活动，是幼儿个性化学习与发展的重要途径。在开展区域活动时，我们应注重以下几个方面：在实施区域活动时应根据本园实际，因地制宜地为幼儿拓展足够的活动空间，创设良好的游戏活动环境；幼儿园应合理调整一日活动安排，保证幼儿有足够的游戏活动时间，每天至少 1 次，每次为 1 小时；幼儿园应配备足够的玩具和游戏活动材料，注重低结构材料的提供，并充分利用本地自然资源，开展活动的材料应安全、卫生、操作性强；幼儿园需根据幼儿年龄特点开展多种类型的区域活动，每个班至少设置 5 个活动区域。

户外活动是幼儿在室外进行的活动，主要分为两类：一类是室外游戏，包括沙水、建构、角色、表演、运动、艺术等游戏；另一类是体育活动，包括集体体育活动、自主性体育活动、早操（课间操）等。户外活动对于幼儿亲近自然、增强体质、促进良好意志品质和社会性发展具有独特价值。

开展户外活动，教师应根据季节特点、天气情况等适当调整活动时间、地点和内容；应关注活动内容的丰富性、多样性、层次性和挑战性；注意适度原则，既不过分保护，也不过度锻炼；要关注体弱幼儿，注重个体差异；注意体育活动的科学性，全面提升幼儿的平衡、协调、灵敏、力量、耐力等身体素质，避免单项技能的重复和单调训练；高度重视安全工作，活动前要对幼儿进行安全教育，对场地及大型活动器械进行安全检查，活动时要将幼儿全部纳入视野范围，活动前后都要及时做好"三清"（清查人数、清查场地、清查器械）工作，确保幼儿安全。

3）生活活动是组织和实施幼儿园教育活动的常规途径。

陶行知一直倡导生活教育理论，他曾说过："生活教育是给生活以教育，用生活来教育，为生活向前向上的需要而教育。"① 生活不仅是幼儿成长和发展的天然土壤，生活也是幼儿园教育的出发点和归宿。幼儿园的生活活动主要包括入园、盥洗、餐点、如厕、喝水、午睡、离园等。生活活动蕴含着丰富的教育契机和教育价值，是促进幼儿生长发育、养成良好的生活卫生习惯、形成积极稳定的情绪情感、养成终身受益的生存生

① 陶行知：《陶行知文集》，南京，江苏人民出版社，1981。

活能力和文明健康生活方式的重要途径。

在实施生活教育时，我们应注重以下几个方面：正确认识和把握生活活动中所蕴含的教育和学习契机，将生活活动作为培养幼儿生活能力、良好习惯养成、促进幼儿健康成长的重要环节；在生活活动的组织实施中，应在满足幼儿当前需要的同时，为其未来生活和持续发展做好积极准备；幼儿身心发育尚未成熟，需要成人的精心呵护与细心照顾，但不宜过度保护和包办代替，以免剥夺幼儿自主学习和自我成长的机会，影响其主动性和独立性的发展；幼儿基本生活能力的获得需要循序渐进、耐心细致的指导，幼儿园教师、保育员、家长等要始终保持教育的一致性与一贯性；教师要有良好的生活能力、生活意识和生活品位，用积极的生活态度和情绪情感影响和感染幼儿。

处理好教学活动、游戏活动与生活活动三者间的关系，有助于提升幼儿园教育活动的质量。就是说，哪些教育内容可用于教学活动实施？哪些可以用于游戏去开展？哪些可用于日常生活实施？具体到操作层面，教师可以先问问自己：这个内容可不可以在日常生活或游戏中学习？如果可以，就没有必要用作教学活动。如果这个内容虽然也可以在日常生活或游戏中学习，但有些独特的价值不能体现出来，那么可以通过教学活动进行，但教学设计中一定要将这个独特的价值发掘出来。

（2）园内、外协作途径。

幼儿园教育既重视园内活动的开展，也重视园外资源的价值，积极倡导家园合作的教育模式。《纲要》提出："幼儿园应与家庭、社区密切合作，与小学相互衔接，综合利用各种教育资源，共同为幼儿的发展创造良好的条件。"家庭是幼儿园重要的合作伙伴。家园合作是指幼儿园和家庭或社区都把自己当做促进幼儿发展的主体，积极主动地相互了解、相互配合、相互支持，通过幼儿园与家庭或社区的双向互动共同促进幼儿的身心发展。幼儿园应本着尊重、平等、合作的原则，争取家长的理解、支持和主动参与，并积极支持、帮助家长提高教育能力；充分利用自然环境和社区的教育资源，扩展幼儿生活和学习的空间；幼儿园同时应为社区的早期教育提供服务。具体可以采用如下措施：1）以幼儿为核心的活动：如教育活动开放日、幼儿学习成果展览与汇报会、接送访谈与家访、便条与电话联系、参与教育与管理、为幼儿园提供资源支持与保障。2）以家长为核心的亲职教育活动：如家长会、家长园地、家长沙龙、家长学校与家庭互助活动。

社区是幼儿园的支持者和坚强后盾，幼儿园应充分挖掘与利用社区的教育资源，拓展幼儿园的教育活动。幼儿园要成为社区幼儿教育的基地，创造条件为社区的幼儿与家长提供多样化的服务，为社区文化、教育建设做出贡献。幼儿园可以联合社区部门，邀请热心幼儿社会教育的各界人士，成立社区教育委员会和园外教师队伍，共同创建社区教育基地，即挖掘社区教育资源，创设良好育人环境，配合幼儿园教育，又开展对家长的教育，提高家庭教育水平，真正达到双向促进。

3. 幼儿园教育活动的实施方法

按教育内容的作用途径划分，可以分为直接教学法和间接教学法。

直接教学法指教师按照教育目标，直接把教育内容传递给幼儿。这种方法简捷、经济有效、系统有序，如讲解、讲述、谈话、讨论、评价法等，此类方法在以下情况下多为教师采用：老师可以对幼儿进行人类优秀文化传统的教育，使幼儿能在短时间内获得人类用漫长时间创造的大量精神财富，如：给幼儿讲古今中外故事、科学家的发现等；传递社会的观念、行为规范、约定俗成的规则等；介绍必需的社会知识或概念，与健康生活有关的安全、卫生等常识；传授某些技能，如工具、物品的使用方法的讲解等。但这种方法偏重言语传授，对幼儿经验、情感的发展关注不够，因此只有与间接教学法配合使用，才能发挥良好的教育效益。

间接教学法指教师通过物质环境和人际环境传递教育意图的方法，如感知（包括观察）、操作、游戏、练习等方法。运用这种方法，教师成为幼儿学习的观察者、游戏伙伴、活动环境的创设者、提供者等。这种方式使教育与幼儿的生活融合在一起，幼儿在活动、游戏中自主地尝试、体验，不知不觉地获得各种直接经验，接受教育影响。但在这种教学方式中幼儿获得的知识、经验容易陷入表面、缺乏系统，有时甚至会得出错误结论。

在上述两种教学方法中，幼儿的学习方式是不同的。在直接教学中幼儿多是接受学习，在间接教学中幼儿多是发现学习。

当然，还有其他不同的划分方式，比如从教育活动主体划分，可以分为教师的教法与幼儿的学法。教师的教法包括讲解、谈话、对话、演示、示范、情境表演、情境教学、探究教学、支架式教学等方法。幼儿的学法包括讨论、评价、观察、操作、记录、游戏、发现、探究学习、行动学习等方法。

（四）幼儿园教育活动评价

评价是指对事物进行价值判断的过程，教育评价是指根据正确的教育观，运用科学的方法和适宜的途径对教育活动的各要素进行价值判断的过程。教育评价是幼儿园教育工作的重要组成部分，是调整和改进幼儿园教育工作、提高教育质量、促进幼儿发展的必要环节。

幼儿园教育活动评价的目的是：了解幼儿的发展状况，使教师能够根据幼儿的需求、特点及个体差异，有针对性地开展相应的教育活动；了解教育目标、内容、方法及途径对幼儿发展需要的适宜性，通过分析、调整，改进幼儿园的教育活动，提高保教质量。

幼儿园教育活动评价的内容包括对幼儿发展状况的评价和教育适宜性的评价两个方面。对幼儿发展状况的评价包括幼儿身心发展各个方面的评价，主要是了解幼儿在教育实施前后的发展状况。对教育活动提出的适宜性评价，主要是从教师的角度出发对教育活动设计与指导有效性进行的评价，如主要评价教育活动的目标、内容、方法手段、组织形式、资源利用、环境创设、师幼互动等方面。

幼儿园教育活动的评价类型按评价的功能不同，可划分为诊断性评价、形成性评价和总结性评价；按评价的主体不同，可划分为自我评价、他人评价。

幼儿园教育活动评价的常用方法有自然观察、建立档案、幼儿轶事记录、教育反思、活动观摩等。

本书第八章将详细介绍幼儿园教育活动的评价，在此不赘述。

二、幼儿园教育活动运作层面的结构

从幼儿园教育活动的具体运作层面上来看，可以从学科科目维度、结构化程度、活动领域以及活动性质角度对幼儿园教育活动的结构进行分析。

（一）学科科目维度下的幼儿园教育活动

学科活动是指以学科为中心的活动，即把有价值的知识系统化，形成一定的科目或学科，将这些知识传授给学生，以达到教育目标的活动。一般开设计算、语言、常识、音乐、体育、美术等学科。按学科科目分类是新中国成立后影响我国时间最长、范围最广的幼儿园教育活动分类方法，如 1981 年的《幼儿园教育纲要（试行草案）》就是其代表。

这种分类方法使教师分门别类地进行教育活动的设计和实施，十分便于教师的操作。但是，它也使幼儿园各门科目各自为政，割裂了幼儿所学知识、经验间的有机联系。同时，学科科目过于强调幼儿学科技能和知识的获得，容易使教师追求结果、忽视过程，造成教师强化训练、幼儿被动练习的现象。此外，把教育活动分为各门学科科目，容易使教师按照学科逻辑选择和组织教育活动内容，忽视了幼儿自身的兴趣和经验，容易使教师重知识，忽视幼儿非智力因素的培养。

（二）结构化程度下的幼儿园教育活动

教育活动的结构是指教师组织安排活动所形成的排列和体系，教育活动的结构化程度就是教育活动中教师组织安排成分的高低程度。幼儿园教育活动按教育活动的结构化程度分类，即按教师组织安排教育活动成分的高低程度来划分，可分为无结构教育活动、低结构教育活动、高结构教育活动和完全结构化教育活动。①

按照这种分类方法，由幼儿自主发起的自由游戏活动是“无结构”教育活动，完全由教师预设、组织安排的成分最高的教学活动是“完全结构化”教育活动，以游戏活动为主要成分、教师组织安排成分较低的教育活动是“低结构”教育活动，而以教学活动为主要成分、教师组织安排成分较高的教育活动是“高结构”教育活动，如图 1—2 所示。

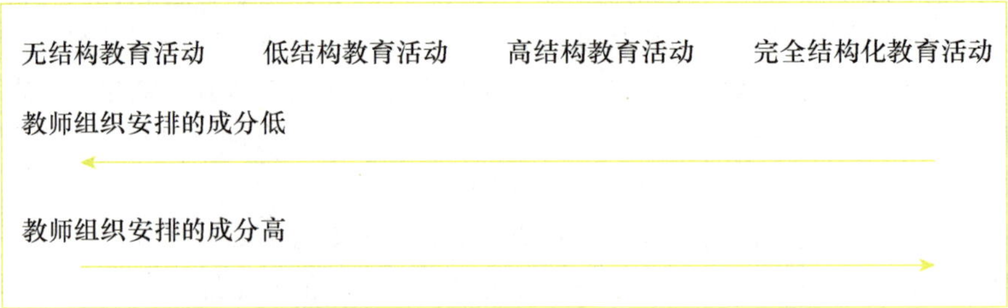

图 1—2　按教育活动结构化程度分类的幼儿园教育活动

① 参见朱家雄：《幼儿园教育活动设计与实施》，北京，高等教育出版社，2008。

在幼儿园具体教育实践中，根据幼儿园教育活动的结构化程度的不同，教育活动主要可分为学科教学活动、主题教学活动和区角活动。

学科教学活动，又叫“单一科目”教学活动，是以某一学科的概念和知识技能为学习目标，由教师为主体决定内容并设计和实施教学的一种活动，是一种结构化程度较高的活动。主题教学活动是以主题为核心的综合活动，以与主题相关的知识和经验的获得为学习目标，既可由教师根据主题和幼儿兴趣决定教学活动内容，也可由幼儿生成与主题有关的活动内容。它的结构化程度比学科教学活动低，主要由教师设计和实施，因此，也是一种中等结构化程度的教育活动。

区角活动，又叫区域活动或活动区活动，幼儿在教师按照教育目标和幼儿兴趣设置的不同区角中，自主选择材料，通过与材料、同伴及教师的互动进行学习。区角活动是由幼儿发起的、以幼儿的兴趣和需要为导向的探索活动，其主要成分是幼儿操作性游戏，而非教师教学。区角活动具有教育性、兴趣性、操作性、创造性、探索性的自由、宽松的环境，因此，区角活动是一种低结构的教育活动。

按这种方法划分幼儿园教育活动，教师更容易把握教育活动的结构化程度，明确教师在活动中发挥的作用，处理好活动中教师预设与幼儿生成、教师引导与幼儿主体之间的关系。

（三）活动领域下的幼儿园教育活动

根据幼儿学习领域的不同，可将幼儿园教育活动分为健康教育、语言教育、社会教育、科学教育、艺术教育五大活动领域。各领域的内容相互渗透，从不同的角度促进幼儿情感、态度、能力、知识、技能等方面的发展。按学习领域划分幼儿园教育活动，是比较成熟的、科学的划分方法，有利于教师按知识的性质来选择相应的教法和理解幼儿的学习，这种划分方法已经被广大幼儿教育工作者所熟知和认可。同时，各领域相互之间也会发生自然联系，使幼儿的知识不被割裂。各领域的内容与要求如下：

1. 健康领域的内容与要求

（1）建立良好的师生、同伴关系，让幼儿在集体生活中感到温暖，心情愉快，形成安全感、信赖感。

（2）与家长配合，根据幼儿的需要建立科学的生活常规。培养幼儿良好的饮食、睡眠、盥洗、排泄等生活习惯和生活自理能力。

（3）教育幼儿爱清洁、讲卫生，注意保持个人和生活场所的整洁和卫生。

（4）密切结合幼儿的生活进行安全、营养和保健教育，提高幼儿的自我保护意识和能力。

（5）开展丰富多彩的户外游戏和体育活动，培养幼儿参加体育活动的兴趣和习惯，增强体质，提高幼儿对环境的适应能力。

（6）用幼儿感兴趣的方式发展基本动作，提高动作的协调性、灵活性。

（7）在体育活动中，培养幼儿坚强、勇敢、不怕困难的意志品质和主动、乐观、合作的态度。

2. 语言领域的内容与要求

（1）创造一个自由、宽松的语言交往环境，支持、鼓励、吸引幼儿与教师、同伴或其他人交谈，体验语言交流的乐趣，学习使用适当的、礼貌的语言交往。

（2）养成幼儿注意倾听的习惯，发展语言理解能力。

（3）鼓励幼儿大胆、清楚地表达自己的想法和感受，尝试说明、描述简单的事物或过程，发展语言表达能力和思维能力。

（4）引导幼儿接触优秀的幼儿文学作品，使之感受语言的丰富和优美，并通过多种活动帮助幼儿加深对作品的体验和理解。

（5）培养幼儿对生活中常见的简单标记和文字符号的兴趣。

（6）利用图书、绘画和其他多种方式，引发幼儿对书籍、阅读和书写的兴趣，培养前阅读和前书写技能。

（7）提供普通话的语言环境，帮助幼儿熟悉、听懂并学说普通话。少数民族地区还应帮助幼儿学习本民族语言。

3. 社会领域的内容与要求

（1）引导幼儿参加各种集体活动，体验与教师、同伴等共同生活的乐趣，帮助他们正确认识自己和他人，养成对他人、社会亲近、合作的态度，学习初步的人际交往技能。

（2）为每个幼儿提供表现自己长处和获得成功的机会，增强其自尊心和自信心。

（3）提供自由活动的机会，支持幼儿自主地选择、计划活动，鼓励他们通过多方面的努力解决问题，不轻易放弃克服困难的尝试。

（4）在共同的生活和活动中，以多种方式引导幼儿认识、体验并理解基本的社会行为规则，学习自律和尊重他人。

（5）教育幼儿爱护玩具和其他物品，爱护公物和公共环境。

（6）与家庭、社区合作，引导幼儿了解自己的亲人及与自己生活有关的各行各业人们的劳动，培养其对劳动者的热爱和对劳动成果的尊重。

（7）充分利用社会资源，引导幼儿实际感受祖国文化的丰富与优秀，感受家乡的变化和发展，激发幼儿爱家乡、爱祖国的情感。

（8）适当向幼儿介绍我国各民族和世界其他国家、民族的文化，使其感知人类文化的多样性和差异性，培养理解、尊重、平等的态度。

4. 科学领域的内容与要求

（1）引导幼儿对身边常见事物和现象的特点、变化规律产生兴趣和探究的欲望。

（2）为幼儿的探究活动创造宽松的环境，让每个幼儿都有机会参与尝试，支持、鼓励他们大胆提出问题，发表不同意见，学会尊重别人的观点和经验。

（3）提供丰富的可操作的材料，为每个幼儿都能运用多种感官、多种方式进行探索提供活动的条件。

（4）通过引导幼儿积极参加小组讨论、探索等方式，培养幼儿合作学习的意识和能力，学习用多种方式表现、交流、分享探索的过程和结果。

（5）引导幼儿对周围环境中的数、量、形、时间和空间等现象产生兴趣，建构初步的数概念，学习用简单的数学方法解决生活和游戏中某些简单的问题。

（6）从生活或媒体中幼儿熟悉的科技成果入手，引导幼儿感受科学技术对生活的影响，培养他们对科学的兴趣和对科学家的崇敬。

（7）在幼儿生活经验的基础上，帮助幼儿了解自然、环境与人类生活的关系。从身边的小事入手，培养初步的环保意识和行为。

5. 艺术领域的内容与要求

（1）引导幼儿接触周围环境和生活中美好的人、事、物，丰富他们的感性经验和审美情趣，激发他们表现美、创造美的情趣。

（2）在艺术活动中面向全体幼儿，要针对他们的不同特点和需要，让每个幼儿都得到美的熏陶和培养。对有艺术天赋的幼儿要注意发展他们的艺术潜能。

（3）提供自由表现的机会，鼓励幼儿用不同艺术形式大胆地表达自己的情感、理解和想象，尊重每个幼儿的想法和创造，肯定和接纳他们独特的审美感受和表现方式，分享他们创造的快乐。

（4）在支持、鼓励幼儿积极参加各种艺术活动并大胆表现的同时，帮助他们提高表现的技能和能力。

（5）指导幼儿利用身边的物品或废旧材料制作玩具、手工艺品等来美化自己的生活或开展其他活动。

（6）为幼儿创设展示自己作品的条件，引导幼儿相互交流、相互欣赏、共同提高。

（四）活动性质下的幼儿园教育活动

按幼儿园教育活动的性质划分，可将幼儿园教育活动分为学习活动、生活活动、游戏活动、体育运动活动，也可分为教学活动、生活活动、游戏活动、劳作活动等。

学习活动是教师采用游戏、谈话、实验、操作、实地参观、听赏、表演等多种方式，有目的、有计划地引导幼儿通过直接感知、实际操作和亲身体验获取经验，帮助幼儿逐步养成积极主动、认真专注、敢于探究和尝试、乐于想象和创造等良好学习品质。

生活活动主要包括幼儿入园、进餐、饮水、盥洗、如厕、睡眠、离园等环节。生活活动贯穿于幼儿的一日活动中，旨在帮助幼儿发展生活自理、与人交往、自我保护等能力，逐步养成健康的生活规则和习惯。

游戏活动是幼儿在游戏情境中根据自己的兴趣和需要，以快乐和满足为目的，自由选择、自主展开、自发交流的活动。游戏活动能够满足幼儿的个体发展与社会性发展需要，促进幼儿在自发、自主、自由的活动中发展想象力、创造力、交往合作能力，提升好奇探究的品质。

体育运动包括体育集体活动、自选活动和操节（幼儿园可自选）三个方面。体育活动能增强幼儿运动能力和环境适应能力，是幼儿形成健康体魄、愉快情绪的重要途径。

本书第三至第六章将对教学活动、生活活动、游戏活动、劳作活动做详细介绍，此处不再赘述。

技能训练

分析以下教育活动案例，思考并回答以下问题：(1) 该教育活动目标的取向是否适宜？(2) 活动内容选择是否科学？(3) 通过何种途径和方法实施了该教育活动？(4) 如何评价该教育活动的实施效果？

小班科学活动《哇！彩虹糖》

设计意图：

《3～6 岁幼儿学习与发展指南》指出：幼儿科学学习的核心是激发探究兴趣，体验探究过程，发展初步的探究能力。成人要善于发现和保护幼儿的好奇心，充分利用自然和实际生活机会，引导幼儿通过观察、比较、操作、实验等方法，学习发现问题、分析问题和解决问题，帮助幼儿不断积累经验。彩虹糖是幼儿常见并喜欢的一种食物，用彩虹糖作为实验材料，可以调动幼儿的已有经验，让幼儿有话可说。同时，溶化也是幼儿在生活中常见并感兴趣的科学现象。因此，我设计了该科学活动。在活动中，我通过创设“怎样让彩虹糖上的颜色变没有”的游戏情境，引导幼儿通过听听、看看、猜猜、做做、尝尝等多种方法，在亲历实验的过程中发现彩虹糖遇到水就会溶化这一科学现象，激发幼儿的好奇心，感受色彩变化带来的惊喜。

活动目标：

1. 初步感知彩虹糖在水中溶化的现象，愿意用语言表达自己的发现。
2. 能在教师的示范、讲解下按实验步骤进行操作，并能注意观察实验中的现象。
3. 感受色彩变化带来的惊喜。

活动准备：

彩虹糖若干，白纸盘 5 个（幼儿共分 4 组，每组用 1 个白纸盘；教师用 1 个），用玻璃杯装的半杯牛奶，装有小半杯水的一次性塑料杯、勺子各 20 份。

活动过程：

一、萌发兴趣

1. 教师在口袋里摇晃彩虹糖，用声音激起幼儿的兴趣。

师：老师的口袋里藏着一个神秘的礼物。听一听，可能是什么？

2. 教师引导幼儿模仿彩虹糖发出的声音。

师：声音是什么样子的？请学一学。

二、观察彩虹糖的颜色

1. 教师出示彩虹糖，了解幼儿的已有经验。

师：到底是什么？你们想不想知道？仔细看哦！变！变！变！哇！是什么？

师：你吃过吗？你吃的彩虹糖是什么颜色的？

2. 教师将彩虹糖倒在桌上的白纸盘中，引导幼儿观察彩虹糖的颜色。

师：彩虹糖的颜色真的和你们说的一样吗？想不想看一看？

师：彩虹糖有哪些颜色？

三、明确实验步骤和要求

1. 教师创设“把彩虹糖上的颜色变没有”的游戏情境，初步激发幼儿做实验的兴趣。

师：彩虹糖有这么多的颜色，我们可以用什么方法把彩虹糖上的颜色变没有呢？

2. 教师出示装有水的塑料杯，介绍实验材料。

师：老师为你们准备了一种材料，你们看看是什么？

3. 教师引导幼儿认识水是透明无色的。

师：水是什么颜色的？

师（小结）：我可以透过水看到你们，所以水是透明无色的。

4. 教师边讲解边示范，帮助幼儿明确操作的步骤和要求。

师：如果把彩虹糖放到水里，彩虹糖的颜色会变吗？为什么？

师：有的人说会变，有的人说不会变。我们来试试看。

师：每人只能拿一杯水和一颗彩虹糖，先看看你拿的彩虹糖是什么颜色，再把彩虹糖放在水杯里，用小勺子轻轻地搅一搅，不能吃。

5. 教师带领幼儿共同复述实验步骤。

师：先做什么？（拿一杯水和一颗糖。）再做什么？（观察糖的颜色。）最后做什么？（把糖放进水里，搅一搅，看一看糖和水的颜色有没有变化。）

四、幼儿做实验，教师观察指导

1. 幼儿操作，教师个别了解幼儿的发现。

师：你的彩虹糖是什么颜色的？

师：轻轻地搅一搅，看看水有什么变化？

师：再把彩虹糖舀上来看看它变成了什么颜色？

2. 教师引导幼儿交流分享。

师：你原来的彩虹糖是什么颜色的？现在呢？水变成了什么颜色？彩虹糖上的颜色到哪里去了？

师：有谁的发现是和他一样的？慢慢举起来给大家看看。

师（小结）：原来彩虹糖上的颜色溶化到水里去了。

五、教师做实验，拓展幼儿的经验

1. 幼儿猜测多颗彩虹糖放进水中的变化。

师：你们都做过实验了，老师也想做一个实验，你们想不想看？

师：如果把好多彩虹糖都放在一杯水中，你们猜会变出什么？

2. 教师边在白纸盘中摆放彩虹糖，边带领幼儿点数。

师：和老师一起数一数一共放了几颗彩虹糖。（10 颗）

3. 教师引导幼儿观察彩虹糖放入水中的色彩变化并进行想象、表达。

师：哇！现在彩虹糖变成了什么？看起来像什么？

六、幼儿品尝彩虹糖，进一步感知彩虹糖遇水会溶化的现象

1. 教师示范吃彩虹糖，并引导幼儿猜测彩虹糖的颜色。

师：你们想不想尝一尝彩虹糖？我也想尝一尝。（教师吃一颗彩虹糖）

师（伸出舌头）：猜猜，我吃的是什么颜色的彩虹糖？你怎么知道的？

2. 幼儿吃彩虹糖，并和同伴相互猜彩虹糖的颜色。

师：每个小朋友尝一颗彩虹糖，请你身边的小朋友猜猜你吃的是什么颜色的彩虹糖。

师（小结）：原来彩虹糖的颜色溶化到嘴里了。

活动延伸（略）

学练结合

请从幼儿园教育活动的要素层面与具体实施运作层面制作一个详细的“幼儿园教育活动结构”图示或者表格，要求细化到第五级指标，如教育活动结构—运作层面结构—活动性质下的结构—游戏活动—幼儿生成的游戏、教师设计的游戏。

第二章　幼儿园教育活动实施的平台

目标导航

［**知识目标**］了解材料与幼儿活动、教育活动、活动平台之间的关系，能够认识到教育活动平台与教育活动组织实施之间的关系，学习并掌握几种典型的教育活动平台设计与打造的方法，树立幼儿园教育活动平台意识。

［**能力目标**］掌握教育活动材料的设计、投放与使用方法，能够为各种教育活动的组织实施设计与打造出适宜的活动平台。

第一节　幼儿园教育活动的材料

基础知识

材料是幼儿园教育活动平台的物质基础与条件。《3～6岁儿童学习与发展指南》在“教育建议”中大力倡导：“多为幼儿选择一些能操作、多变化、多功能的玩具材料或废旧材料，在保证安全的条件下，鼓励幼儿拆装或动手自制玩具”“给幼儿提供丰富的材料和适宜的工具，支持幼儿在游戏过程中探索并感知常见物质、材料的特性和物体的结构特点”“提供丰富的便于幼儿取放的材料、工具或物品，支持幼儿进行自主绘画、手工、歌唱、表演等艺术活动”等。由于我国幼儿动手能力的发展水平与世界幼儿的差距较大，因此极需要教师充分认识到“动手做”“做中学”对幼儿的意义，为幼儿创造能充分动手动脑的机会与条件，① 真正做到《指南》“说明”中要求的：“最大限度地支持和满足幼儿通过直接感知、实际操作和亲身体验获取经验的需要。”材料在幼儿学习与发展中是如此重要，那么，被用于幼儿园教育活动的材料怎么设计？如何投放以及如何使用？是本节我们要学习的主要内容。

一、教育活动材料与幼儿发展概述

（一）材料与教育活动材料

材料是人类可以利用的物质，一般指人造的固体物质。材料的发展标志着社会的进

① 参见李季梅、冯晓霞主编：《〈3～6岁儿童学习与发展指南〉解读》，北京，人民教育出版社，2013。

步，如石器的广泛使用是“石器时代”，相似的还有“青铜时代”和“铁器时代”等。材料、信息和能源被称为现代文明的三大支柱。

幼儿教育中的材料是指幼儿教育者提供给幼儿学习、活动的所有环境物质，包括社会和自然中一切可供幼儿与之相互作用的物品材料。我们这里将幼儿园教育活动材料界定为被用于幼儿园供幼儿使用的所有活动的一切物品，包括专门为幼儿活动而制作的教玩具，以及任何日常物品与自然材料。

在幼儿园教育活动中，可以称作材料的往往有两类：一类是物质材料，另一类是非物质材料。物质材料包括生命性物质材料与非生命性物质材料。生命性物质材料在幼儿园常见的有植物（如菊花、水仙等）、小动物（如小蝌蚪、小金鱼、小乌龟、小鸭等）。非生命性物质材料常见的有雪花片、积木、大型玩具等。非物质材料主要是指作品、规则、既成文化等精神材料，它们有时以物质的形式呈现。有的幼教专家将幼儿教育机构的物质材料分为三类：一是设备，指家具和较大、较昂贵的物品；二是器材，指较小、较便宜的物品；三是供应品，指经常更换的消耗性物品。① 还有的专家把材料分成不同的类型，见表2—1。本节所探讨的教育活动材料主要是物质材料。

表2—1　　材料的分类

序号	种类	特点	举例
1	生命性物质材料	有生命的	草、木、花、蝌蚪、金鱼
	非生命性物质材料	无生命的	纸张、积木
2	强结构性物质材料	结构相对稳定、难于改变、功能封闭且单一	球类、玩具汽车
	弱结构性物质材料	多功能、可改变、一物多用	积木、雪花片
3	消耗性物质材料	用后逐渐消失，转变为作品	纸张、蜡笔、颜料
	非消耗性物质材料	再生、创生	积木、剪刀
4	资源性物质材料	幼儿直接作用的对象	纸张、泥土、沙
	工具性物质材料	对活动起辅助性作用的材料	剪刀、绳子、盘子、筷子

活动材料是幼儿“无声”的老师。玩是幼儿的本能和天性。在幼儿园我们应该让孩子能玩、会玩、敢玩、乐玩。美国心理学家布卢姆认为：学习的最大动力是对学习材料的兴趣。幼儿园活动和幼儿的学习需要特定的物质材料，这些物质材料能使活动顺利进行，满足幼儿的学习需要并促进幼儿发展。

（二）教育活动材料与幼儿发展

哈佛大学零点项目与意大利瑞吉欧合作进行的“让学习看得见”项目指出：我们现实中的学校教育通常在去情境化下教授学习内容，通常也认为学生的学习发生在脑海中而不是通过身体动作、表演、材料操作来学习的（Steve Seidel，2011）。幼儿的学习与

① 参见费妮著，黄慧真译：《学前教育》，台北，桂冠图书公司，1985。

发展也是在同包括物质材料在内的客观事物的相互作用中实现的。精心设计、呈现的物质材料可给幼儿提供发展的机会和可能。“通过与设计巧妙的设备与材料的互动，儿童将发展大小肌肉的协调性，对外界的概念，创造性、社会技能和自我认知。”① 幼儿活动和学习需要特定的物质材料，这些物质材料能使活动顺利进行，满足幼儿的学习需要并促进幼儿发展。当然，运用什么样的材料，决定了幼儿将进行什么样的学习，也在一定程度上决定了幼儿的发展。有的学者列举了不同的材料及其活动对幼儿发展的意义，见表 2—2。

表 2—2　　不同的材料及其活动对幼儿发展的意义

当孩子这么做时	他/她学习到的是
拍打旋转吊饰，使它晃动	因果关系
滚球	动作
把图案放入拼板里	形状、大小、颜色之类的概念
把塑料珠子串在一起	手眼协调能力
把积木从架子上拿下来搭建	建构能力
用颜料在纸上涂鸦	空间关系
将水与干的颜料混合	科学概念
在面团上戳洞	因果关系
撕纸做拼贴画	手眼协调能力
学会使用糨糊	为自己的成就感到自豪

资料来源：[美] 艾米·劳拉·多伯罗等著：《托幼班创造性课程》，李永怡等译，226 页，南京，南京师范大学出版社，2005。

1. 活动材料与幼儿认知能力的发展

材料中存在大量有趣的问题：什么东西是浮在水面上的，什么东西是沉在水底下的；水是怎样结成冰的，冰是怎么化成水的；怎样才能抓住空气；灯泡是怎么发亮的；轮子是怎样滚动的；磁铁能吸住什么东西……教师可以引导幼儿灵活地运用各种材料，让幼儿去操作、去探索、去发现问题和解决问题，去获得知识和提升经验。

2. 活动材料与幼儿语言能力的发展

教师应借助材料来发展幼儿的语言表达能力，特别是对一些语言发展迟缓或者有语言障碍的幼儿，应该引导他们在与材料交往的过程中发展语言能力和水平。如在图书阅读角、语言讲述角、拼图讲述角、故事大王角、谈心屋中提供的丰富多彩的图书、画报、相册、图片、玩偶、头饰、服装、玩具、道具等，可为幼儿学习语言、巩固发展语言提供服务。各种社会游戏创设和材料提供，都为幼儿的语言交往和发展提供了条件。

3. 活动材料与幼儿逻辑思维能力的发展

学前儿童思维的特点造成了他们在建构抽象知识时的困难。因此，老师必须借助具

① 费妮著，黄慧真译：《学前教育》，台北，桂冠图书公司，1985。

体的实物形象来让幼儿理解抽象的概念，通过和具体事物相联系的知识在头脑中形成具有一定概括和抽象意义的知识。这种知识不是通过简单的“教”传递给幼儿的，而是要通过幼儿自己的活动主动建构起来，是通过幼儿自己的动作加以协调、反思和内化而获得的。材料能帮助幼儿建构对“关系”的理解，而“关系”则为逻辑运算知识的核心。

4. 活动材料与幼儿动作发展

材料促进幼儿动作发展主要表现在两个方面：一是技术方面，即幼儿怎样完成动作。幼儿在对材料操作的过程中可逐渐了解动作操作的基本要求和要点，慢慢将各个动作衔接起来，并达到自动化的程度。动作的发展扩大了幼儿个体与周围环境交往的范围。二是意义方面，即为什么完成这个动作。任何一个活动都服务于一定的需要，为一定的动机所激发，由动作所组成，并借助于操作而实现。从婴儿有目的地抓握，会用手牢牢地抓住东西开始，幼儿所有的练习都具有主动的特征，即由幼儿自己来完成。

实例链接

运用硬纸板、雪碧瓶、纸盒、铅丝、即时贴、小剪刀等材料制作“哈哈小白兔”学具。①

目标：幼儿复习数数、数的组成，口头练习自编10以内数的加减应用题等，感知数概念。

制作：

（1）用硬纸板、即时贴制作小白兔头饰，前面留个大嘴巴，然后将其贴在废旧雪碧瓶的下半部。

（2）将硬纸板、即时贴制作的青菜、蘑菇、萝卜等小兔爱吃的食物放在纸盒内，用铅丝将纸盒与雪碧瓶系在一起。

使用：（适用于小班、中班、大班）

（1）小班单人操作。喂小兔吃萝卜，边取萝卜投入小兔的大嘴巴里，边数数：小兔吃1根萝卜、2根萝卜……

（2）中班单人操作。复习数的形成，如喂小兔吃6根萝卜，再喂1根萝卜，6添上1就形成7。比较多少，如小兔吃了5片青菜叶、4片蘑菇，青菜叶比蘑菇多1片，蘑菇比青菜叶少1片，5比4多1。

（3）大班可供2～3人操作。口头练习自编应用题，并巩固10以内的加减运算。如一个幼儿喂小兔吃小青菜，一个幼儿编应用题，另一个幼儿列式。

---

① 参见林秀娟主编：《幼儿园活动区域材料制作与使用》，南京，南京师范大学出版社，1999。

二、教育活动材料的设计与投放

幼儿教师专业性的体现之一就是能为幼儿的学习与发展、幼儿园教育活动的组织与实施选择适宜的材料、设计合宜的材料、投放与使用好材料。幼儿园教育活动材料的设计要体现出可变性、可操作性、组合性、一物多玩性，在材料的投放上要体现多样性、互补性、层次性、生成性的特点。

（一）教育活动材料设计的要素与步骤

幼儿园教育活动材料的设计需要满足以下四个要素①：

1. 色彩

色彩与形状组成了整个视觉世界，但就人的感觉而言，色彩比形状能产生更直接、更强烈的影响，所谓“先看颜色后看花”“七分颜色三分形”的说法都是在描述色彩对视觉效应的重要作用。一般而言，色彩明度是决定配色光感、明快感、清晰感的关键。在设计与自制幼儿教育活动材料时，教师要根据幼儿颜色偏好特点做一定的装饰，如选用“红、黄、蓝、金”等较明亮、热情的颜色。这样的材料可以刺激幼儿选用的积极性，提高材料的使用频率。

2. 结构

结构是成品材料的灵魂。结构是各种材料的相互架构组合，这种组合可以由单一材料构成，如用矿泉水瓶做的“手榴弹”；也可以由多个材料的联合构成，如用几个矿泉水瓶、豆子、松紧带做的“拉力器”；还可以在改变原材料物体特点基础上创生构成，如将大、小油桶打洞，在洞口插上 PVC 管，油桶与油桶之间连上松紧带，油桶外面简单包装，制作成一条活灵活现的“中国龙”。

3. 功能

在企业产品设计中，功能第一是永远坚持的原则，产品设计的最重要要素是功能要素，这是产品得以存在的基础。同样，在幼儿园教育活动材料设计中，必须重视“功能”这一要素。在满足幼儿兴趣、爱好、需要与考虑幼儿知识、能力、水平的基础上，要发挥材料的育人功能、娱乐功能、变化功能、审美功能。如一位老师将一块普通纸板做成了彩色纸板投放到活动室，幼儿自发探索出“过独木桥”“跳栅栏”“钻山洞”“同舟共济过小河”“火车火车呜呜呜”等活动主题。

4. 创新

创新是教育活动材料设计中想象力与创造力、新颖性与个性化的体现。如传统的球架，通常一次只够一个幼儿投掷使用，功能比较单一。为改变这一现状，重庆市西南医院幼儿园的老师们设计开发了“多功能球架”，该球架的架身由六个面的实木板组成，设置了不同高度的投球框，不仅可供多名幼儿同时投掷，而且可满足不同年龄段幼儿投

---

① 参见曾莉、刘艳编著：《幼儿园开放性活动材料的构建与运用》，成都，四川大学出版社，2013。

掷。六块实木板是可拆卸的，拆卸后，在钻有孔的实木板上系上绳子，幼儿可以玩三人两足的游戏。另外，老师们在球架的底座安装了万向轮，不仅让幼儿可以轻松搬移活动器械，而且底座可供幼儿玩滑轮车游戏。

幼儿园教育活动材料在设计与开发过程中包括以下三个步骤。

1. 原材料收集

由于幼儿学习活动具有生活性、活动性的特点，活动材料来源途径非常广泛，不局限于成品教玩具。材料收集有以下两个小步骤：

（1）废旧物品收集。教师、幼儿以及幼儿家长集思广益，发动身边一切可以利用的资源。每个班可设立“废品回收站”，在“回收站”里整齐地摆放几个塑料筐，分别贴上纸制品、塑料制品、布料制品等类别标签（如表2—3所示），并将本阶段教育内容和所需要的适宜材料做成“温馨小提示”张贴在回收站的墙上。在收集材料时必须注意：1）所收集的废旧品没有尖锐的角和锋利的边缘，对幼儿没有伤害；2）体积不能过小；3）废旧品必须洗净、消毒。

表2—3　　废旧材料的分类收集

纸制品	塑料制品	布料制品	纸盒纸箱类	线绳类	木头类
报纸、宣传用的彩纸、餐巾纸、挂历纸、各色包装纸等	各种大小的饮料瓶、奶制品瓶、化妆品瓶、油瓶、花露水瓶、啤酒瓶等	各种布头、旧窗帘、旧衣服、旧丝袜、旧床单被套等	鞋盒、牛奶包装盒、月饼盒、各种大小不一的包装纸箱、包装电器的箱子等	毛线、布条、各色包装绳等	干树枝、木桩、木块、木屑、木棍、锯木面、木板等

（2）分类整理。在幼儿自主活动和户外活动时间，教师可以请幼儿自选已收集的废旧品进行自由玩耍，教师进行观察和记录。主要记录和观察幼儿对什么材料感兴趣，哪些材料能有哪些玩法，通过这些玩法能够生成幼儿的哪些经验，提高哪方面的能力等。然后在了解原始材料和幼儿兴趣的基础上，再按照幼儿的需要和兴趣进行二次筛选和二次分类整理。在这一过程中，主要是做好废旧材料的收集和归类工作，这是挖掘材料利用价值的前期工作。

2. 创意设计

材料收集归类之后就要将其研发制作成某一类教育活动材料，如何研发与制作？首先要考虑教育活动的需要，既能服务于教育教学使之成为适宜的教学玩具，又能对幼儿认知、情感与能力的发展产生良好的促进作用。在具体设计时应注意：（1）创意设计来自于幼儿。比如在自制体育玩具的评比中，我们先请幼儿分小组讨论和玩耍，“可以制作成什么玩具？可以怎么玩？”得出最受欢迎的玩具候选名单。然后请幼儿协商：哪些玩具可在园内与同伴合作中完成？哪些玩具可带回家在家长帮助下完成？不难发现，在讨论、协商、解决问题、合作制作中，幼儿的多项智能得到了有效发展。（2）体现多功能可变性，系列设计。比如盒子系列，就可以利用各种纸盒、纸箱设计制作成不同的活动材料，开展《盒子盒子来过河》《走迷宫》《开汽车》《藏猫猫》《跳盒子》《接力传送带》《车轮滚滚滚》等活动，以发展幼儿走、跑、跳、钻、爬等运动技能。(3) 分层分级开发材料。综合考虑材料的性质、安全系数以及幼儿的年龄特点进行分层分级设计。如针对中班幼儿“跳”的运动技能，开始设计“彩色纸板”，然后设计“跳易拉罐小栅栏”“跳奶粉桶矮墙”，最后到“跳高高的油桶、竹竿”等。

3. 存放管理

活动材料研制成功后，要最大限度地发挥其教育功能，首先需要幼儿园有一套科学化的教玩具材料管理体系。可以在材料实物和资料两方面的管理上着手：(1) 科学有效地管理和保存活动材料。例如，某幼儿园为了能科学有效地保管户外活动材料，在操场旁边设立了四间专门的活动器械储存室，全园分年级组、分区域、按材料类型进行标注和存放。此外，除了早操和户外活动运用这些活动器械外，该园还将活动器械融入孩子的一日生活，每个班级教室和楼层也设立了专门的活动器械区域，便于幼儿在来园时、游戏环节、过渡环节、放学后或下雨的时候进行活动。(2) 建立和完善科学的活动材料存档体系。例如，某幼儿园编制了《××幼儿园优秀教玩具说明书》，“说明书”上包括作品名称、类别、结构（用图示、照片等方法介绍该作品的基本结构、整体造型、主要材料、外形尺寸）和作品主要功能和特点以及介绍该作品适合领域、适用年龄、基本使用方法和主要作用等。幼儿园教育活动材料的开发需要有充满生机与活力的激励机制、严谨的材料开发策略、科学的材料管理，才能在幼儿园教育活动材料开发的发展道路上越走越宽广。

在幼儿园教育活动材料的设计与开发中，教师还要对活动材料进行深度挖掘，如材料的功能分析与作用分析、材料的文化价值与知识价值、材料的核心价值与衍生价值、材料的群体意义与个人意义等。

（二）教育活动材料的投放①

1. 活动材料的投放形式与幼儿活动行为的关系

材料与幼儿发展之间存在一种双向关系，也就是说，材料的种类特点能刺激幼儿的行为方式，而幼儿也会根据自己的需要决定对材料的操作方式。因此，在幼儿教育活动中投放丰富而适宜的游戏材料，也就成为教师的一项专业基本功。幼儿教师在教育活动材料上大致采用封闭式投放和开放式投放两种形式，主要表现在材料设计的结构化程度上。

(1) 封闭式投放。

所谓封闭式投放，就是以教学目标为依据，对材料进行了高结构化的设计，即教师对材料附加了特定的任务，幼儿必须严格按照教师规定的方法进行操作，以便达成教师预期的目标，这种材料可称为高结构化的材料。然而，高结构化的材料有两种设计，一种是设计成具有竞赛性的规则游戏，另一种是设计成附加特定任务的作业。

---

① 参见李季湄、冯晓霞主编：《〈3～6岁儿童学习与发展指南〉解读》，北京，人民教育出版社，2013。

实例链接

用数字卡练习《10的组成和分解》

如果设计成规则游戏，就可以通过双方出卡，谁先发现卡片上的数字合起来正好是10，谁就可以先拍一下桌子，动作慢的就收了桌上的卡片，谁先出完手上的数字卡，谁就赢了。而如果设计成作业，那么教师就可在10的数字卡下面罗列1和?、3和?、?和7等一组数字，让幼儿在“?”处放上正确的数字卡，合起来正好是10，全部摆对则完成任务。

由此看出，规则游戏中由于玩伴水平不同，输赢的结果具有不确定性，有时输，有时赢，可刺激幼儿为了赢而不断重复游戏，在重复中越来越熟练。而设计成作业的材料，幼儿只能枯燥摆弄，一旦完成任务，这个材料就没有用了，幼儿玩的热情很难保持。

（2）开放式投放。

所谓开放式投放，指的是教师对材料的投放只做一个大致的规划，不需要对材料的具体玩法进行设计，幼儿完全可以根据自己的需要自行决定如何玩。实际玩法会因幼儿的个体差异而多种多样。

这类开放性的材料从结构化程度来说也有两种，一种是非结构化的材料，另一种是低结构化的材料。非结构化的材料指的是，教师在投放时没有设定目标，也没有设计玩法，比如有的教师在活动区投放了百宝箱或设置了材料超市，有各种绳子、盒子、废纸、瓶瓶罐罐等，幼儿可以用这些材料玩出很多种花样来。一个废旧的纸板箱，幼儿有时把它作为山洞，有时把它作为小房子，有时用来躲猫猫，有时用来当隔板……低结构化的材料指的是，教师依据一定的教学目标对材料进行简单设计，但不限定玩法，由于目标非常隐蔽，对幼儿来说自主的空间仍然很大。比如积木就是一种低结构的材料，因为单元积木在设计时就有意识地考虑了等分、倍数、比例等元素，虽然没有规定积木的玩法，但幼儿在玩任何一种搭积木游戏时，都会获得相关的数学经验。又如教师如果想让幼儿获得沉浮的经验，可在投放玩水材料时，有意识地选择部分会沉下去的东西，部分会浮起来的东西；如果教师想让幼儿获得容积守恒的经验，可有意识地在水中投放容量相同但形状不同的容器。

可见，对材料进行开放式投放，将诱导幼儿的游戏行为，是幼儿控制材料；而对材料进行封闭式投放，将诱导幼儿个别化的作业活动，是材料控制幼儿（除了规则游戏材料）。

2. 教育活动材料的结构化与目标的关系

在教育活动中，幼儿教师之所以要设置活动区或者要投放丰富的材料，目的是让幼儿有更多的机会与环境发生交互作用，通过材料操作进行自主学习，从而获得有意义的经验。

然而，目前一线教师最为困惑的是教育活动材料投放与教学目标之间的关系。一方面，她们正在为设计能够实现多种目标的材料大伤脑筋；另一方面，她们不明白为什么有时花精力越大、目标越明确的材料，幼儿越不喜欢，即使设计出多种层次、多种玩法的材料，幼儿仍然不喜欢。

游戏是所有幼儿都喜欢的活动，但不是所有的材料都能诱发游戏行为。从上述材料的不同投放特征我们可以发现，根据教师在材料投放时的预设程度不同，材料投放呈现出四种类型：（1）未设目标的非结构化游戏材料；（2）目标隐蔽的低结构化游戏材料；（3）目标明确但结果不确定的高结构化规则性游戏材料；（4）目标明确而结果固定的高结构化作业性材料。而目前存在的一些问题在于，教师设计了太多高结构化的作业性材料，这些材料虽然直接指向目标，但只能引发被动的学习和枯燥的练习。

实例链接

一位教师用纸花设计了“给花篮插花”的作业性材料，纸花有各种颜色，教师在每个花篮上配了任务卡片，比如5朵黄花、3朵红花、7朵蓝花，其目标很明确，就是练习“按数取物”，结构化程度很高。另一位教师也投放了各种颜色的纸花，但没有限定玩法，一段时间内幼儿用纸花玩出了多种游戏，如布置《小舞台》《种花》《开花店》等，每一种玩法都能生成一定的目标。在种花时，幼儿是以“颜色分类”来种的，把同样颜色的花种在一起；在布置小舞台时，幼儿是按红黄蓝间隔着进行“模式排序”的；在卖花时，买花的幼儿会说“我要买5朵红色的花，3朵蓝色的花”，照样玩出了“按数取物”。

可见，开放性的非结构化材料本身就是多功能、多层次的，对材料做开放性的投放，能使幼儿在自主作用于材料的过程中，生成更多、更综合的目标，这些目标自然会与《指南》五大领域所提出的目标相关。

三、教育活动材料的使用

在学习这个知识点之前，我们先来看一组废旧材料的使用。利用各种可乐瓶、油瓶、奶粉罐、食品罐、易拉罐等制作出一系列有趣的“瓶罐变变变”玩具器械。①

---

① 参见曾莉、刘艳编著：《幼儿园开放性活动材料的构建与运用》，成都，四川大学出版社，2013。

实例链接

瓶罐变变变

（1）小班幼儿可以用瓶子配对；

（2）可乐瓶可以用来套圈；

（3）将瓶子与盒子组合，小班幼儿可以玩《赶小猪》游戏；

（4）瓶子保龄球；

（5）将绳子套在瓶子上，增加绳子重量，中大班幼儿可玩甩绳子；

（6）罐子侧面开口，给动物宝宝喂食；

（7）油瓶装水，中大班幼儿合作运水；

（8）瓶子与 PVC 管组合成不同高度，做成可升降式跨栏；

（9）各种易拉罐、奶粉罐组合，生成高跷、梅花桩；

（10）单个罐子，幼儿也能玩出花样，如滚滚乐；

（11）在带柄油瓶的把手上绑上一条长约 50 厘米的塑料管，做成龙头、龙身，油瓶摇身一变成了具有中国特色的舞龙道具。

（一）教育活动材料使用的原则

幼儿的主动活动与教师根据目标精心设计的丰富多彩的活动环境及投放的材料之间有密切的关系。可见，幼儿园材料的投放和使用是幼儿活动的重要影响因素，它直接影响幼儿的兴趣、知识和技能的巩固、学习效果。幼儿园教育活动材料的使用需体现以下原则：

1. 主体性原则

幼儿是活动的主体，应让材料促使幼儿动起来。虞永平教授说过：没有材料就没有幼儿真正的学习。没有材料，幼儿难以成为学习活动的主体；有了材料，幼儿才能成为真正的行动学习者。在《椅子的多种玩法》的活动中，幼儿探索出这样几组玩法：（1）将椅子建构成池塘，并在池塘里玩跳水游泳的游戏；（2）摆成弯曲的铁路，在上面开火车；（3）将椅子堆高搭成复杂的建筑观赏；（4）用绳子拖着走。

幼儿对于新的、复杂的、刺激的事物具有强烈的好奇欲望，他们能全神贯注，试图解决这些异质刺激同自己具有的认知之间的分歧。他们最需要新颖的、有变化的、能够引起自身活动的材料。所以，在幼儿自由探索时，教师要根据幼儿探索的情况及时创设环境、提供相关材料，并考虑怎样合理应用材料。

2. 目标性原则

幼儿园材料的使用应与幼儿主题活动内容相结合。主题活动是一种整合的活动，具有开放性、综合性、整体性的特点，往往一个主题的内容可以涉及生活、数概念、音乐、美术、语言、运动、游戏等多个方面，是一个有机的网络化的结构。游戏则是实现主题教育目标的重要途径，而材料是支撑幼儿游戏的基础。因此，我们要根据主题活动的目标有计划、有目的、有选择地投放游戏材料。当幼儿在“小兔乖乖”这一主题下进行表演时，我们可以用泡沫和卡纸为孩子们制作形象的大树、青草和红萝卜，使表演区的背景突现出来，再配上各种色彩鲜艳的头饰和一些道具，从而引起孩子们对游戏的喜爱。

3. 可操作性原则

活动的目的在于让幼儿动手尝试、操作，并且从中感受到快乐和趣味。如组织《滚一滚》这个科学探索活动，老师为幼儿准备长短粗细不同的圆柱体（如杯子、积木、铅笔、胶带卷、易拉罐等），还有和上述物体差不多的但一头粗一头细的物体（如积木、胶卷盒、纸杯等），让幼儿自由滚动，看能发现什么，并针对幼儿提出的“什么样的物体能滚动”这一问题，让幼儿提出假设并提供材料验证，最后引导幼儿得出结论。幼儿在“假设—验证—再假设—再验证”中树立探究信心，发现探究方法，也从中获得了乐趣。

4. 合作性原则

教师设计环境、投放材料时，应同时关注环境和材料中蕴含的人际互动机会，关注环境和材料中蕴含的文化，使环境和材料发挥更多作用，产生附加价值。为此，教师可以提供合作游戏的材料来提高同伴间的交往与协作能力。小班幼儿个人意识较强，缺乏合作意识，常常会发生争抢玩具的现象。因此，给他们的游戏提供合作性的游戏材料，可以起到事半功倍的作用。如在贴画活动中，教师可以把背景图案画得很大，要求孩子们一起合作制作。幼儿在合作完成的过程中会发现一起玩比一个人更开心。

5. 合宜性原则

提供合适的材料，为幼儿的创造性发展提供物质条件。

（1）适时适量适度提供、调整与补充活动材料。

斯宾塞在《教育论》中提出：儿童活动的过程一旦成为儿童的“自我教育”，并能令儿童感到“愉快”“有趣”，就能使儿童内心乐意接受。如果提供的材料量过多或过少，或者难度太大，幼儿就会在操作过程中失去兴趣，更谈不上自我教育的目的。由此可见，我们所提供的材料应是适度的、适量的和动态的。材料的提供不能一成不变，而要根据教育目标和幼儿的发展需求，定期不定期地进行调整、补充。如教师发现前阶段备受幼儿喜爱的语言区无人问津了，通过观察和了解，发现原因是图书投放时间长、破损严重和内容陈旧。教师可动员幼儿把家里的新图书带到幼儿园一起分享。

（2）为幼儿提供多层次、富有创造空间的材料。

教师应为幼儿提供丰富的材料，要注意幼儿能力发展的个别差异，使材料呈现层次性，具有不同的难度，并且多为幼儿准备未加工的或半加工的材料，这样可以满足不同发展水平的幼儿需求，充分发挥材料的教育功能，这样的材料同时也能给幼儿留有想象创造的余地。如教师在投入活动材料时，可为同一个活动区提供原材料、半成品和成品，能力差的幼儿可模仿范例进行制作，能力一般的幼儿在模仿的基础上利用半成品进行创作，能力强的幼儿可利用未加工材料自由想象、大胆创造。

（3）利用废旧物品，不断增换新的活动材料。

新材料本身能引起幼儿的注意和兴趣，激起幼儿创造的火花。教师要不断给幼儿增添更换新的活动材料，注意材料的新颖性和趣味性，吸引幼儿，让幼儿感到更富挑战性，促使幼儿尽情创造、发挥。教师要善于挖掘资源，充分利用废旧材料，使一些生活废品成为挖掘幼儿创造潜力的宝贝，真正变废为宝。

6. 安全性原则

《幼儿园教育指导纲要（试行）》明确指出“幼儿园必须把保护幼儿的生命和促进幼儿的健康放在工作的首位。”这足以说明安全工作在幼儿园的重要性。同样，在幼儿园材料的使用上，安全性仍然是首位。

（1）使用前对材料进行检修，确保材料的牢固，不使用农药容器。

（2）选择不存在安全隐患、不易破碎，无锐边利角、无毒、无碎片、无钉子的材料。

（3）尽量做到轻巧、美观，容易保持清洁，可以清洗，可以消毒，符合卫生要求，让幼儿在与材料的交往和操作时有舒适感。

（4）在利用自然物时，避免接触有毒植物。

（5）需要嘴部接触的材料（如吸管），卫生要保证，数量要充足，以免幼儿在使用和交叉使用中传染疾病。①

（二）教育活动材料使用的策略

1. 借助不同材料指向同一目标

结合《指南》精神，如果一个幼儿教师能够将目标与幼儿的多种材料操作行为建立联系，也就是能够在幼儿对多个材料操作的行为中看到同一个领域的同一个目标，那就表明这个教师熟悉《指南》，并理解了《指南》精神。

实例链接

某幼儿在绘画中选用颜色涂色时，老师观察到该幼儿是用“一红一黄”排列的；用积木搭围栏时，老师观察到该幼儿是用“一横一竖”搭积的；用手打节奏唱歌时，老师观察到该幼儿是用“拍一下手拍一下腿”表现的。这样的观察与认识，表明这个老师在幼儿多个行为中看到了同一条目标——“用AB模式排列组合”。

① 参见汝茵佳主编：《幼儿园环境与创设》，北京，高等教育出版社，2006。

幼儿经验是通过多种活动与多种材料的互动逐渐获得并提升的，在活动中提供不同层次的材料，由易到难、逐层递进。如幼儿走平衡，头顶物在平地上走→头顶物、手持物在平地上走→头顶物在平衡木上走→头顶物在低矮的易拉罐上走→头顶物在奶粉罐上走→头顶物在S形平衡木和易拉罐上走→头顶物在楼梯上走→头顶物在沼泽地上走→在有一定高度的上下两条绳子之间走。通过该类活动，材料由单一到多元，玩法由简单、传统、被动到多层次、创新、主动。这一过程体现了幼儿对多种材料操作的行为中指向了同一个领域的同一条目标，即幼儿的平衡发展。

2. 材料组合生成新材料与新玩法

幼儿的年龄特点决定了他们对物质世界的认识必须以具体的事物和材料为中介，提供适合幼儿年龄特点和发展需要的活动材料，充分挖掘活动材料的本体价值和所蕴含的可能价值。运用“$1+N$”与“$n+N$”的材料使用策略，可以帮助幼儿探究出“一物多玩”“多物一玩”和“多物多玩”的多种玩法。这里的“$1+N$”中的“1”代表同一类物品材料，“+”表示生成，“N”代表多种玩法或者操作方式。“$n+N$”中的“n”代表材料组合或材料创新，“+”表示生成，“N”依然代表多种玩法或者操作方式。材料组合式可以命名为“$n+N$”a，材料创新式可以命名为“$n+N$”b。

(1) 同一材料的“$1+N$”。

以布为例，一块简单的布，经过剪裁，缝上拉链或者扣子，可以组合生成不同形状、不同拼接方式的玩具，由此可引发几十种玩法，见图2—1。

图2—1　布的玩法

单个元素的布块是孩子们玩投掷、钻爬、抛接的好材料，摆放的位置不同，玩法也不同，如放在地上可以跳、可以跨，盖上盖板可抛接，去掉盖板可投掷，孩子们结合自己的经验还可创造性玩出《遛小狗》和《听话的小球》等游戏。多个布块采用拉链、扣子等辅助材料任意组合时就会产生许多奇妙的变化，孩子们一般会自主探索出打地鼠、飞跃墙、转转乐等40多种玩法。在动手、动脑中幼儿建构数量、方向、对应、排序、空间等概念。此玩具使孩子们在玩耍中发现布的神奇变化，感受布游戏的乐趣。极大地发挥了孩子探索、想象、合作能力，挖掘了幼儿的创造潜能，在发展孩子运动和思维能力的同时充分体现寓教于乐的教育价值。

(2) 材料组合式的“$n+N$” a

材料组合式的运用既能体现活动材料的本体价值，也能体现材料的可能价值。

实例链接

广泛收集生活中常见的、环保的、易回收利用的各种瓶子：可乐瓶、矿泉水瓶、易拉罐、油桶、奶粉罐、娃哈哈瓶子、纯净水桶等。遵循“原始材料—材料组合—材料对接”策略，探讨瓶子这一类材料是如何做到一物多玩的。

A. 一个人一个瓶子，怎么玩？

在地上打转、扔着玩、打飞镖、滚滚乐，把罐子侧面开口，可以给动物宝宝喂食……

B. 一个人多个瓶子，怎么玩？

瓶子盖子配对、打保龄球、跳瓶乐、套圈、打地鼠、穿大鞋……

C. 两人合作，怎么玩？

将油瓶装水，中大班幼儿可以合作运水；把瓶底打开，两个幼儿可以合作投掷……

D. 多人玩一个瓶子，怎么玩？

踢瓶乐……

E. 一筐瓶子，怎么玩？

搭建城堡、走迷宫、栅栏跳……

(3) 材料创新式的“$n+N$” b。

即幼儿、教师运用多元材料进行多种组合、创新，生成具有开放性、趣味性、操作性、挑战性等特点的教育活动。

实例链接

例如，某教师将瓶子与PUC管组合成不同的高度，做成可升降式跨栏，供不同年龄段的幼儿练习跨跳；在带柄油瓶的把手上绑上一条长约50厘米的塑料管，做成龙头、龙身，使油瓶摇身一变成具有中国特色的舞龙玩具，既简单、耐玩、而且实用。并让幼儿练习朝一定方向挥动手臂，以锻炼手臂肌肉和走跑动作，发展控制能力和协调合作能力。因为在材料玩耍中，孩子们敢于动手、动脚、动脑，敢玩、会玩、乐玩，总是不厌其烦，乐此不疲。材料能在幼儿手中玩“活”了，玩“火”了。这样可让幼儿每天都在新的挑战、新的刺激中去尽情享受，体验创新的快乐。

3. 打破常规创新材料使用

以幼儿攀爬材料为例，攀爬运动一般认为必须借助攀爬架、攀爬网、攀爬墙等大型的必须购置的器械。但在户外运动场所有限的条件下，很多幼儿园攀爬器械不足。如何开发和利用现有资源，挖掘和寻找可供幼儿攀爬的器械和可能的玩法？需要我们打破常规、打开思路，换一种方式和角度看问题。因为新颖的活动方式往往更能启发幼儿，激发幼儿的活动兴趣。为了丰富幼儿的攀爬运动，巧用身边的物品进行替代，我们可利用身边已有的丰富资源：（1）在树上固定一些绳、网进行攀爬；（2）用不同的方式攀爬楼梯；（3）攀爬花坛；（4）攀爬大型玩具；（5）爬堆砌的轮胎；（6）爬不同高度的竹梯、绳梯；等等。在不同的攀爬材料和攀爬方式中，让孩子们在开放、自由的环境中主动创造、建构，锻炼身体的同时，建构对各种攀爬运动的经验。

在幼儿园，没有材料，幼儿就不可能有真正的学习；没有环境，就不可能有适宜幼儿的活动；没有材料及由材料生成的环境，幼儿也就不可能有真正的发展。因此，材料生成环境，材料生成活动，材料与环境生成课程，材料与环境促进了幼儿发展。

技能训练

阅读以下材料，思考并分析以下问题：（1）下面这位老师材料投放的意图是什么？（2）幼儿自发操作这些材料学习到了什么以及获得了哪些方面的发展？

教师在活动区投放了以下材料：一小筐玻璃珠，好几个碗和一把筷子。老师的预设目标是让孩子用筷子把玻璃珠夹到碗里。一次，几个男孩子分别把碗倒扣过来，各自用手把玻璃珠放进自己碗底的小口里，小心翼翼地摞起来，比赛谁放的珠子多，结果不小心散落到了地上，被老师看见后立即阻止。老师要幼儿用筷子夹珠子，幼儿没夹几下，便感到无趣离开了活动区。

学练结合

1. 请你用一张报纸，运用“1＋N”材料使用策略试探其玩法；再借助其他材料，运用“n＋N”材料使用策略试探其玩法。要求：至少探索五种以上的玩法，做好记录；分析这样的材料可投放到什么活动区角中？能促进幼儿哪些方面的学习与发展？

2. 试做。图2—2对你有何启示？请你利用树桩、树干及树枝等天然材料创设一个游戏场。

说明：工业化的标志之一是汽车的普及，同时也带来了废旧轮胎的处理问题，我们可以让轮胎在幼儿园游戏场找到用武之地。轮胎作为废旧材料的代表，可在游戏场大放异彩。

图 2—2　游戏场

第二节 幼儿园教育活动的平台

基础知识

材料生成环境，各种环境的组合与布局生成了平台。《现代汉语新词语词典》将平台解释为：泛指进行某项工作所需要的环境或条件。在物质文明和精神文明高度发达的今天，平台一词有了它更为广泛的内涵。它是一个舞台，是人们进行交流、交易、学习的具有很强互动性质的舞台，如信息平台、建筑平台等。一般而言，工业性平台是预成的、静态的，而我们这里讲的幼儿园教育活动平台则是生成的、动态的。

幼儿园教育活动平台是指教育者为幼儿学习、生活、游戏及运动等提供的条件与创设的环境而形成的组合关系与空间布局。它由幼儿园设施与设备、材料与区域、道路与景观、场地与边界、媒介与网络以及幼儿生活的家庭与社区环境等要素组成，包括幼儿园内的室内平台、户外平台、媒介网络平台以及幼儿生活的家庭与社区平台。幼儿园教育活动与其实施平台之间是一个什么样的关系？几种经典学前教育方案的平台有哪些特点？幼儿园教育活动平台设计有什么要求？如何为教育活动的实施打造一个适宜的优质平台？这些是本节要学习的内容。

一、几种经典学前教育方案的平台

他山之石，可以攻玉。下面从众多的学前教育方案中筛选出四个经典的方案来介绍其活动平台，分别是意大利蒙台梭利教育方案、美国高宽课程方案、意大利瑞吉欧学前教育方案、德国华德福教育方案。

（一）意大利蒙台梭利教育方案的平台

1. 提供有准备的环境

蒙台梭利非常强调环境在儿童心理发展中所起的重要作用，认为儿童的发展是有机体与“有准备的环境”相互作用的结果，儿童天生具有“吸收性心智”，在有准备的环境中能自己教自己。“有准备的环境”指的是具有丰富的教育材料，能促使儿童主动学习与探索的环境。“有准备的环境”是蒙台梭利教育的核心。

蒙台梭利认为，在她的教学法中，“环境”是必须要强调的第一要素。她主张把设计环境与照顾环境作为教育过程中的主要任务，所以，教师需要花大量的时间在环境的创设上。为幼儿提供的环境必须是有秩序的、有吸引力的、美的；环境创设必须体现与成人世界的联系；环境必须是丰富安全的；环境的设置必须适合儿童发展的节奏和步调，以借助外在刺激物激发幼儿内在的生命力。

在蒙台梭利学校，环境是有生命的，是一个能让孩子感受到的真实场所，而且在这个环境中，孩子不会有疏离感，他们会因为自己的参与而倍感亲切和温馨。比如，自然角是教室环境中的绿色区域，也是孩子们比较喜欢的一个区域，教师需始终使之常绿常青，并且将各种植物的名字做成易于儿童识别的标签。再比如，在孩子们比较喜欢的生活区，要保证生活区的物品都是真实的，如微波炉、烤箱、刀、案板、榨汁机等，便于孩子操作和使用；生活区的水果必须是新鲜、干净的，让孩子自由地切割品尝。

蒙台梭利还认为，只给孩子提供适合他们身体大小及能力的环境是不够的，还要求教师时刻保持环境的真实性、创新性和新鲜性，教师必须使自己先成长起来，不能墨守成规。

2. 蒙台梭利学校的教室

典型的蒙氏教室分为日常生活、感官、数学、语言、历史地理、文化科学、艺术表现七个区域。

在蒙台梭利教室中，一个使孩子更容易形成选择的条件是：教室中的桌椅是可移动的，并且是专门为孩子制作的。比如，桌子的设计非常轻便，两个 4 岁的孩子就能够轻松抬起它。此外，在蒙台梭利教室中，孩子可以自由选择他们认为最舒服的位置坐下，孩子甚至可以选择重新排列桌椅来满足他们的需要和愿望。另外一个有利于孩子自由选择的条件是：所有的教具和材料都放在孩子能够轻松拿得到的范围之内。蒙台梭利教室中的教具架、柜子都很低，通常是孩子的手臂能轻松够到的高度。这样对一个孩子来说，从架子上拿一个东西，使用完之后再放回原处，是一件很容易的事。

教室是幼儿最主要的活动场所，而各教学区又是教室中最重要的活动区域。因此，教师在设置环境时，必须依各区域所需的设施、空间及与其他教学区的相关性来规划最适宜的位置。具体规划要求如下：

日常生活区：宜选择接近水源的地方；可选择较接近门口处，以吸引幼儿进入教室工作；应选择在通风处及有阳光的地方；因幼儿在桌上操作的工作较多，桌子的设置应较其他区多；需设置点心桌和清扫用具。

感官区：感官教具大多在地毯上操作，桌子分配可少些；应尽量接近数学区，不宜设置在教室出入口区。

数学区：应尽量安排接近感官区；数学教具大多庞杂，需在地毯上操作的工作较多；应加强管理，可用矮柜隔出半开放空间，避免与其他教具相混。

语言区：语言区的工作需要思考，宜安排在较僻静的角落；宜选择光线充足、柔和的地方，以利阅读和书写；最好接近窗台，以增加舒适感；提供软靠垫、盆栽植物，营造静谧的气氛，并可作为幼儿暂时的私人空间。

自然人文区：临近水源、电源、光源，以利各种实验的操作、进行；需一定数量的桌子，以方便模型的制作；为了让教学活动延伸至户外，最好有一个门通至户外，衔接户外的动物饲养区和园艺区，构成一个完整的文化区。

3. 蒙台梭利教具

蒙台梭利博士认为，使一个孩子做出创造性的选择，必须具备一个能够激活孩子创造性的环境。

相关研究表明：拥有太多供选择的东西会有消极的影响，且与人们的控制意识相对抗。孩子们在蒙台梭利教室中可以自由选择做什么工作、工作多长时间，但他们的选择仍受许多限制，比如，教具的数量、对教具的了解程度等。因为蒙台梭利认为，可供选择的数量太多，在某种程度上会阻碍孩子前进的步伐。一种有效的方式，就是给孩子提供有限的、可供选择的物品。在蒙台梭利教室中，每种教具只有一个，如果另一个孩子或另一组孩子正在操作这个教具，这个时候这一种教具就不在选择之列了。在蒙台梭利教室中，各区域的蒙台梭利教具只有一套是非常重要的。

蒙台梭利教具的特色：尺寸须配合小孩的身体大小；天然材质制造，如木材、金属、竹制篮子；颜色配对一致，以便成系列识别，并且也容易维持其秩序，更可以协助孩子独立；必须具有美感，能够吸引孩子的注意；能将所有属于某一个特质活动的材料组织在一起；在工作柜上的顺序，要按照简单到复杂的顺序排列。

总之，在蒙台梭利的教室里，教具本身具有一定的限制作用。此外，在材料的使用上也是受限制的，孩子们在工作过程中很容易学会分享。

（二）美国高宽课程方案的平台

1. 创设一个适宜幼儿主动学习的环境

High/Scope 课程主要是通过支持幼儿主动学习的环境，来促进幼儿主动学习的。一个主动学习的环境能提供给孩子们不断选择与决定的机会。主动学习的环境包括以下五个成分：（1）材料，提供丰富的能适应孩子不同发展需要的材料；（2）操作，要给孩子提供进行操作、转换、组合等活动的机会；（3）选择，孩子们应能自由地选择自己操作的材料与活动；（4）来自孩子的语言，以便孩子之间能很好地交流；（5）来自成人的支持，老师应支持与鼓励孩子的选择与活动。这五个成分是一个主动性学习环境的必要条件，是幼儿主动性学习发生的前提。

High/Scope课程方案中的环境和材料是为了促进儿童主动活动而精心选择和安排的。High/Scope方案与其他一些课程模式不同，它不要求购置和使用特殊的材料，主要的花费在于设置学习环境上。在发展水平较低、资源贫乏的国家，材料可以来源于自然、家庭废弃物及其他一些“开发性”材料。

虽然High/Scope不赞成提供特别类型或品牌的玩具和设备，但对如何选择对儿童有意义或使之感兴趣的材料提出了指导方向。High/Scope课程方案的学习环境有以下特征：(1) 是受儿童欢迎的；(2) 为所有儿童提供足够的材料；(3) 允许儿童独立地发现、利用和归还材料；(4) 鼓励不同类型的游戏；(5) 允许儿童在班级所有的区角之间观看和穿梭；(6) 儿童可以把材料从一个区域带到另一个区域，以便拓展他们的游戏；(7) 提供能反映儿童多样化的家庭生活材料。

其认为幼儿在一个具有丰富刺激但同时又是井然有序的环境中学习效果最佳。例如，把游戏空间分成了具体的趣味区，以支持学前儿童对以下活动区的持久兴趣，如：沙与水游戏区、建筑区、假装与角色扮演区、绘画区、读写区、计数区、分类区、攀爬区、唱歌区、跳舞区。

2. 高宽课程方案的环境设置

(1) 朴素的园舍和室内厅廊。

在美国，实施High/Scope课程的幼儿园的大厅通常是接待处，有的大厅接待处是柜台式的，有的是窗口式的，也有的类似于普通办公室，但是设施和装饰都很简单，大厅里的普通沙发或木制长凳是必备的设施。大厅墙壁上布置着各类告示栏，没有复杂的装饰。通向各个班级的走廊一般不太宽敞，墙壁上挂有为数不多的装饰画或儿童美术作品。靠近班级门口的墙壁上张贴着班级集体照、课程主题、一周活动介绍、一日活动时间表等。这些文字材料一般都是由教师手写的。

(2) 贴近自然的户外大环境。

崇尚自然，让儿童在大自然的怀抱中生长智慧和力量，朴实、自然与平和，一切都是实实在在的生活。幼儿园大都有沙池、工具、大木桩、各种生活用具或自然物。户外的平地多由细小的碎沙石铺成，草地、木屋、树木、土坑、轮胎、木桩、土坡、水管、板条、矮围栏、阶梯等，富有变化、不规则地分布在场地的每个角落。儿童在这里玩《娃娃家》《捉迷藏》等游戏，各种大肌肉运动和小肌肉动作的锻炼都自然而然地得到均衡发展。

(3) 丰富而实在的活动区。

开设High/Scope课程的幼儿园的教室一般可会分成以下几个不同的学习区域：积木角、家庭角、桌面玩具角、艺术角、沙和水、科学角、图书角，为儿童提供多功能的、丰富的材料，任儿童自由选择和使用材料。大多数的材料没有固定功用和预先设定好的玩法，完全可由儿童根据自己的意愿进行搭配，按当时游戏的需要对材料进行调整和使用。同样的材料在不同的活动中，都能显示出其不一样的功能，给予儿童各种各样的自主性体验。

教室里有大小不同的、有间隔的空间，灵活而多样，可以变化。较小的空间，可供儿童独处或儿童与儿童、教师与儿童一对一的活动；较大的空间可让儿童进行几个人或小组的群体活动，学习自我表达、倾听他人说话等，在沟通、协商、竞争等过程中，获得各种社会性行为的基本规则。活动空间的间隔方式多种多样，有的是可移动的屏风、可打开的帐篷、可升降的布帘、可随时上下的双层小阁楼等，有的是用儿童玩具柜、家具，或用活动架、矮围栏等作为分隔。这样的间隔既增加了幼儿间交往的机会，又可以减少噪音，同时也消除了因儿童人数过多而引起的冲突。

值得一提的是，每个幼儿园都需有一个相对于其他活动区来说较为安静的区域。里面设置适合儿童使用的家具，如藤木椅子、大小沙发，还有让人心仪的盆景、软垫、布娃娃和毛茸茸的动物玩具等。这种区域对儿童消除疲劳、自我调整、缓解情绪等心理保健有巨大的价值。

（三）意大利瑞吉欧学前教育方案的平台

1. 独特而难以复制的育人环境

瑞吉欧人认为：儿童是主动的学习者，有自己的独特学习方式，通过积极建构学习知识和发展；儿童有巨大的潜能，在与外部世界的相互作用中主动建构自己的知识和经验；教育的目标就是要创造一个和谐的环境，使幼儿形成完美的人格；环境是幼儿之间、幼儿与成人之间、幼儿与物之间互动的关键性因素；环境也是记录儿童成长的最佳方式之一；记录既是学习的过程，又是学习的结果。

瑞吉欧教育设施要求从幼儿的发展特点和教学需求进行配备。在瑞吉欧的教室和艺术工作室里配备了颜色鲜艳、形态可爱的桌椅等教学用具。瑞吉欧幼儿园几乎看不到现成的玩具，他们的玩具是树枝、各种形状的石头、粮食种子和树叶之类。废品收集站是他们的教具来源，老师和孩子一块儿从废品站里采集材料。例如，在艺术工作室里，既有照相机、录音机、录像机、复印机、电脑等先进设备，也有教师和幼儿一起收集的材料，如树枝、粮食种子、各种形状的石头、贝壳等自然材料，还有从废品站收集来的各种用于教具的材料等。儿童的活动空间很自由，可以在教室、艺术工作室、长廊、校园、操场等地方活动学习，也可以根据方案教学的需要到校外去考察研究。

瑞吉欧非常重视环境的教育作用，认为环境是“会说话的”，环境是“第三位老师”。美国教育专家在总结瑞吉欧学前学校环境时说过：“瑞吉欧·艾米莉亚的学校不是任何地方，也不是在任何地方都能完全复制出来的模式。”因为那里的每一个环境都是根据幼儿、家长、教师的需要创设的，都是经过他们共同研究、共同创造、共同论证的。可以说，每一所瑞吉欧幼儿学校的环境都是独特的、难以复制的。

2. 瑞吉欧幼儿学校的环境设置

典型的瑞吉欧幼儿学校包括入口、“会说话的”长廊、广场、教室、工作坊、教室中的小画室、图书馆、档案室、起居室、室外花园、储藏室。

（1）广场。

瑞吉欧幼儿学校有自己的广场，每一间教室都通向广场，广场用透明的墙壁将室内和户外连为一体。广场是幼儿之间接触、发展友谊、游戏及开展其他活动的场所。广场也是一段通道，里面除了有物品的摆设之外，幼儿也从这里走过，或随兴在此逗留。马拉古奇认为，广场不仅仅是教室的延伸，也是一个鼓励许多不同的意见和点子诞生的场所。在此处进行的意见交流会变得更有品质，幼儿与成人常在此碰面，就有更多的点子出现，并可能生成一个有意义的项目活动。

（2）展示长廊。

在瑞吉欧教育环境中，非常重视校门口的展示长廊。在学校入口处摆满了儿童游戏时的照片、家长在理事会上的照片、教师和员工摆着幽默姿势的照片。有的照片是和孩子的视线齐平的，因为这些照片不仅仅是给参观者看的，还是给幼儿看的。有的学校还贴着其他一些关于学校事务的图片，如戴安娜幼儿学校入口的墙上贴着学校的事务表，包括教师训练课程、分组家长会议、全校会议、校际间的会议、户外参观和各种庆祝活动。进入校园，到处都有幼儿作品的展示：泥塑作品、绘画作品、活动方案记录，还有许多录像记录。瑞吉欧幼儿学校通过展示，让来参观的人们和家长一目了然地了解学校的情况。

（3）教室。

教室突破传统封闭单调的模式，更多地体现温暖、活泼和开放的氛围。教室被屏风、布帘分成若干个小空间，幼儿可自由选择区域，以他们喜欢的方式全神贯注地投入方案活动中。室内还设置了很多私密的空间以满足幼儿独处的情感需要。教室的墙壁是玻璃做的，把室内的花园和室外的花园结合起来，同时也让自然光线映照室内，让幼儿有机会与光和影子做游戏。有的活动区是通过玻璃间隔的，可以让幼儿隔着玻璃互相欣赏。在这里，教室分割成两三个活动空间以便于幼儿活动学习。瑞吉欧教学中实行分组学习，一般4～5个幼儿为一小组。分隔开的小空间有很好的优势，容易集中幼儿注意力，让幼儿互相交流甚至争论而产生新的想法。

（4）艺术工作室。

瑞吉欧教育中，最富有特色的环境就是艺术工作室。每一个年龄段幼儿的教室的隔壁都有一间艺术工作室，屋里摆放着各种工具箱、照相机、录音机、录像机、复印机、电脑等设备。其由专门的艺术老师负责，他们参与幼儿与教师的探索活动，还负责对记录进行编辑和设计。艺术工作室有详细的活动记录，这些记录便于家长了解幼儿的发展状况，也有利于记录幼儿成长的进程。工作室因其丰富的资源、独具研究气氛的环境，经常成为教师和幼儿研究的场所。

（四）德国华德福教育的平台

华德福（Waldorf）教育是联合国教科文组织倡导的一种国际教育，是一种能照顾儿童身、心、灵整体发展的教育。该教育体系认为，人是身体、心灵、精神三位一体的存在。人通过自己的身体感知物质世界，并参与到物质世界之中；通过自己的精神把握事物的本质，并参与到精神世界之中；通过自己的心灵建立精神与物质世界之间的交流与平衡来建构自己的世界。

华德福幼儿园倡导为孩子提供一个感受快乐、支持的教育以及能健康成长发展的环境，其环境的设计特别重视感官的教育。

1. 园所选址

华德福幼儿园对园址的选择很慎重，很有自己的见解。“既要与大自然亲密接触、又要促进儿童的天性发展”，这是华德福幼儿园创办的先决条件。在提倡孩子自由、自然、自在成长的理念下，华德福幼儿园大都建立在郊外，而不是繁华的闹市，以提供足够广阔的空间让孩子们尽情地奔跑、玩耍，而且活生生的草木、动物、沙石、泥土等充满灵性的环境，可以让孩子迸发出探寻的兴趣。

华德福幼儿园要求有一个广阔的户外活动空间。理想的状态是有一个花园或园艺区，有自然的环境、植物，至少应有一个户外的场所。幼儿园的房子应是接触到大地的房子。孩子应和自然联系在一起，应有一棵树可以爬。花园里有供孩子园艺的机会，可以种植、浇花、剪草等。在游戏场所里有游戏、玩耍的设施，如秋千、跷跷板、沙坑等。

2. 材料选择

建筑材料、地板、墙壁、家具要有良好的视觉与触觉感受，用柔和的气氛、声音、颜色、材质来训练幼儿敏感的感受力，主张多用大自然素材。华德福教育倡导的用品和玩具的质地是纯天然的，尽量不用化纤、塑料的，包括幼儿园的窗帘，都尽可能地用纯天然的东西做。简朴玩具是华德福的特色，很多玩具叫做未完成的玩具，看上去好像没做完一样。娃娃的眼睛、鼻子、嘴巴都特别简单，由孩子自己在游戏中靠想象力来完成。假若在他的游戏角色里，娃娃今天特别高兴，那么他看到的这个娃娃，就像娃娃真的在笑一样，孩子可以把他的想象投射到娃娃的形象里。

3. 室内环境

华德福教育认为“课室”是精神家园的房子。课室环境要温馨、舒缓、平缓，达到一种平衡。

小厅：在课室前有一个小厅，有鞋架、书包架等设施，孩子可以在这里整理好再进入课室。孩子进入课室的第一感觉是非常重要的，当孩子离开外界的嘈杂进入课室应感觉温暖、安全和受欢迎。

墙壁：刷成粉红色或粉紫色的墙壁。

窗帘：以粉红、清淡的粉蓝为主，不要有图案，因为图案会过强地刺激孩子，让他们烦躁、漂浮。

桌柜：木制的最好，因为塑料的不能提供生命力。其用来吃饭、游戏、工作和摆放玩具、用具等。油漆的颜色用偏暗的红色比较好，桌椅尽量用一样的颜色。

教玩具：简单、自然、真实、原始、本色，注重想象力，例如石头、贝壳、线、布偶、木碗木勺、小蒸笼、小磨石、竹筒、竹制品、各种坚果等，都能成为教玩具。每个课室都可有自己的特色，取决于老师所收集到的物品。

手工角落：主要有毛线编织、缝制布偶、编篮子、做木工等，师生的每个作品都是独一无二的。手工角落有大量未完成的、无具体形状的玩具，让孩子去完成这些未完成的玩具是一种创造性体验，完成玩具的成功感也能刺激他将来做更多的尝试。

光线：室内少开灯，让孩子真正认识和感受室内与室外光线的区别、白天与晚上的区别以及季节的变化。

氛围：每间教室都像一个家，干净、整洁、整齐，这样的氛围直接影响孩子内在的建构。

二、教育活动的平台布局

《幼儿园教育指导纲要（试行）》提出：幼儿园应为幼儿提供健康、丰富的生活和活动环境，满足他们多方面发展的需要，使他们在快乐的童年生活中获得有益于身心发展的经验。《3～6岁儿童学习与发展指南》也要求：创设温馨的人际环境，让幼儿充分感受到亲情和关爱，形成积极稳定的情绪情感。营造温暖、轻松的心理环境，让幼儿形成安全感和信赖感。和幼儿一起用图画、手工制品等装饰和美化环境，鼓励幼儿用自己的作品或艺术品布置环境。

幼儿园的各种条件与环境组合布局形成的平台对幼儿的学习与发展具有重要的影响，这种影响表现在寓教于无声无息、潜移默化之中，所谓“渐于此而不苦其难，入于中而不知其教”正是此理。作为从事学前教育工作的专业人士，为教学、生活、游戏以及运动等活动打造一个有效的适宜于各种教育活动开展实施的高质量平台，应该是学前教育专业性的体现之一。

因为平台与空间密切相关，幼儿园教育活动平台可以划分为室内活动平台、户外活动平台、媒介网络平台以及幼儿生活的家庭与社区平台。从平台的使用或者功用角度来看，幼儿园教育活动平台可以划分为集体教学活动平台、游戏活动平台、运动活动平台、生活活动平台。根据本教材总体内容体系，我们主要基于平台的使用或者功用角度来进行介绍。

（一）集体教学活动的平台

在我国，绝大多数幼儿园的课程中都包含集体教学活动，绝大多数幼儿教师正在实施或者曾经实施过集体教学活动。相当比例的幼儿园，都将集体教学活动作为幼儿园教育中重要的甚至是最为重要的教育活动；相当比例的幼儿园，都将教师实施教学活动的能力作为衡量教师水平的重要的甚至是最为重要的指标。正如朱家雄教授所说：“集体教学活动是（中国）幼儿园教师的看家本领。”

1. 集体教学活动平台设计的要求

集体教学活动指的是教师有目的、有计划地组织的、班级所有幼儿都参加的教育活动。集体教学活动平台的设计要体现如下要求：

（1）为教学目标与内容服务。

不管是实施传统集体教学活动，还是主题教学活动、区域教学活动；不管是预设的教学活动，还是生成的教学活动，都需要在一个平台上来开展与实施。这个平台是教师的“教”与幼儿的“学”的一个空间环境，它是为教学目标与内容服务的。

（2）体现有效性。

教学活动平台是一个环境、一个场所，或者更形象地说是一个舞台，在这个舞台上演什么戏、如何演、演得怎样，并不取决于舞台本身。活动平台并不能决定教学的有效性，但一个有效的高质量的活动平台能提升和发挥教学活动的最大效益。

（3）体现适宜性。

教师在设计与准备集体教学活动时需要思考以下问题：根据本次活动目标与主题内容打造一个什么样的平台？怎么样来打造这个平台？为什么要打造这样的平台？反思这样三个问题就能打造出一个适宜的集体教学活动平台。

2. 集体教学活动平台的打造

幼儿园开展的集体教学活动，应投放丰富的材料、创设相应的活动情境作为幼儿学习活动的平台。换句话说，就是幼儿教师每开展一次教学活动，这次活动的平台就应做出相应改变或进行调整。集体教学活动的平台包括三个部分：（1）幼儿的知识、经验、心理准备；（2）物质准备，如教具、学具、玩具以及其他辅助材料；（3）情境创设，包括场地布置、课桌椅摆放、材料投放布局等。

实例链接一

社会领域活动《一元钱能干什么》

在一次同课异构的大班社会领域活动《一元钱能干什么》中，幼儿教师甲为幼儿提供的活动材料有：一元钱人民币、记录用纸笔、捐钱箱；幼儿教师乙为幼儿提供的活动材料有：一元钱人民币、爱心捐款箱、存款银行、规划钱用的记录板、多种学习用品与玩具等，甲、乙教师打造的活动平台如图 2—3 所示。

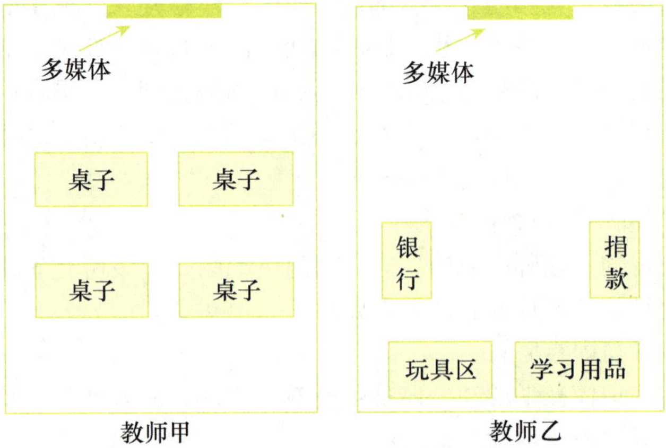

图 2—3　甲、乙教师活动平台简图

从实际效果看，两位教师组织的活动进程、活动形式、幼儿获得经验都存在差异，从表2—4可以看出，材料的投放与活动平台的打造与教师组织活动的形式、幼儿的学习具有相关性。研究结果也表明，幼儿教师乙较之幼儿教师甲提供的活动材料与打造的活动平台对幼儿学习活动的促进作用更大且更能满足幼儿活动的需要，同时也能表明幼儿教师为本次活动打造什么样的平台在很大程度上决定了其教学组织的形式。①

表2—4　　甲、乙教师活动实施环节

教师甲	教师乙
1. 认识人民币 2. 讨论交流“钱是从哪里来的” 3. 讨论交流“一元钱有什么用” 4. 绘画记录一元钱用处多的想法 5. 全体幼儿为灾区“捐一元钱”	1. 讨论交流“你的一元钱是从哪里来的” 2. 讨论交流“你的一元钱打算怎样用”；观看录像片段《他人一元钱的用法》 3. 幼儿在活动区域情境中以记录方式规划“一元钱能干什么” 4. 实施自己的规划 5. 分享与汇报

实例链接二

大班美术综合活动《美丽的花园》

某教师用塑料泡沫、树枝、吹塑纸等布置了一个没有花的花园，并在三个活动区角中分别投放了用来剪花、撕花与画花的学具材料，其活动平台布局如图2—4所示。

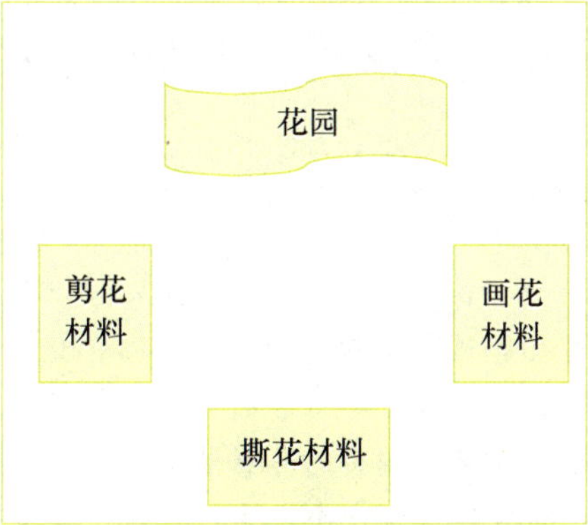

图2—4　《美丽的花园》活动平台简图

① 参见陈世联、申毅：《幼儿园教师教学活动组织调查与分析》，载《学前教育研究》，2008（9）。

建构主义教学观认为：源于现实世界的活生生的情境是儿童进行问题解决和意义建构的“平台”。这里的“花园”就是源于现实世界的活生生的情境，在这一情境下也恰好可以借助建构主义的情境教学模式（Situated Instruction Model）的六个基本环节：“创设情境—诱发动机—确定问题—自主学习—协作学习—效果评价”来组织实施这一活动。

（二）游戏活动的平台

1. 游戏活动平台设计的要求

（1）儿童化、教育化、游戏化兼顾。

儿童化、教育化、游戏化是幼儿园环境最突出的特征，所以，游戏平台的规划一定要根据3～6岁幼儿的特点和需要设计，既充满童趣，又能满足幼儿各种游戏活动的需要，充分挖掘现有空间条件，让幼儿充分享受游戏的乐趣。如果是户外游戏环境规划则要考虑绿化、美化的基本要求。

（2）趣味性、诱惑性、挑战性并存。

趣味性、诱惑性、挑战性是幼儿喜爱游戏的主要诱因，所以，不管是创造性游戏还是规则性游戏，不管是室内游戏还是户外游戏，游戏材料的提供或者投放，游戏平台的规划与布局，既要满足幼儿的兴趣，又要对幼儿具有诱惑力，还要对幼儿具有一定的挑战。

（3）多样性、层次性、变化性兼具。

多样性、层次性、变化性是幼儿园游戏活动平台的基本要求，所以，只有创设具有多样性的、多层次性的、富于变化的游戏平台，才能充分满足幼儿对各种游戏活动的需要，同时也能体现游戏的趣味性、诱惑性与挑战性。

2. 游戏活动平台的打造

游戏活动平台的打造是由教师和幼儿共同完成的，其中，教师是这个平台的“支架者”，幼儿是这个平台的“建筑者”。支架式平台强调平台创设中幼儿的主动性、建构性，同时也强调教师在平台建造中的作用。支架式平台的本质在于：以幼儿最近发展区为基点来搭建游戏活动平台，为幼儿的学习提供支持，促使幼儿主动而有效地学习与发展。

实例链接一

深圳教育幼儿园将每间教室创设成不同的学习中心，见表2—5。学习中心就像资源库，有机械建构中心、美劳中心、语言中心、科学中心、文化中心、生活中心、民间游戏中心和音乐中心。各学习中心里有相关的各种资源、工具和设备。不同年级的幼儿可以根据自己想要做的事情，选择到任意一个或多个中心工作，可以根据任务的需要转换中心和区域，也可以到其他中心和区域中取自己需要的材料，可以充分利用资源完成自己的创想。教师不预设学习活动，在活动实施中才知道孩子要说什么、做什么，产生一个个机遇性的活动。

表 2—5　室内学习中心与活动区域

室内学习中心	活动区域							
	1	2	3	4	5	6	7	8
机械建构中心	造型区	机械区	木工区	小积木区	大积木区	拼插区	黏土区	雕刻区
美劳中心	笔画区	瓶画区	油彩区	水粉区	贴画区	工艺区	沙画区	印染区
语言中心	图书区	播音区	书法区	手偶区	表演区	印字区	编辑区	故事盒
科学中心	电路区	测量区	光影区	力学区	化学区	热能区	水力区	观察区
文化中心	瓷艺区	国画区	京剧区	脸谱区	陶泥区	地理区	史社区	角色区
生活中心	面点区	果蔬区	茶艺区	购物区	编织区	缝工区	美发区	清洁区
民间游戏中心	稻草区	皮影区	纸扎区	拓印区	面人区	剪纸区	杂耍区	棋类区
音乐中心	表演区	装扮区	道具区	节奏区	视听区	视唱区	音感区	创曲区

实例链接二

"安吉游戏"享誉幼教界，被业内认为是幼儿"真游戏"的典范。例如，安吉县某幼儿园丰富有趣的户外游戏区域：如角色区、锅松林、欢乐运动场、野战区、户外建构区、冒险岛等，如图 2—5 所示。老师只负责为孩子提供必要的游戏材料、创设粗略的游戏环境、大致规划游戏时间，而游戏开展中的平台怎么建、建在哪里、怎么用这个平台及选择跟谁玩、玩什么、怎么玩则是幼儿自主的、自发的。正是在这样的平台下，安吉的幼儿游戏才被誉为"真游戏"。

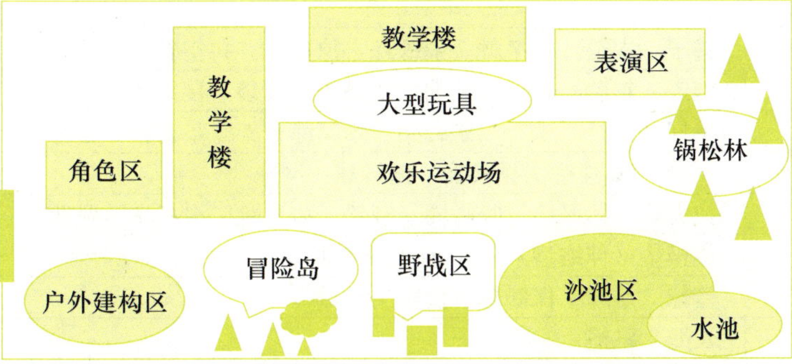

图 2—5　某幼儿园户外游戏区域平台简图

（三）运动活动的平台

幼儿园运动平台的创设应根据幼儿生长发育、生理机能与心理发展的需要，根据运动活动的目标和园所人力、物力和财力的情况进行总体规划，对户内外场地和空间进行精心布局。鉴于幼儿园的运动场所主要在户外，下面就主要讲解户外运动活动的平台。

1. 运动活动平台设计的要求

(1) 区域化、多样化。

户外活动环境的区域化与多样化是诱发幼儿户外活动兴趣的基本条件。在户外活动环境创设中可利用沙地、水泥地、石地、水池、草地等，创设有高有低、有凸有凹、有平面有斜面、甚至有阶梯的富于层次感的运动场地，并将这些场地大致划分为器械区、攀爬区、球类区、力量区等。在空间密度的布局上要注意宽敞，并给幼儿活动留有足够的空间。此外，精神环境要宽松，限制过多、规定过严都不利于幼儿的活动。

(2) 安全性、适宜性。

在户外运动环境的创设中，安全性是最主要的，只有在保证安全的前提下，才能谈及其他方面和发展。在提供材料及活动环境时要考虑材料和环境的安全，对于一些不安全的地方需用醒目的标志标识或将它拦起来。户外活动平台创设的适宜性首先包括材料投放的适宜，材料投放不宜过多，要根据场地大小适当投放；其次包括运动量的适宜，教师要关注幼儿的活动，适当控制运动量；再次时间安排上要适宜，活动场地大，幼儿的活动时间相应少一些。

2. 运动活动平台的打造

在打造幼儿园运动活动平台之前，要对活动场地做全面规划：准备开设哪些运动区？应设在哪个具体位置？需多大空间？对周围环境有怎样的要求？等等。具体在规划活动场地时，既要考虑各区域活动的性质和要求，又要根据幼儿身体动作要求与能力水平以及活动材料的性质，综合进行运动活动平台的打造与布局。深圳教育幼儿园的室外运动中心就很好地解决了这些问题，见表 2—6。

表 2—6　　室外运动中心区域及材料

区域	材料
民间游戏区	毽子　木鞋　竹竿舞　滚铁环　橡皮筋　抖空竹　陀螺
速度区	跑道　轮胎　跨栏　钻圈　跳格子　布袋　接力棒
攀爬区	单杠　双杆　秋千　攀爬架　攀爬综合架　步云梯　千环梯
投掷区	飞盘　沙包 弹力抛接器　抛接球　网球
力量区	拉力器　体操垫　呼啦圈　哑铃　袋鼠跳　滑板车　跳跳乐
柔韧区	体操垫（伸缩型）　50 厘米细木棍
球类区	篮球　足球　保龄球　皮球　排球
节奏区	长绳　跳绳
平衡区	平衡木　滑板　摇摇板　高跷

实例链接一

日本东京富士幼儿园的整个活动平台（见图 2—6）非常别致、新颖，这所幼儿园无墙壁、无阻隔、无界限，孩子们在“嘈杂”的环境中专心上课，在“甜甜圈”房顶上自由奔跑，在百年大树下尽情嬉戏，孩子们天上（房顶）、地下（操场）、室内、室外可以随意蹦跳奔跑……这是一所无“禁区”的幼儿园。这所幼儿园是由手冢贵晴和手冢由比夫妇设计的，被国际经济合作组织（OECD）评选为世界上最优秀的教育建筑。360度无死角的房顶像是一个大大的“甜甜圈”。这个“甜甜圈”的圆周为183米，高仅2.1米，屋顶和操场由长长的滑梯相连。这种设计大大增加了小朋友的运动时间，孩子们的跑动步数可以达到一般幼儿园的三倍。手冢贵晴说：建筑是能改变这个世界的，建筑也能改变人们的生活。我们也可以说：平台是能改变幼儿园的，也是能改变幼儿园教育活动的。

图2—6　日本东京富士幼儿园实景图

实例链接二

重庆西南医院幼儿园利用园内操场、楼道、假山、走廊、墙体、树木等各种环境，按照不同年龄班级、不同楼层的特点打造了凸显健康的班级环境文化和楼层运动文化标识，创设了“攀岩、平衡、跳跃、投掷、悬垂、钻爬、翻滚”七大户外26个单项项目的运动中心，如图2—7所示。教师带领幼儿运用各种成品、半成品、废旧等开放性材料，创设适宜的、具有挑战性的、三种难易程度不同的运动情景和路线，让不同的孩子以及同一个孩子在不同的运动发展阶段可以自主地选择适合自己的运动路线。当这个孩子能完成现在的路线时，再选择更难的、能具挑战性的项目，这正是维果茨基“最近发展区理论”的具体运用。大中小班幼儿自主、自由、自发地进行混龄的运动大循环。各大运动中心都具有开放性、低结构性、趣味性、循环性、情境性、挑战性、层次性、生成性特点，幼儿可根据自己的意愿和兴趣需要，自由、自主选择从某一运动区域开始进行运动，根据运动路线，依次进行下一个运动区域的活动。

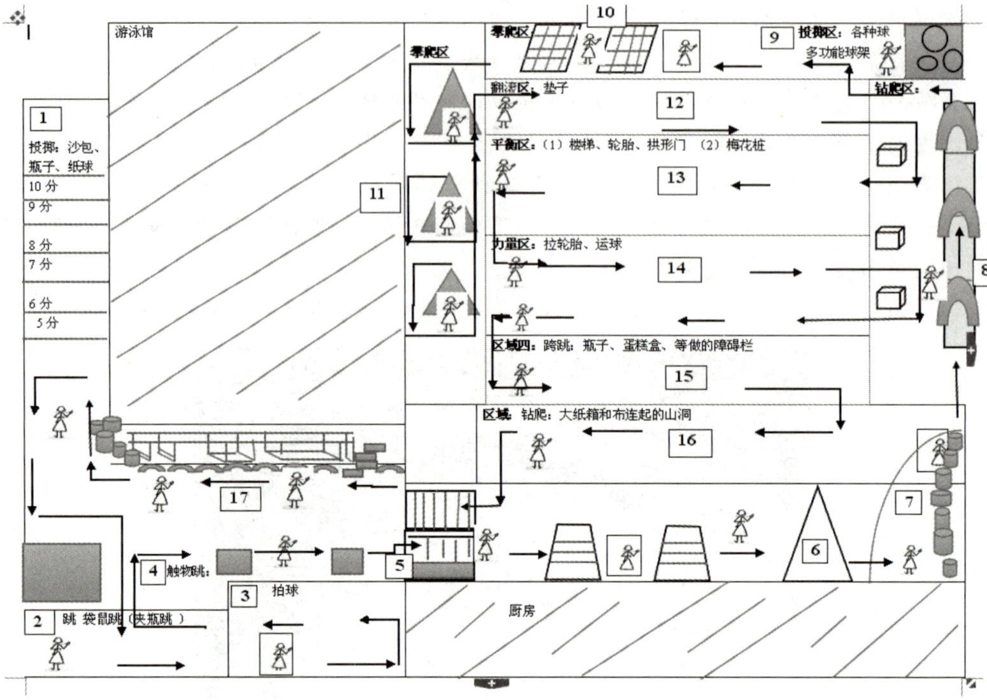

图 2—7　户外运动平台简图

联合国儿童基金会与中华人民共和国教育部发展规划司发布的《幼儿园安全友好环境建设指南（试行）》提出：一个优秀的室外活动场地应该有土丘、草坪、跑道、沙坑、隧道、游戏小屋、水池等，配置大型和中型的滑梯、攀登架，还有可以让幼儿自由操作的半成品材料，如轮胎、木箱、木块等，场地边缘应该设置分班的种植园地，有动物饲养角。如图 2—8 所示。

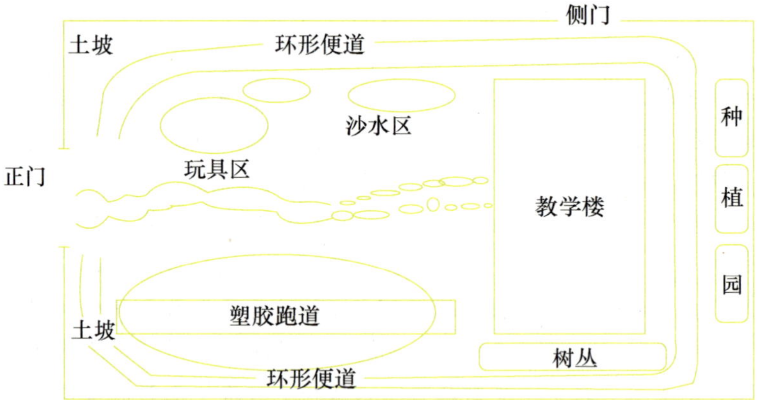

图 2—8　室外活动场地布局

资料来源：联合国儿童基金会、中华人民共和国教育部发展规划司：《幼儿园安全友好环境建设指南（试行）》，6 页。

（四）生活活动的平台

在生活中学习与发展是幼儿的一个显著特点，融教育于一日生活中也由此而成为幼儿教育的一个显著特点。追求幼儿当下生活的质量、尊重幼儿的生活、将之视为幼教质量的核心，已经成为世界幼儿教育的共同价值取向。一日生活各环节中都蕴含着丰富的学习与发展契机，但一日生活的教育价值不是自然而然就能实现的。① 要实现一日生活的教育价值，其中一个重要举措就是为幼儿的生活活动设计和打造一个良好的平台。

1. 生活活动平台设计的要求

（1）温馨家庭化。

生活活动平台的设计要让幼儿感受到幼儿园生活是美好的，班级家庭是温暖的。例如，用小花做的窗帘、洗衣机、幼儿衣柜、鞋柜、幼儿洗漱区、卫生间、小餐厅、小厨房等，设施与设备、装修与装饰、温度与湿度、色彩与照明以及风格与格调，都要体现家庭般的温馨与舒适。

（2）方便操作化。

生活活动平台的设计还要处处考虑细节，不仅美观有装饰性，还要考虑到各种设施设备的布置与布局、位置与位序、摆放与陈列、大小与高低是否适合和便于幼儿操作。

（3）生活教育化

幼儿园保教质量体现为一日生活的质量，幼儿在园一日生活中蕴藏着巨大的教育价值，教师能否敏锐地发现、合理地利用这些价值是幼儿教师专业性的体现之一。因此，幼儿教师要为幼儿在园高质量的生活创设适宜的良好条件与环境，并借助这些条件与环境为幼儿打造一个适宜的高质量的活动平台。

2. 生活活动平台的打造

幼儿生活区域以及区域中的物品不是一成不变的，可以根据幼儿年龄特点、兴趣需要、气候季节变化、主题活动内容等具体情况灵活配置。幼儿园生活活动平台的打造可以“教师主创、幼儿参与、家长配合”的合作方式来进行，三方协作共创环境。

实例链接

家庭式生活区

以“家庭”为模式的生活区初步建成了，一下就成为了幼儿最喜爱的一个区角。

“家庭区”创设好的第一天，我没有立刻请幼儿进去，而是以参观的方式引导幼儿

---

① 参见李季湄、冯晓霞主编：《〈3～6 岁儿童学习与发展指南〉解读》，北京，人民教育出版社，2013。

了解这个“家”的物品摆放和材料的使用。在引导幼儿参观中，幼儿都迫不及待地想去这样一个“温馨的小家”中玩一玩。

区域开放后，幼儿的玩法很简单，只是限于摆弄材料，例如，把窗帘上的小花通过解纽扣的方式解下来，牙刷、衣服和袜子一起放在洗衣机里洗，等等。没过一会，原来干净整洁的家一下变得一团糟。活动结束后，幼儿发现我们原来漂亮的“家”不见了，很乱很糟。怎么办呢？小朋友们马上行动起来开始整理。可是问题又出来了：怎么整理衣服？怎么折叠被套？怎样才能将碗碟洗刷干净？用品用具怎么摆放才整洁美观？……这些问题难住小朋友了。此后，我们开展了相关系列教学活动，每次教学活动幼儿的学习积极性都很高，我想这与班级中的“温馨的小家”是分不开的。

一天，佳佳小朋友提出：家里需要餐厅。我们和幼儿挑选了一块红格子的花布，又从自然角拿来了一瓶花，一下子餐厅的氛围就出来了。在我们的“温馨小家”中，袜子、衣服、牙刷、牙膏都是生活中的真实东西，而且都是幼儿平时在日常生活中自己用过或者曾经用过的。在刷牙的游戏中，我们给幼儿准备了真实的牙膏和牙刷，幼儿很感兴趣，牙膏怎么挤？一次挤多少呢？这样真实的问题，在幼儿的不断操作中，得到了练习和答案。再如，洗完衣服，没有地方晒怎么办？没有挂架怎么办？怎样晾衣服呢？每一个问题的解决，既充实了生活区的活动内容，同时也促成幼儿生活经验得到了提高。

现在，我们班的“温馨的小家”越来越像一个家了，在这个“小家”中，幼儿成为了真正的小主人。

联合国儿童基金会与中华人民共和国教育部发展规划司发布的《幼儿园安全友好环境建设指南（试行）》提出：安全友好的幼儿园环境为幼儿的生活和学习提供良好的保障。建设安全友好的环境，硬件建设和软件建设同等重要，室内环境与室外环境同等重要，成人的工作和幼儿的参与同等重要，让每一面墙、每一块场地、每一件材料都为幼儿的发展发挥作用。幼儿园园区总体规划设计应体现：各功能分区明确，布局合理，方便使用及管理，避免相互干扰，有利交通疏散。建筑组合应紧凑、集中，主要建筑之间宜有走廊联通。园区绿化、美化应结合建筑布置、空间组合统一规划和建设，构成优美的教育环境和人文景观，为幼儿创造一个安全、友好的学习、生活、活动空间。

幼儿园教育活动平台是有灵动的、有准备的、会说话的环境，属于潜在课程范畴。潜在课程是“学校通过教育环境（包括物质的、文化的和社会关系结构的）有意或无意地传递给学生的非公开性教育经验”①。潜在课程偏重于情意方面的学习，能使幼儿在轻松愉快的状态下接受它所传递的教育性经验。这样的教育性经验可能会伴随幼儿终身，

① 靳玉乐：《现代课程论》，重庆，西南师范大学出版社，1995。

"教育，是人们遗忘了所有学校灌输的知识后，仍能留存的东西"①。

技能训练

1. 根据下面案例，试从该教师的观察与介入、分析与指导进行分析。

我们班教室建筑区的面积是最大的，最近又投放了许多新材料。几个男孩在搭建高速公路，我开着车停下来问："我的车在哪里交费？"孩子回答："对不起，还没建好呢，请过一会儿再来！"……我注意到他们只建了一条车道，于是又问："回来时我从哪里走？"孩子们一看不对劲儿，"哎呀！如果对面开来的车也从这儿过，不是要撞上了吗！赶快在旁边建条反向的车道吧！"可是，建筑区已经没有地方了。孩子们你看看我，我看看你，不知如何是好。我在旁边出主意："有没有什么资料可以查一查啊？"一句话提醒了他们。一位小朋友从一幅公路图片上受到启发："我们可以像建立交桥似的，搭一个立体双层公路收费站！"

2. 下面是一位教师在中班科学活动教案《有趣的风》中写的"活动准备"，请结合所学知识进行适宜性分析并推测该教师将会怎么利用这个活动平台。

知识准备：幼儿知道风这一自然现象，知道风是看不见抓不着的，也是无处不在的。

物质准备：教具（蜡烛、小旗），学具（报纸、蒲扇、购物袋、纸板、毛巾、纸盒、塑料袋、书本等）。

情境创设：不需桌椅，教师幼儿随地而席；学具材料环形放置。

学练结合

1. 将全班学生分成几个小组，每个小组抽取一个经典学前教育方案（蒙台梭利教育方案、高宽课程方案、瑞吉欧学前教育方案、华德福教育方案），要求各小组按照各自的方案理念以及其平台介绍设计出该方案的活动平台。设计时可以参考网络图文资料，也可以去当地相关幼儿园参观后再设计。

2. 某农村地区一位乡镇幼儿园园长邀请你为他们幼儿园的户外活动区域进行设计，请你根据"因地制宜，就地取材"的原则为该幼儿园设计一个户外活动平台，包括设施与设备、材料与区域、道路与景观、场地与边界几个方面。你可以设计成平面图，也可以利用一些废旧材料等设计成微型景观。

---

① 韦政通：《中国的智慧》，长春，吉林文史出版社，1988。

第三章　幼儿园教学活动的设计与实施

目标导航

［知识目标］了解幼儿园集体教学活动、主题教学活动的内涵、特点，掌握集体教学活动、主题教学活动设计的要点与具体设计的方式与方法、版式与格式、规范与要求。

［能力目标］能够设计并能组织实施集体教学活动、主题教学活动。

第一节　幼儿园集体教学活动的设计与实施

基础知识

这里讲的幼儿园集体教学活动，是我国传统意义上的集体教学活动。如何看待幼儿园集体教学活动，怎么设计并组织实施好集体教学活动，是我们本节要讲解的主要内容。需要说明的是，后面章节讲到的主题教学活动中的具体活动、游戏活动、劳作活动设计以及其他教学法学科课程设计的具体活动方案等，都可以按照本节所讲解的格式与版式、规范与要求来撰写。

一、幼儿园集体教学活动的设计

什么是集体教学活动？冯晓霞教授认为：集体教学活动指的是教师有目的、有计划地组织的、班级所有幼儿都参加的教育活动。包括教师预设的和生成的教育活动，单一的一节“课”和围绕一个主题展开的系列活动，全班一起进行的和分小组进行的教育活动。① 冯晓霞教授对集体教学活动外延的注解表明，传统的集体教学活动、主题教学活动都属于集体教学活动范畴。本章基于此，具体介绍传统的集体教学活动与主题教学活

① 参见李季湄、冯晓霞主编：《〈3～6岁儿童学习与发展指南〉解读》，北京，人民教育出版社，2013。

动的设计及组织实施。

（一）开展幼儿园集体教学活动的优势及存在的问题①

要设计好幼儿园的集体教学活动，首先需要明白集体教学活动的利与弊以做到去弊存利，需要了解集体教学活动可能存在的问题才能做到解决问题。

1. 集体教学活动的优势

集体教学活动的优势如下：

（1）高效、经济、公平。

（2）对幼儿学习和发展的引领性强。

（3）系统性强。

（4）形成学习共同体，培养集体感。

然而，上述集体教学的优势只是一种理论上的可能性，并非必然性。这些优势的实现需要一定的前提条件，如教学内容符合兴趣需要、关注个体差异、了解幼儿现有水平、避免教师高主导。大量实践证明，如果集体教学所需要的前提条件不能得到满足，那么它的优势不仅难以显示，还极有可能产生一系列弊端。比如按照统一的大纲、统一的要求组织教学，难免会与幼儿的需求不完全吻合，导致机械、被动的学习，使幼儿主体性难以发挥、个体差异性难以受到关注、发展需要难以得到满足。

2. 集体教学活动可能存在的问题

（1）集体教学的功能定位不准确，与日常生活和游戏的关系和联系不清楚。

（2）各领域的教育目标定位不清，核心价值难以体现。

（3）幼儿在各领域发展的年龄特征、学习特点与实际发展水平把握不准，教学目标或高或低，比较空泛，而且重知识技能类目标，轻情感态度类目标。

（4）教学内容的“含金量”不大，难易程度不适当；“含金量”较大内容的教育价值也往往得不到充分的发掘。

（5）教学过程缺乏有效的师生互动，“启发引导”不足，“灌输控制”有余，幼儿多处于被动学习状态。

（6）教学方法单一，与幼儿学习特点不符，或者虽花样翻新，但华而不实，不能有效地促进学习等。

这些问题涉及的方面很多，有些属于较为“具体”或“技术”层面的问题，也有的属于“观念”即“认识”问题。但其中准确定位幼儿园集体教学的功能，处理好它与日常生活和游戏的关系显然是一个根本性问题。不管是技术层面问题、认识层面问题，还是根本性问题，如果幼儿教师在设计一个集体教学活动前不明晰、不解决这些问题，是设计不好一个优秀的活动方案的。

① 参见李季湄、冯晓霞主编：《〈3～6岁儿童学习与发展指南〉解读》，北京，人民教育出版社，2013。

（二）幼儿园集体教学活动的具体设计

1. 集体教学活动设计的要点①

对于幼儿教师而言，掌握幼儿学习与发展的规律和特点，理解各学习领域对幼儿发展的核心价值，了解不同性质学习的特点和指导原则无疑是设计集体教学必须的基本知识。具体来说，集体教学活动设计的要点如下：

（1）明晰集体教学的基本定位。

与日常生活和游戏相比，集体教学对幼儿的学习与发展应该具有更加积极的促进和引导作用，集中体现“教育促进发展，教育引领发展，教育规范发展”的思想。这是幼儿园集体教学应有的基本定位。

（2）有效处理好集体教学各要素间的关系。

集体教学的适宜性与有效性往往取决于几个要素的处理：教学目标的确定、教学内容的选择、教学方法与策略的运用以及教学过程中教师根据幼儿的反应做出适当的调整。在实际的教学设计中，这几个要素的处理是相互交织、相互影响的。

（3）处理好集体教学与日常生活、游戏的关系。

明确哪些学习经验通过日常生活或游戏自发获得，哪些需要通过集体教学来获得；将集体教学置于幼儿一日生活和游戏等共同组成的经验体系之中；精选“含金量大”的教学内容，突出核心概念或问题，发挥集体教学“点睛”的作用。

（4）用《指南》提升集体教学的适宜性和有效性。

了解幼儿各领域学习与发展的规律，以确定适宜的教学目标；选择适宜的教学内容，发掘学习内容中包含的多种教育价值提供启示；了解幼儿各个领域、各种类型学习的特点和教育教学的途径与方法，有效支持幼儿的学习；幼儿的学习与发展是整合的，集体教学活动的设计也应该贯穿“整合理念”。

（5）理解幼儿学习的方式与特点。

《指南》“说明”中指出：“幼儿的学习是以直接经验为基础，在游戏和日常生活中进行的。”“最大限度地支持和满足幼儿通过直接感知、实际操作和亲身体验获取经验的需要。”根据《指南》精神，要采用适宜于幼儿的学习方式来设计幼儿园的教学活动，这些学习方式有操作学习、游戏学习、生活学习、探究学习和体验学习。如果一个教学活动没用到或者没用好这些方式，那么这一个活动首先就失去了它的适宜性与有效性。

2. 集体教学活动的设计

集体教学活动的设计是对具体教育活动过程进行设计的具体呈现，它阐明在预定时间内要做什么、怎么做、达到什么目标等。一般来说，一个完整的集体教学活动设计应包括活动的基本信息（活动内容）、活动来源（设计意图）、活动目标、活动准备、活动重难点、活动过程、活动延伸以及活动建议。下面依据教学活动方案设计文本的前后顺序，主要讲解集体教学活动具体设计的方式与方法、版式与格式、规范与要求。

---

① 参见李季湄、冯晓霞主编：《〈3～6岁儿童学习与发展指南〉解读》，北京，人民教育出版社，2013。

（1）活动基本信息（活动内容）。

活动内容的选择应遵照《幼儿园教育指导纲要（试行）》各领域教育的相关要求进行，并同时体现以下原则：既适合幼儿的现有水平，又有一定的挑战性；既符合幼儿的显示需要，又有利于其长远发展；既贴近幼儿的生活来选择幼儿感兴趣的事物和问题，又有助于拓展幼儿的经验和视野。

幼儿园集体教学活动选择的活动内容（活动材料）一定要好。几乎每个教学活动都要运用活动内容，这些活动内容要有较高的品质，一般要选取经过"千锤百炼"的且"含金量大""有高价值"的作为活动内容。如果选用的活动内容不好，一个教学活动就不可能是一个好的教学活动了。比如，在教学活动中运用的故事要简单易懂，要有趣，要富有内涵；运用的儿歌要简洁，要押韵，要朗朗上口；运用的歌曲要优美，要有表现力，要富有激情。

集体教学活动设计中的基本信息包括年龄班、活动所属的学科领域、活动名称。比如，大班社会领域社会文化活动《国戏——京剧》、小班语言领域故事教学活动《小兔乖乖》、中班科学领域科学探究活动《小袋子飞起来》。

在集体教学活动的设计中，基本信息千万不要马虎、草率。因为活动方案的设计者与阅读者通过它能否准确传递或接收信息，能否从设计者表达的基本信息中解读出活动内容蕴意及其生成，都与设计者的表述密切有关。

（2）活动来源（设计意图）。

生成性教学活动设计可用"活动来源"。活动来源主要写本活动来源于幼儿兴趣、关注与需要或幼儿的生活经验或教师对幼儿的观察与了解等。如瑞吉欧的《恐龙》教学活动方案的"活动来源"。

实例链接

《恐龙》教学活动方案的活动来源

开学时，老师注意到一些小朋友把恐龙玩具带到学校，孩子之间的游戏也常常围绕恐龙而展开。老师把这些情况记录下来，决定与感兴趣的孩子进行深入的恐龙研究。方案开始时约有一半的孩子聚集在工作坊，老师告诉他们即将进行的方案，并以画恐龙作为活动的开始。完成后进行讨论，并提出了一连串开放性的问题：恐龙住在哪里？恐龙吃什么？恐龙怎么照顾它的小宝宝？恐龙还活着吗？公恐龙与母恐龙有什么不同？等等。这些问题引起了幼儿极大的兴趣和回应。

预设性教学活动设计可用"设计意图"。设计意图主要写本活动设计的意图，教师需要通过教学解决的问题。如一位老师设计的中班科学活动《有趣的风》① 方案中的“设计意图”。

实例链接

《有趣的风》方案的设计意图

风是幼儿常见的自然现象，风对于幼儿来说是熟悉的：自然界的风，电扇的风，扇扇子的风等。同时也是有经验的：如风是看不见，摸不着的；风能把一些东西吹动，风吹在身上有时是凉凉的，有时又是暖暖的等。所以，进一步探索风对于中班孩子来说是很有意义的。现在正处夏季，有时孩子们会说：“太热了，一点儿风都没有！”孩子们对风特别关注，对于风这一自然现象，中班孩子也已积累了一定的感性经验。所以，怎样让中班孩子知道风的形成、了解风的特性，是我设计本次活动的初衷。

（3）活动目标。

幼儿园集体教学活动目标，是幼儿园教学活动预期结果的标准和期盼，不管是显性的目标还是隐性的目标，都是教学活动的导向，决定了教学活动的性质。在估量幼儿园教学活动有效性时，首先得评量幼儿园教学活动目标的有效性。适宜的活动目标要体现以下几点要求：

1）目标表述角度：从幼儿角度进行表述，其行为动词主语为幼儿。《纲要》《指南》中的目标都是从幼儿角度来表述的。它强调的是幼儿学习后获得的发展和变化，常用“理解”“感受”“喜欢”“了解”“参与”“愿意”“尝试”等引导词。

2）目标表述维度：情感（情感态度）、能力（技能）、认知（知识经验）。如中班科学活动《蜘蛛织网》② 的活动目标。

实例链接

《蜘蛛织网》方案的活动目标

1. 情感目标：能积极主动地参与对蜘蛛的观察，体验科学观察与探究的乐趣。
2. 能力目标：能够通过绘画表达出蜘蛛网的线条构造。
3. 认知目标：初步了解蜘蛛的身体构造及蜘蛛网的形成过程。

---

① 《有趣的风》作者为重庆市幼儿师范专科学校吴琼。
② 《蜘蛛织网》作者为重庆人文科技学院学前教育专业杨陈婷。

3）体现 SMART 原则：针对性（Specific）、可衡量（Measurable）、可实现（Achievable）、相关性（Relevant）、实效性（Time Bound）。

4）写法具体要求：简洁明了，清晰具体，数量为 2～3 条，注意程度引导词的运用。

5）典型目标与渗透目标要兼顾，主要目标与次要目标要取舍。集体教学的活动目标既要有领域目标的典型性，以体现核心价值目标，也要有渗透目标，以体现综合性。由于幼儿园教学活动时间短，不可能在一次活动中达成所有目标，所以要只取主要目标，舍去次要目标。

表 3—1 是两位幼儿园老师拟定的活动目标，两位老师的原教案的目标都有问题，都不符合上面讲到的五点要求。尤其是《会说话的标志》的前活动目标显得混乱不堪，笔者现场观摩了活动实施过程，整个活动进程亦显得混乱无序。所以，活动目标拟定与表述要清晰、符合基本要求，其活动实施思路才可能清晰。

表 3—1　　活动目标修改前后对比

活动基本信息	原教案中的目标	修改后的目标
中班科学活动《有趣的风》	1. 激发幼儿对风的兴趣。 2. 尝试利用各种材料来制造风，并进行简单的记录。 3. 知道风的属性，了解风的特性。	1. 对风感兴趣，能积极主动地参与探索。 2. 尝试利用各种材料主动探究并能制造风。 3. 知道风是因为空气流动而形成的，初步了解风向、风力等现象。
大班社会活动《会说话的标志》	1. 培养幼儿关注周围事物的习惯，探索周围事物的兴趣。 2. 通过看看、说说、做做，让幼儿了解标志有不同的含义，知道生活中有许多地方都离不开它，不能随便乱贴，只有贴在适合的场所，才能起到它的作用。 3. 通过活动丰富幼儿的生活经验，增强幼儿的保护意识。 4. 引导幼儿大胆设计生活中需要的标志，发挥孩子的想象力和创造力。	1. 幼儿有关注和探索周围事物的习惯与兴趣。 2. 了解标志有不同的含义，知道必须贴在适合的场所。 3. 发挥想象力和创造力，大胆设计生活中需要的标志。

（4）活动准备。

皮亚杰说过：儿童的智慧源于材料。虞永平教授也认为：没有材料就没有幼儿真正的学习。幼儿能力的培养主要是通过材料来实现的，适宜的教学材料能激发幼儿参与活动的愿望，能让幼儿在与材料的互动中获得全面的发展。蒙台梭利也说过：儿童在有准备的环境中能够自己教自己。高宽课程认为：幼儿在一个具有丰富刺激但同时又是井然有序的环境中学习效果最佳。所以，教学活动设计中一个完整的活动准备就应该包括以下三个方面：

1）幼儿的知识、经验、心理准备。

2）物质准备，包括教、学、玩具与其他材料的准备。

3）情境创设，包括场地布置、课桌椅摆放、材料布局等。

实例链接

在一次同课异构的大班社会领域《一元钱能干什么》教学活动中，两位老师的“活动准备”（见表3—2）是不同的，其实施效果也表明：活动准备简单，教学活动不可能丰富，活动效果也不可能好。

表3—2 甲、乙教师活动准备对比

	教师甲	教师乙
心理准备	带一元钱到幼儿园来	想办法挣一元钱并带到幼儿园
物质准备	一元钱纸币、记录用纸笔、捐钱箱	一元钱纸币、爱心捐款箱、存款银行、规划钱用的记录板（上有三种不同颜色的三个圆圈）、多种真实学习用品与玩具等
情境创设	集体活动情境	区域活动情境

（5）活动重难点。

教学活动重点是指有重要价值的内容或者要形成关键经验的内容，也就是在教学活动中举足轻重、关键性的、最基本的、最重要的中心内容。掌握了这部分内容，对于幼儿学习与发展都起决定性作用。而教学活动难点则是从幼儿实际出发，幼儿难于理解或领会的内容，或较抽象，或较复杂，或较深奥。有些内容既是难点又是重点。为什么要确定教学重点和难点？因为教学过程是为了实现目标而展开的，确定教学重点、难点是为了进一步明确教学目标，以便教学过程中突出重点、突破难点，更好地实现教学目标。它是实现有效教学的前提。

教学活动设计中，活动重难点可分开写，重点不一定是难点，但难点一般是重点。重难点来自于活动内容之中，反映在活动目标之中。每个活动确定1～2个重难点即可，点出即可，不必阐述。

实例链接

中班科学活动《有趣的风》确定的重点是“大胆尝试用各种材料制造风”；难点是“了解风向、风力等现象”。再如大班艺术领域美术活动《彩色蝴蝶画》确定的重点是“了解蝴蝶的颜色、形状”；难点是“用黄、红、蓝三种颜色给蝴蝶翅膀填色”。

（6）活动过程。

1）活动过程的环节。

活动过程是教学活动计划的重要部分，要反映出设计者的教学思路，计划好先做什么，再做什么。一般包括导入、展开和结束几个部分或环节。导入部分是指教学活动开始时，教师引导幼儿进入教学过程的组织方式。其目的是引起幼儿注意，明确学习任务和要求，激发学习兴趣和求知欲，激活幼儿思维，引导其积极思考。展开部分是向幼儿详细介绍活动内容，主要通过观察实物、欣赏作品、讲解、演示、示范等方法，让幼儿对活动内容有所了解和理解。结束部分是指在教学中完成一定的内容或活动后，教师对知识技能进行归纳总结并转化升华的组织方式。主要是讲评、小结整个活动过程及任务完成情况，收拾整理学具、玩具、用具和活动场地。这三个部分的具体组织实施我们将在后面进行详细介绍。

2）活动过程的写作范式。

写作范式有两种：第一种形式是采用大环节套小环节式，如一、1.2……二、1.2……三、1.2……第二种形式是直接采用数序式，如1.2.3.4.5……但不管用哪种形式，都要求设计思路清晰，各环节明晰，环节间紧密相扣。

实例链接

中班艺术领域美术绘画活动《圆点娃娃找朋友》的设计思路是游戏导入—情景激趣—自主操作—展示与分享来组织教学，导入环节在想象中入情，展开环节在创造中激情，结束环节在情景中生情。

3）活动过程环节的表述。

活动过程的各环节可用以下方式来表述：采取××措施，运用××方法，采用××手段，反映××意图，达到××目的。如中班艺术领域美术绘画活动《圆点娃娃找朋友》导入环节的表述。

实例链接

《圆点妹妹找朋友》的导入环节

以游戏“连连看”导入活动并引出主题，感知多种方式的连接，为下一步连线环节做准备。

师：音乐响起的时候，你可以去找好朋友和他（她）一起随音乐跳舞，当音乐停止时，你和你的好朋友将身体的某一个部位连在一起，连成一个特别的造型，看哪一组连的方式最特别。

师：你们是几个人连的？是用身体的哪个部位连的？用什么姿势连的？

教师小结：可以两个朋友连，也可以多个朋友连；可以用任何部位、任何动作连；

可以连成一条线，也可以交叉相连。

4）处理与借鉴他人方案。

作为幼儿教师，每一个活动都运用原创的方式进行设计，显然是不现实的。但处理与借鉴他人方案时应考虑本地、本园、本班幼儿实际，不能照搬照抄已有活动方案；要认真领会别人的设计意图，并转化为自己的设计意图；要考虑怎么样进行处理、处理的价值何在等问题，尤其要注意原有方案是否与本阶段教育目标一致，不能无的放矢；要考虑自己的教学风格，处理时应改编为适合自己风格的活动方案。

实例链接

中班科学活动《有趣的风》中的“活动过程”设计

一、以吹蜡烛导入，激发幼儿兴趣

1. 激发兴趣：出示一只点亮的蜡烛。

“用什么办法可以使蜡烛熄灭?”

“为什么吹气可以使蜡烛熄灭?”

2. 想一想：有什么办法可以产生风（不用材料）。

“请小朋友想一想，怎么样就会有风呢?”

3. 议一议：为什么我们这样做会有风呢?

二、自选材料尝试制造风

1. 试一试：利用材料造风。

老师介绍材料，“你能用这些材料造出风来吗？去试一试!”

2. 谈一谈：你是怎样造风的。

“你用了什么材料造出了风？你感觉这种风是怎么样的？”

三、玩一玩：了解风力与风向

1. 游戏一：大风、小风。

（1）幼儿自选一样能造风的材料，鼓励幼儿思考怎么用手中的材料制造大风、小风。

（2）谈一谈：引导幼儿了解风力大小与风速的关系。

“你是怎样制造出大（小）风的?”

小结：“用的力气大，空气流动就快，所以我们感觉风就大。”

2. 游戏二：风往哪边吹。

（1）小旗飘向哪边。

老师手拿一面小旗，要求幼儿按照老师指示方向使小旗飘向某个方向。

设疑问题：“老师我是旗令官，你们是风娃娃。现在我这个旗令官遇到麻烦了，我希望这面小旗飘向左边，但它就是不动。风娃娃们，能帮帮我吗?”分别请幼儿将小旗吹向前边（后边、左边、右边）。

（2）听指令吹风。

用手中的材料制造风。要求幼儿按照老师指令将风吹向指定方向。

师：“我是风婆婆，你们是风娃娃，我们造风的本领大。我叫你们把风吹向哪里就吹向哪里，好不好？现在，风娃娃听我命令!”可叫幼儿把风吹向天花板、地板、老师、小朋友、客人、墙壁等。

四、延伸拓展，户外找风

师：“风娃娃们，今天我们认识了风，知道风是看不见抓不着的，也是无处不在的。我们今天还学到了制造风的本领，知道了风有大有小、方向难定。现在啊，我们一起到户外去找找什么地方有风？风在哪里?”

（7）活动延伸。

活动延伸可采用多种途径与方式，将活动内容延伸拓展到其他活动中，以此巩固、强化所学的知识与经验、技能与能力，同时也体现了整合教学的理念。活动延伸可以延伸到以后的教学中，形成系列；延伸到家庭中，家园结合；延伸到社区中，联系生活。

实例链接

中班科学活动《蜘蛛织网》的活动延伸

1. 亲子活动：和父母一起阅读各类有关蜘蛛的故事、绘本。

2. 区域活动：科学区，提供昆虫标本。美工区，提供各种彩线，便于幼儿手工制作“蜘蛛网”。

3. 游戏活动：体育游戏《蜘蛛网网蚊子》。

4. 日常生活活动：观察蜘蛛的生活习性，进一步了解蜘蛛。

上面我们讲解了集体教学活动各板块的设计，下面提供一份完整的教案《我的小脚丫》供大家阅读学习。大家可借鉴作者的写作写法、版式与格式，并领会作者活动设计背后的指导思想与理念。

实例链接

整合主题活动《奇妙的身体》之一

中班健康领域活动

我的小脚丫

重庆师范大学学前教育专业2012级2班 兰燕妮 经灿 黄鹏撰写

设计意图：

《3～6岁儿童学习与发展指南》指出："幼儿阶段是儿童身体发育和机能发展极为迅速的时期，也是形成安全感和乐观态度的重要阶段。发育良好的身体、愉快的情绪、强健的体质、协调的动作、良好的生活习惯和基本生活能力是幼儿身心健康的重要标志，也是其他领域学习与发展的基础。"幼儿平时大部分时间都穿着鞋袜，忽视了小脚丫，小脚丫很少能够自由活动，对脚丫的关注也较少，所以我想通过本次活动使小脚丫解开层层束缚，让它自由，让幼儿在轻松、愉快的氛围中通过一系列活动萌发对身体的探索兴趣，懂得如何保护自己的小脚丫。

活动目标：

1. 愿意主动问候自己的小脚丫，体验用脚丫印画的乐趣。
2. 了解小脚丫的特征及用途，知道鞋能保护自己的脚。
3. 尝试用脚丫印画，学会用印画的方式大胆地表现作品。

活动准备：

1. 知识经验：幼儿对自己的小脚丫感兴趣。
2. 物质准备：各色颜料、图画纸、各种脚丫印画作品、各种不同鞋子的图片。
3. 情境创设：一片空地，空地两边摆放与幼儿人数相等的小椅子。

活动重难点：

重点：了解小脚丫的特征及用途，有保护自己小脚丫的意识。

难点：学会用脚丫印画来大胆表现作品。

活动过程：

一、引出我的小脚丫：谜语激趣

"今天我们这儿来了一位特殊的小客人，它是谁呢？请小朋友们猜一猜。"

谜语：我有两个好朋友，会蹦会跳也会走，离它谁也不能走，你有我有大家有。(小脚丫)

二、问候我的小脚丫：认知脚丫

1. "我们的小脚丫每天都躲在鞋子、袜子里，平时总是看不见听不见，今天我们一起来问候自己的小脚丫吧！我们一起把小脚丫露出来吧！"

2. 脱袜子。

缩起小脖子（脱袜筒至脚心），拉长小鼻子（拉出袜头），弯弯小身子（对折），住进小房子（放进小鞋子）。

3. 幼儿用自己的方式问候小脚丫，如说话、摸、亲、咬等。

三、展示我的小脚丫：印画脚丫

1. 出示各种脚丫印画作品。

"画上有什么？（小脚丫）你们想一想这些小脚丫是怎么画出来的呢？"

教师小结：这些小脚丫是用我们的脚丫蘸颜料印出来的。

2. 幼儿自主选择材料创作印画作品。

3. 幼儿展示自己的作品，分享交流。

4. 教师带领幼儿清洗小脚丫，穿上鞋宝宝。

四、保护我的小脚丫：脚与鞋袜

1. 讨论鞋袜的作用。

“小朋友们，你们知道鞋子和袜子有什么作用吗?”让幼儿自由交流讨论。

2. 出示各种类型的鞋子、袜子图片，让幼儿辨别什么情况下穿什么样的鞋袜。

3. 教师小结：不同情况下穿适宜的鞋子来保护小脚丫。

活动延伸：

1. 亲子活动：与父母一起比脚丫，用脚丫印画，用脚丫拿东西。

2. 区域活动：

阅读区：提供绘本《小脚丫》(也可在网上找到)。

美工区：提供小卡纸、剪贴纸、橡皮泥、绘画用纸笔，便于幼儿画、做小脚丫。

3. 游戏活动：

(1) 体育游戏《穿大鞋走路》。

(2) 网络游戏《漂亮的小脚丫》，网址为 http://www. xiaoshuomi. cc/huanzhuang/76380_play. htm。

4. 日常生活活动：幼儿赤脚在沙地、海绵、鹅卵石、地砖上行走，体验踩在上面的感觉。

二、幼儿园集体教学活动的实施

从幼儿园集体教学活动进程与环节来看，幼儿园教学活动的组织实施主要包括导入活动、展开活动和结束活动三大环节。

(一) 导入环节的组织实施

常言说：“良好的开端等于成功的一半”。幼儿园教学活动的导入是指活动开始时，教师引导幼儿进入教育教学过程的组织方式。设置教学活动导入环节的目的在于引起幼儿注意，激发幼儿学习兴趣，激活幼儿思维，明确活动任务与要求。活动导入的方法与技能多种多样，有的与活动内容直接相关，有的间接相关，但不管如何，活动导入时都应体现趣味性、启发性、针对性与简洁性的特点。幼儿园教学活动的导入一般可分为以下几种情况。①

1. 开展游戏，以游戏的方式导入活动

游戏是幼儿最感兴趣的活动，以游戏的方式或口吻导入活动是幼儿乐于接受的。通过这种方式导入活动，能使幼儿在愉悦的情绪体验之中进入活动状态，并且很快将注意

① 参见陈世联主编：《幼儿园课程与活动指导》，重庆，重庆出版社，2007。

力集中到活动中。

实例链接

大班数学活动《学习8的组成》

一名教师是这样导入的："小朋友，我们来玩碰球游戏，规则是我报的数和你报的数合起来是7。比如，我唱：嘿嘿，我的1球碰几球？你们就得说：嘿嘿，你的1球碰6球。接下来我唱：嘿嘿，我的2球碰几球，你们就该唱什么了呢？"师生一起玩唱游游戏。（在磁性黑板上出示数字7）老师接着说："7共有几种分法呢？好，复习了7的组成，那比7大1的朋友是谁呢？'8'，你们想和数字8做朋友吗？好，下面我们就一起和数字8做游戏来学习8的组成。"

以游戏的方式导入活动可使幼儿对学习抽象的数字8的组成产生浓厚的探索兴趣，愿意将活动深入下去。以游戏的方式导入能使幼儿在新奇、愉快的气氛中参与活动。在运用这种方法时要注意：（1）游戏导入要结合主题内容展开；（2）游戏的时间不宜过长；（3）游戏应使幼儿易于接受、乐于参与。

2. 设置问题情境，以设疑的方式导入活动

设疑是教师在幼儿活动前结合所教内容设置一个问题情境，使幼儿置身于疑惑或惊异之中，从而产生渴望了解和学习知识的愿望，为幼儿创造出积极探索知识的最佳活动情境。它主要包括悬念导入和问题导入。

（1）悬念导入。

这个方法就是教师通过制造悬念情境，将幼儿置身于惊异之中，把幼儿的心揪得悬悬的，激发起幼儿产生探索与学习的浓厚兴趣。

实例链接

在一堂科技活动课中，教师在活动开始时表演了一个小杂技《踩鸡蛋》。教师慢慢跨上四只鸡蛋支撑的木板，孩子们不约而同地惊叫起来："老师，不能踩！鸡蛋会碎的。"然而鸡蛋并没有像幼儿预料的那样破碎。于是幼儿由衷地拍起手来："哇，老师会轻功！"这时教师却神秘地说："老师啊并不会轻功，这里有秘——密——"。然后引入活动主题。

（2）问题导入。

设疑提问的方式有助于幼儿带着问题去思索，增加他们的探索意识，并且让他们乐意继续展开活动。

实例链接

中班科学活动《风娃娃》

一个教师是这样导入活动的，首先出示点亮的蜡烛，问幼儿："用什么办法可以使蜡烛熄灭?"（吹气）"为什么吹气可以使蜡烛熄灭?"（产生风）"小朋友，现在教室里有风吗？请小朋友们想一想，怎么样就会有风了?"（幼儿用各种材料产生风）"你刚才用什么办法产生了风?"（幼儿抢答）"小朋友，为什么可以产生风?"这位教师通过设问、追问、反问沿着"空气—风—空气流动"这一脉络层层导入新内容，这样，幼儿对知识的理解更加深刻，且锻炼了思维。

运用这种方法时应注意：1）设疑与提问均要考虑幼儿的年龄特点，提出的问题要难易适度，是幼儿经过一定的努力能回答的问题；2）问题要具体、明确、生动形象，紧扣教学内容；3）提问的时机要把握好，要能激发幼儿的兴趣和吸引幼儿的注意。

3. 采用直观手段，以直观生动的方式导入活动

根据幼儿思维具有具体形象的特点，教师在活动前采用直观手段的方式导入活动，很容易被幼儿所接受。这种方式主要包括直观材料导入、电教演示导入、情境导入等。

（1）直观材料导入。

直观材料导入是教师选择和运用教具、实物与实验操作及幼儿的学具等组织幼儿教育活动的一种导入方式。直观材料能使幼儿产生想做、想要的愿望，并能很快激发起探索、操作的兴趣。

实例链接

中班艺术活动《有趣的圣诞帽》

教师出示装饰好的各种帽子，"圣诞节快到了，我们小朋友又长大一岁了，圣诞老人给小朋友们准备了许多新年礼物，让我们来看看是什么礼物呀?""这么多漂亮的帽子，你最喜欢哪一顶呀？（请幼儿拿着喜欢的帽子上前来回答）你为什么喜欢它呀？我们也学着做一顶圣诞帽送给小班的弟弟、妹妹吧!"老师可用这种方式引入活动主题。

（2）电教演示导入。

电教演示导入是教师运用幻灯片、投影片、录音带、唱片、电视等电教媒体手段生动形象地组织幼儿教育活动的一种导入方式。

实例链接

大班艺术活动《小动物的音乐》

教师领幼儿随《洋娃娃和小熊跳舞》的音乐跳着进入教室。提问："这段音乐表现了什么内容?"然后让幼儿观看录像后又提问："录像中有哪些小动物在开音乐会?"并让幼儿闭上眼睛，只听音乐，猜猜是什么动物出场了。这种通过电教演示手段让幼儿感悟音乐的情景与表现力，使小动物的特征和音乐所表达的内容相结合，能充分发挥幼儿的想象空间，提高幼儿的感受力和想象力。

（3）情境导入。

情境导入是通过情境模拟表演或者创设一种与教学主题有关的情境来组织幼儿教育活动的一种导入方式。

实例链接

大班综合活动《多彩的民族服装》

活动开始时，教师穿了一件少数民族服装走进活动室，并告诉幼儿，这是一件藏族的服装，藏族姑娘都是穿这种服装。"藏族姑娘的衣服漂亮，跳的舞也不错，请你们同老师一起跳个藏族舞吧。"（随音乐跳舞）"你们想知道其他民族穿什么服装吗? 我们一起来瞧瞧。"老师揭开布帘，出示各种民族的服装，带领幼儿逐渐观赏，引起幼儿探究的兴趣。这种情境表演式导入，使幼儿将自己置身于快乐的氛围之中，并且愿意从情境中去了解、认识、探索其他少数民族漂亮的服装、服饰及舞蹈特点。

运用以上直观手段的方式导入应注意：1）所采用的直观教具、道具应事先准备好，并做好演示前的检查；2）直观的教具、手段应与教学内容和方法相吻合；3）采用直观手段应时时与语言提示配合进行，调动幼儿的多种感官。使幼儿对事物的认识和判断从直观认识—感性认识—理性认识升华。

4. 运用文学艺术作品，以文学艺术的形式导入

文学艺术作品导入是教师运用文学艺术作品如谜语、诗歌、故事、歌曲、律动、舞蹈等手段引入活动的方式。

实例链接一

艺术活动《玩具进行曲》

教师先讲述故事，引起幼儿参加活动的兴趣："有这样一个王国，里面住着各种可爱的玩具，每当深夜钟声响起的时候，这个王国会有神奇的事情发生，那些玩具们会慢慢醒来，它们揉揉眼睛，伸伸懒腰，摇摇脑袋，还长出小手，它们复活了！复活了的玩具们每天晚上都会召开音乐会，它们有的唱歌，有的跳舞，神气极了。等到清晨天亮的时候，玩具们又回到原来的位置，一动也不动，这时玩具王国又恢复了宁静。"然后教师又引导幼儿倾听音乐。通过这则故事的讲述，能很快激发幼儿的思维和联想，使他们在欣赏优美故事的同时，想象各式各样好玩的玩具的滑稽动作。

实例链接二

小班科学活动《认识大白鹅》

教师说：小朋友，今天我们班来了一位客人，你们知道它是谁吗？老师请你们猜一个谜语，你们猜对了，它很快就出来和我们认识。"头戴红帽子，身穿白袍子，走路摆架子，说话伸脖子……"

运用这种导入方式时应注意：1）选用的文学作品不宜过长，且有趣味性；2）文学作品应与活动的内容相符合，起引路的作用；3）教师在运用文学作品时讲述语言要生动形象，能引起幼儿的兴趣。

5. 根据已有的经验，从知识之间的内在联系导入

根据新、旧知识之间的内在联系，让幼儿运用已有的知识，在教师的启发引导下，掌握新、旧知识之间的联结关系进行学习的导入方式。它包括递进导入法、直接导入法、衔接导入法等形式。

（1）递进导入法。

它是教师通过多种手段层层引入中心活动内容，并将知识层层递进，使幼儿的情绪

步步提升的组织形式。

实例链接

大班数学活动《我的手摸你的手》

幼儿随音乐《把你的小手摆一摆》做动作，教师提问："你们摆了左手和右手，现在告诉老师，你的左手在哪？右手在哪？请将你的左手摸摸自己的左耳朵，右手摸自己的右耳朵，然后将自己的左手摸自己的右耳朵，右手摸自己的左耳朵。"当幼儿会辨别自己的左和右后，老师又提出新的问题："我们知道了自己的左手和右手，那如果想要知道别人的左手和右手怎样辨别呢?""好了！现在我们来做游戏《我的手摸你的手》，学习如何辨别别人的左和右。"这样的导入可帮助幼儿在辨别时从了解自己发展到了解他人；从认识自己发展到认识他人；从幼儿掌握的已有知识发展到掌握新知识的递进。通过这种递进导入的方式能很快使幼儿在掌握旧知识的基础上愿意进一步探索新的知识。

（2）直接导入法。

它是指教师开门见山、直接点题，提出具体的任务和要求，使幼儿很快了解教师的意图。

实例链接

音乐欣赏活动《小鸭的舞》

在开展音乐欣赏活动《小鸭的舞》时，教师说："小鸭在水里干什么呢？在岸上又干什么呢？我们来听一段音乐《小鸭的舞》，自己边听边想边看，然后告诉你的小伙伴。"通过这种直接导入的方式，使幼儿对教师的意图一目了然，让自己很快进入活动状态。

幼儿园教学活动中的导入方法多种多样，它既可以单独使用，也可以结合使用。常言说"教学有法，而无定法"。导入活动的方式也一样，教师必须根据活动的目标和内容做出适宜的选择，以激发幼儿兴趣，引起幼儿的注意，使他们愿意探索，乐意参与活动，并选择适宜的、恰当的导入方式，使导入技能真正达到最佳的教育教学效果。

（二）展开环节的组织实施

教学活动环节的展开是指教师用于集中和保持幼儿注意，引导幼儿主动探索，使活动有机衔接顺利过渡，形成良好的活动氛围，以达到预期活动目标的行为方式。它包括常规引导式展开和高潮式展开两种形式。

1. 常规引导式展开

常规引导式展开是指教师为了将活动继续深入下去，引导幼儿在探索、发现中获取经验，获得认识，实现目标的行为方式。它又包括管理性组织引导、探索性引导和随机应变式引导三种类型。

（1）管理性组织引导。

管理性组织引导是指教师维持教学秩序，激发学习兴趣，营造良好的氛围的组织方式。其目的是规范幼儿的学习行为。

实例链接

在大班《认识正方体》的教学活动中，教师说："小朋友，你们的桌子面前都有一个正方体，请你们在正方体的每一个面上贴上小动物，看看正方体上能贴多少个小动物，最后将结果告诉老师。"教师同时用语言、手势、琴声、铃鼓等帮助幼儿明确活动要求，使幼儿在遵守活动规则的过程中更好地开展活动，使教育教学活动在有序的前提下继续进行。利用这种组织引导方式，可激发幼儿的探索欲望，使幼儿之间互相学习，增进同伴间的互助，也可使幼儿在活动中树立自信，并且获得成功的快乐感和幸福感。

（2）探索性引导。

探索性引导是教师通过层层递进、设疑提问、操作练习或游戏等来引导幼儿活动的组织方式。

实例链接

大班数学活动《小小理财手》中，当幼儿认识了货币一元、五角、二角、一角这些纸币后，让他们了解货币之间的换算关系。

教师问幼儿："一元里有几个五角？几个二角？几个一角？"

有的说："一元可以有两个五角，可以有五个二角，可以有十个一角"；有的说："可以有一个五角，两个两角，一个一角"；还有的说："可以有一个五角，一个二角，三个一角"。

教师："现在超市开业了，我给你们发一张购物卡，每人发一元钱，卡片上写好了物品的价格，你们先计算好，一元钱能买多少你喜欢的物品，记录在卡片上，然后再去购物……"如图 3—1 所示。

物品			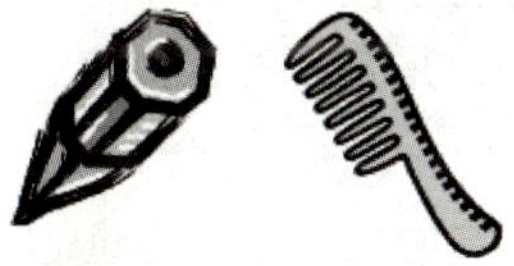
金额	五角	二角	一角
总计			

图 3—1 购物卡

教师采用了从具体到抽象的递进引导方式，让幼儿在了解 10、5、2、1 之间的换算关系后，再结合日常生活中的购物行为，把抽象的计算方式与具体的操作活动结合起来，使幼儿很快地掌握"10"以内的数学运算及"10"以内数间的换算方式。

（3）随机应变式引导。

随机应变是指教师在教学活动中，针对活动中的"突发事件"加以灵活修正处理、出奇制胜，使活动达到应有效果的组织方式。在教育教学活动中，当幼儿的无意注意占主导地位时，他们的注意往往容易分散，集中不到活动上来。因此，教师在组织活动时应善于随机应变，根据幼儿的表现调整并灵活处置教学活动内容，使之很快进入活动状态。

实例链接

有一位老师在教小班幼儿学习歌曲《王老先生有块地》中的歌词"咿呀咿呀哟"，并同时用纱巾当毛巾练习洗脸、洗澡等，以表现固定乐句的节奏。可是有一个孩子独自一个人拿着纱巾到了椅子后面藏着，不愿做动作，后来有几个小朋友也跟着去藏着，这时老师很快就说这几个孩子去擦椅子去了，他们真爱劳动，于是孩子们又将对音乐节奏的感受发展到对擦椅子的节奏上。这时，藏在椅子背后的孩子也随节奏的感受跟着动起来。

2. 高潮式展开

高潮式展开是指在教学过程中将幼儿的情绪、内隐的和外显的智力操作推向最活跃状态的一种教学艺术。在教学过程中的高潮活动，教师的教学会给幼儿留下最深刻鲜明的印象，并得到幼儿最富于情感的反应，这时师生双方的互动性达到最佳配合状态。教学活动的高潮式主要有以下几种形式：

（1）紧张竞赛中的高潮。

大脑处于竞赛状态时的效率要比无竞赛时的效率高得多，即使对毫无直接兴趣的智力活动，儿童因希望竞赛取胜而产生的间接兴趣，也会使他们忘记事情本身的乏味而兴致勃勃地投入竞赛中。在教学中运用恰当竞赛的手段制造高潮，符合幼儿身心发展的特点。幼儿园体育、语言、科学、音乐等学科领域都可运用这种方式以达到教学高潮。

实例链接

一位教师组织中班数学活动《复习认识几何图形》，其中开展了一个竞赛游戏“看谁站得快又对”。游戏规则和玩法是：将幼儿分成人数大致相等的四个小分队，每个小分队前面的小椅上放若干纸片（纸片上分别有△、▭、□、○四种几何图形），每个分队前方 5 米远处的地面画上如 3—2 所示的图。

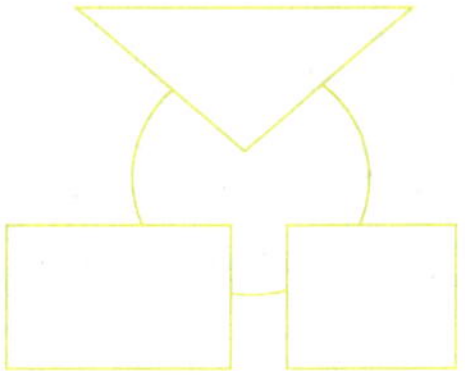

图 3—2　示意图

幼儿得令后，每队幼儿依次拿一张纸片跑到对面指定的图形里，比一比哪队幼儿做得又快又对。这一活动，幼儿不仅要能够正确认识几何图形，又要在极短时间内思考手中的几何图形与地面哪一图形对应。幼儿活动参与性、积极性、兴趣性高涨，如此可将本来对几何图形无直接兴趣的认识活动转化为通过竞赛而产生间接兴趣的智力活动，有助于形成“紧张而活跃”的高潮气氛，提高教学的效率和质量。

（2）参与表演中的高潮。

人本主义教育心理学家罗杰斯认为：真实的情境和活动是最能引起态度和个性情绪的学习方式。让幼儿身临其境参与教学活动，不仅能体现幼儿在教学过程的主体性，还能增加教学的趣味性。

实例链接

中班音乐歌唱活动《小花猫和小老鼠》

教唱新歌时，教师创设情景：一只小老鼠悄悄地出了门，东看西看，上看下看，见没有小花猫，很是得意，高兴地唱起了歌（一只小老鼠，蹬着小眼珠，支着两只小牙，长着八字胡）；正在小老鼠乐滋滋偷吃粮食时，只听“喵喵喵”几声，小老鼠吓得连滚带爬跑回了家（歌声起：一只小花猫，喵喵喵喵喵，吓得老鼠赶快往回跑）。幼儿在这样的情景中学习新歌，生动形象有趣，幼儿易理解，效果显著。活动临结束时，教师设计了《猫捉老鼠》的游戏，先由教师当小花猫，幼儿扮小老鼠，游戏开始，要求小老鼠一边唱着歌（第一段歌词）一边创造性地表现小老鼠；等扮演小花猫唱完“吓得老鼠赶快往回跑”时，老鼠才可以跑回家，小花猫抓到谁，谁就当小花猫，游戏继续进行。这个游戏活动，让幼儿在玩中学、乐中学，加上富有情趣、生动活现的表演，可让幼儿的情绪达到新的高度，课堂教学形成高潮。

（3）奇特操作中的高潮。

好奇心是幼儿一大心理特点，教学过程中利用新颖奇特的教学玩具材料操作活动激发幼儿学习兴趣，可以形成高潮状态。

实例链接

幼儿园科学活动《酸碱反应》

活动的其中一个教学环节就是让幼儿自己制作别致的“跳跳糖”，材料有柠檬酸、苏打、从市场买的棉花糖。在教师示范制作后，幼儿自己动手操作，先将两小匙柠檬酸和一小匙苏打粉舀入小碗中，充分搅拌，再将一小块棉花糖放入碗中使其沾满酸碱混合物，别致风味的糖就制好了。再让幼儿将糖放入口中感觉自制的这种糖是否在嘴里“跳”。活动中有的幼儿做出的糖味道新鲜别致，于是津津有味地吃起来；有的幼儿做出的糖非酸即涩，不住地咂嘴甩头。成功了的幼儿又马上投入到重新制作中，还将做出的糖分给其他小朋友品尝，脸上喜形于色。没成功的幼儿也重新投入到新制作中，认真而谨慎，待成功了，欢呼雀跃。这个活动，棉花糖、苏打、柠檬酸等材料对幼儿是新奇的，操作是自主的，更关键的是幼儿能即刻享受到自己的成果，体验成功的喜悦，这对形成教学高潮起了很大作用。

（4）循循启导中的高潮。

教学高潮的意境，往往是由教学的主导者教师“拨、导”而达成的，善于点拨、启导的教师，总是能“循循然善诱人”。

实例链接

小班童话故事《胆小先生》

故事命名好，幼儿对故事名就有浓厚兴趣。这个故事十分诙谐幽默且充满生活哲理。在讲述过程中，教师分主次向幼儿提问：(1) 大老鼠闯进胆小先生家，胆小先生怎么做的？胆小先生为什么让大老鼠住进地下室？（鼓励幼儿用口语和体态语言表现出来）。(2) 大老鼠和胆小先生换房子，大老鼠是怎样做的？胆小先生又是怎样做的？房子换成后，大老鼠又是怎样做的？（幼儿表现大老鼠凶狠、快乐的样子及胆小先生害怕的样子）(3) 大老鼠要赶走胆小先生，胆小先生怎样做了？（幼儿创造性地表现胆小先生愤怒的样子和追打老鼠的勇敢行为）。这个活动通过教师巧妙的循循诱导和层层点拨，通过幼儿亲身体验故事的行为，围绕胆小先生和老鼠之间关系的变化，让幼儿在胆小先生的勇敢精神中得到启迪“我是很有力量的！”以达到教学高潮。

(5) 情动感染中的高潮。

优秀的幼儿教师总是在教学的关键处凝理注情、动人心灵，设法使幼儿入情以获得强烈的情感体验。使幼儿入情，最根本之处在于教师要动情，当然，教师的这种感情必须是真挚的，庄子说：“不精不诚，不能感人”，即是此理。

实例链接

幼儿诗歌教学活动《轻轻》

在幼儿诗歌《轻轻》的教学活动中，某位教师配以图片内容，在音乐《春江花月夜》（片段）的伴奏下，用柔和甜美悠悠的声音朗诵诗歌（幼儿凝神陶醉），然后学习理解诗歌内容，最后引导幼儿仿编诗歌。教师启发幼儿：“天上的云彩是轻轻的，风也是轻轻的；小船是轻轻的，划起来也是轻轻的。那么，还有哪些东西也是轻轻的？它们动起来也是轻轻的？”教师引导幼儿先用叙述性语言表达自己的想法，然后在教师帮助下形成诗句。（幼儿创编出的诗句：“轻轻的摇篮轻轻地摇”“轻轻的鱼儿轻轻地游”“轻轻的浪花轻轻地翻”“轻轻的风儿轻轻地吹”等）。最后教师与幼儿一起用情用轻的语味朗诵幼儿自编的儿歌。整堂教学活动没有欢歌笑语，没有大起大落的环节，没有紧张和刺激，只有师生的一片陶醉，但强烈的心灵感触难用言语表述。该教师说她在设计这一活动方案时，是用情去拟写的。正是如此，她才在组织幼儿学习时奏出了教学的“最强音”。

（三）结束环节的组织实施

如果说良好的开端是成功的一半，那么精彩的结尾则是成功的完美体现。教学活动的结束是指在教学中完成一定的内容或活动后，教师对知识技能进行归纳总结并转化升华的一种操作方式。教学活动结尾设计、组织的好坏，也是衡量教师教学艺术水平高低的标志之一。如果一次活动仅有引人入胜的开头和环环相扣的中间及高潮，而缺少耐人寻味的结尾，将直接影响教学效果，也算不上完善的教学活动。结尾只有比开始和中间部分更吸引人才能使人印象深刻，从而将幼儿的学习思维推向高峰，完善地结束，达到“言有尽而意无穷，余言尽在不言中”的境界。它包含以下几种结束形式：

1. 总结归纳式

它是指教师用准确简洁的语言将活动的内容和主题进行概括归纳或对幼儿的活动情况、行为表现做出总结评说的活动结束方式。总结归纳的方式应视具体情况灵活变化，可用简明扼要的语言复述讲解要点，也可用儿歌、谜语游戏等形式进行形象化的总结。

实例链接

一位教师教幼儿认识了8以内的数字后，为了使幼儿便于记忆，根据每个数的形状把它编成如下儿歌：“1像小棍细条条，2像小鸭水上漂，3像耳朵要听话，4像小旗迎风飘，5像钩钩来钓鱼，6像豆芽笑哈哈，7像小锄挖青草，8像麻花绞一遭。”这样的结束生动有趣，将机械识记转化为意义识记，效果显著。

2. 操作练习式

它是指教师以精心设计的练习、操作、游戏等方式引导幼儿巩固所学的知识，帮助幼儿形成操作技能的活动结束方式。

实例链接一

一位大班教师为综合活动《寻找家园》安排的结束活动是：请幼儿观看录像（课件）中“小鱼在污水中挣扎”的情景，激发幼儿拿起画笔，帮助一下小鱼，为小鱼营造一个美丽舒适的家园，（给幼儿发纸和笔练习作画）使小鱼不再痛苦，而愉快地在家园里生活。活动让孩子们将结束的兴趣延伸到绘画中。

实例链接二

某大班社会活动《合作真快乐》的结束方式是教师说：“大家一起合作可以做许多

自己做不到的事情，而小朋友们相互合作、相互支持是很快乐的，现在我请小朋友组成四个小组，每组幼儿利用桌上的卡片合作拼出一幅完整的图画，比一比哪组完成得最快，并能说出图画的内容。”通过上述练习、操作、游戏等方式的结束，使幼儿在轻松愉快中巩固知识，获得经验，得到满足。

3. 艺术表演式

它是指教师组织幼儿以音乐、舞蹈、表演、展览等形式，让幼儿体验成功的喜悦并获得美的享受的艺术性活动结束方式。

实例链接

一位老师组织的大班科学活动《认识伞》是这样结束的：“小朋友，今天我们知道了伞可以遮雨、遮太阳等，我们也可以用伞来开展一些有益的音乐表演活动，现在请小朋友们拿着自己的伞，随着音乐的情绪起伏表演动作（欢快的音乐、抒情的音乐、缓慢的音乐、急促的音乐）。”幼儿手拿小伞在音乐的变换中根据自己对音乐的理解做一些表演动作。艺术表演式的结束方式既满足了幼儿表演的欲望，又锻炼了幼儿的表演能力。

4. 自然渠成式

它是指教师按照教学内容的顺序，根据幼儿的认知规律一步一步地进行，最终达到瓜熟蒂落、水到渠成、自然收尾的结束方式。自然渠成结束一定要落到“自然”，不要牵强附会。

实例链接一

小班综合活动《小熊请客》的结束方式是教师说：“客人们，我们在小熊家做客真高兴，现在天要黑了，我们该和小熊说再见了，走！我们坐着汽车回家吧！”幼儿很自然地随着教师的引导，模仿着开车动作结束了活动。

实例链接二

大班美术活动《为自己设计名片》的结束活动是教师说：“小朋友们，你们将自己设计好的名片分发给自己的好朋友，相互交换一下，好吗?”使幼儿在互相交往中结束活动。这种顺其自然的活动组织形式，避免了常规活动中教师突然中断幼儿活动，并说一些与活动内容无关的话题。

5. 延伸扩展式

它是指教师根据教学活动的内容，进一步对幼儿提出新问题、新要求，并且将幼儿活动的内容和主题从时间、空间上进一步拓展，深化并激发幼儿进一步探索思考的结束方式。延伸扩展的方式可以延伸到家里、户外、活动区，也可以延伸到下一个活动或下一个领域。

实例链接

一位老师组织的大班科学活动《水到哪里去了》的结束方式是：“小朋友请你们回家后继续做吸水的小实验，看看家里哪些材料能吸水？并把它记录下来（给每个幼儿发一张记录卡）。”这样的结束使幼儿将探索的意愿延伸到了家里，并与家长共同探究科学的奥秘，促使幼儿对所学到的知识进行巩固和延伸。

活动结束时应注意：首尾照应，结构完整；演透勿绝，延伸拓展；水到渠成，适可而止。①

幼儿园教学活动的组织实施贯穿于教学活动过程的始终。作为一名幼儿教师应该掌握这些技能与方法，并能灵活地、创新性地运用教学活动组织策略，使幼儿能积极地参与教学活动的开始到结束，让活动的主体——幼儿能够在活动中受益并得到和谐的、全面的发展。

技能训练

1. 根据以下两个活动的活动目标设计出一个完整的集体教学活动。

（1）中班艺术领域绘画活动《树叶印画》。

活动目标：

- 学习在树叶上较均匀地涂色并印画的技能。
- 能开动脑筋用树叶拼出多种自己喜欢的形状。

① 参见刘云艳主编：《幼儿园教学艺术》，第2版，重庆，西南师范大学出版社，2004。

● 体验树叶印画的乐趣。

(2) 大班科学活动《野外挖土》。

活动目标：

● 了解土壤的色彩、气味、粗细、软硬程度等特性。
● 能够正确运用工具挖土、运土，锻炼幼儿的动手能力。
● 初步探索土壤与树、蚯蚓等动植物的生长关系。
● 感受挖土的乐趣，喜欢亲近大自然。

2. 自选一个活动内容，设计一个集体教学活动方案。要求：年龄班自定、活动领域及活动内容自定，教案板块完整，符合本节所讲要求。

学练结合

请你试当幼儿老师，把其他同学当做幼儿，在同学中试做以下两个活动的部分环节。

1. 小班健康活动《鸭宝宝寻蛋》的导入环节。

教师：我们学过《矮矮的鸭子》这首儿歌，今天我们边朗诵儿歌，边学着鸭子走路，一起到外面去晒太阳吧！

“一排鸭子，个子矮矮；走起路来，屁股歪歪；翅膀拍拍，太阳晒晒；伸长脖子，吃吃青草。一排鸭子，个子矮矮；走起路来，屁股歪歪……”

教师：池塘到了，鸭妈妈请我们帮着找鸭宝宝……

2. 小班综合活动《小熊请客》的展开环节。

教师：今天我们来当小厨师帮小熊做菜，你想做什么颜色的菜就拿什么颜色的纸。可以用撕纸的方法把纸撕成一条一条的或一片一片的，然后用揉、搓、捏（伴随手的示范）的方法把“菜”做出来，看谁做得好。

（幼儿练习操作）

教师：小狗小狗汪汪叫，小厨师绿色的菜做好了吗？小猴小猴急得跳，小厨师红色的菜做好了吗？小象小象鼻子翘，小厨师黄色的菜做好了吗？……

第二节 幼儿园主题教学活动的设计与实施

基础知识

在杜威进步主义教育思想的影响下，1918年克伯屈发表了《方案教学法》（我国译为《设计教学法》），标志着主题教育活动的诞生。经过不断地发展，在世界各国的幼儿园教育活动实践中，主题教育活动已成为一种重要的教育活动形式。

鉴于以主题为核心的教育（学）方案众多，为避免一一介绍，本书以“主题教学”概之。我们这里所讲的主题教学活动，吸纳了国外方案教学与国内单元主题活动，整合了主题课程的教育理念，体现了预设课程与生成课程的统一和主题活动与区域活动的有机结合。

一、幼儿园主题教学活动的含义与特点

（一）幼儿园主题教学活动的含义

主题活动指在一定的时间里围绕一个中心内容（主题）组织的教育教学活动。主题活动打破了学科之间的界限，将各种学习内容围绕一个“中心”有机地连接起来，从幼儿的兴趣和需要出发，紧密跟随现实生活发生的新变化和新形势，围绕着一个主题展开一系列的活动，让幼儿通过对这一主题的探索和学习，获得与该中心相关的比较完整的

经验。[①] 这种活动将教育内容的编排和组合、教育手段与方法的选择、教育环境的布局，尽可能围绕主题进行，并以主题为中心课题构成一个有机整体。

主题教学活动是将各领域的教学内容整合到一个网络状的特定主题之中，围绕该主题展开一系列教育活动。主题教学活动属于综合性的或者整合性的课程，它由一系列具体教学活动组成，可由教师确定主题活动目标与预设活动内容，也可由幼儿根据特定主题自主发起或生成探索性的学习活动，如图 3—3 所示的《秋天的水果》主题教学活动。

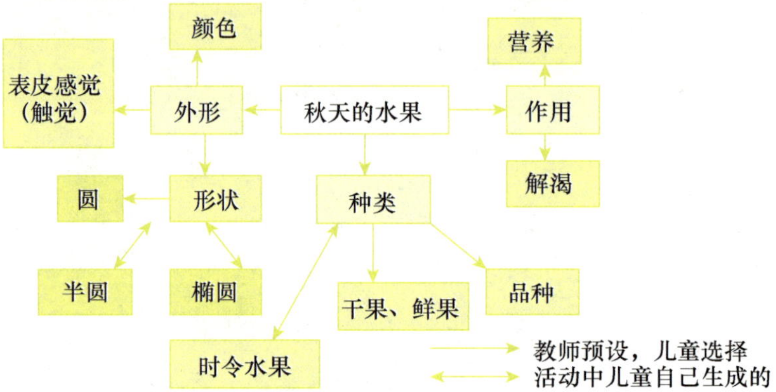

图 3—3 《秋天的水果》主题教学活动

（二）幼儿园主题教学活动的特点

幼儿园主题教学活动的特点主要表现在以下几个方面：

1. 连续性、系统性

幼儿园的主题教学活动从纵向层次的时间上来说具有一定的连续性，前后主题活动的展开也有一定的关联性，前面已经开展的主题所获得的经验可为后面的主题建立奠定基础，从而有利于幼儿知识的系统化和对已有经验的强化。横向层次来看，其主题教学活动融合了领域教学、日常生活、游戏活动、区域活动等各种可能的组织形式。在活动空间上，注重园外各种教育资源的利用，不再片面局限于幼儿园内，从而更好地组织和开展主题教学活动。如图 3—4 所示的《高高兴兴上幼儿园》主题教学活动。

2. 整合性、生活性

主题教学的整合性特点表现在：一是教育内容的整合，以幼儿认识自我、自然和社会生活为基础，以主题的形式把健康、语言、社会、科学、艺术等方面的教育内容有机结合并统一起来，融合在主题中，但不强求在一个主题中综合各方面内容。二是教育手段的整合，将游戏、教学、体育活动、劳动、娱乐及日常生活活动有机地结合并统一起来，并发挥各种教育手段各自的特殊作用。三是教育过程的整合，把对幼儿的认知、情感、行为、习惯、兴趣、品德等培养与训练结合在统一、整体的教育过程中。四是教育

① 参见袁贵仁主编：《中国教师新百科——幼儿教育卷》，北京，中国大百科全书出版社，2003。

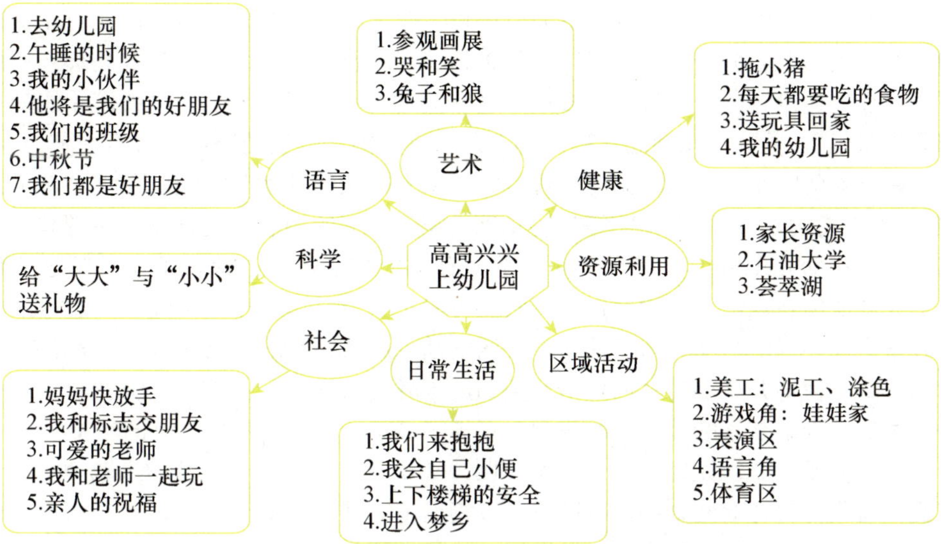

图 3—4 《高高兴兴上幼儿园》主题教学活动

途径的整合，将幼儿园、家庭、社区以及电子信息网络等途径有机整合。幼儿园主题教学活动的内容与幼儿现实生活的距离越近，就越能激发幼儿的学习兴趣，幼儿学习就越有效。所以，只要有利于幼儿成长、有利于幼儿生活经验积累，幼儿感兴趣的事物或具有教育价值、可操作性的内容都可用于主题活动内容的开展，进而形成以“生活”“幼儿”为中心的现代新型教育形式。

3. 合作性、探究性

幼儿园主题教学活动的内容来源是多层次和多方面的，幼儿是具有动态意识和发散性思维的主体，任何时候都可能会有新的主题生成，一定程度上使主题活动具有不确定性。每一个主题活动的开展对幼儿来说是探索之旅，对幼儿教师来说也是新的进步。不管是幼儿教师自己预设、幼儿自己生成，还是师幼共同生成的主题，都要求师幼双方在主题教学开展的过程中共同交流与合作。

4. 情境性、体验性

幼儿园主题教学活动的内容来自于一日生活及幼儿的兴趣，真实的生活情景与区域活动平台是主题教学活动开展的良好基础。幼儿教师开展主题活动时，应尽量为幼儿活动创造一个适宜的活动情境与平台，在亲历亲为和自身感受下探究学习，以利于幼儿接受和理解，将感受到的和所获得的经验运用于生活，从而实现促进幼儿整体发展的目的。

二、幼儿园主题教学活动的设计

（一）主题教学活动设计的要点

（1）主题教学活动的内容是一个有序的系统，要让幼儿在一段时间内连续、反复、多方面对相关主题内容进行探究。下面以中班主题活动《汽车》为例，幼儿对车特别感兴趣，幼儿教师在充分分析幼儿感兴趣的事物、问题及有利于幼儿积累和拓展经验的前提下，可以通过设置“我的车子开多远”这一问题，引导幼儿讨论：“如何才能知道哪辆车开得最远”，并让幼儿利用各种测量工具记录每辆车行驶的距离并进行交流。同时，从幼儿感兴趣的汽车种类选择主题内容。如“来来往往的汽车”“参观汽车”“车辆总动员”“特殊用途的车”“洒水车”等与幼儿生活经验相关的内容作为活动的主题和学习的脉络，从而让幼儿了解汽车的种类、构造、有关的交通规划。这样不用教师过多地讲解，幼儿就能够在观察、探索、讨论、实验等具体行动中获得直接经验。① 通过区域活动、教学活动、混龄活动、亲子活动、社区活动、游戏活动、生活活动、参观活动等多种活动形式，使幼儿关心与自己生活有关的周围环境；学习与人交往的方法，乐于与人交往；体验并理解基本的社会行为规则；在丰富多彩的生活中扩展已有的经验。

（2）提供既符合幼儿发展的个别差异性、又利于发展幼儿全面性的主题教学活动框架；提供既相对符合幼儿兴趣，也同时可以接纳不同幼儿共同学习的内容；所提供的内容既要面向全体，也要关注个别幼儿发展，给他们提供共同学习的机会，还要使幼儿获得多方面的发展。

（3）整合各发展领域的核心概念和核心技能，有效地运用到主题教学内容中，使幼儿在主题教学活动的学习中逐步掌握这些内容。

（4）幼儿园主题教学活动的设计应该有具体的目标导向，提出的目标应包含对幼儿发展各方面的预期目标和假设目标，尽可能地注意幼儿的最近发展区，引导幼儿发展。

（5）在进行幼儿园主题教学活动设计时，必须形成良性的活动关系，如教师与幼儿、幼儿与幼儿之间应该形成合作学习的共同体。儿童的发展是在与环境相互作用的过程中实现的；是在与他人相互影响的活动过程中实现的。因此主题教学活动从设计到实施的整个过程都应包含和处理好一定方式的人际互动关系。

（6）符号是主题教学活动中存在的中介因素，包括语言、图像、身体动作、音乐等各种不同形式。主题教学活动需要通过符号来帮助幼儿巩固和提升学习经验，以促进幼儿的更好发展。

（7）幼儿是天生的探究者，通过参与各种主题活动来实现对主题的认识。幼儿教育者应尽可能地为不同需要的幼儿提供轻松自在、合适的学习情境，使幼儿在情境中动手做、动嘴说、动眼看、用耳听、动脑想，不断扩展幼儿的相关经验，帮助幼儿形成系统的经验。

（8）主题教学活动需要处理好预设和生成的关系，处理好幼儿生成的学习任务与教师预定的教学任务之间的关系。正如瑞吉欧教育工作者所认为的，他们“与幼儿一起共事，是三分之一确定，以及三分之二的不确定和新事物”。三分之一确定是指教师预设的活动，而三分之二不确定是指由儿童生成的活动。主题活动的设计应是预设活动与生成活动设计的统一。下面提供的三个主题网络活动图，见图 3—5、图 3—6 和图 3—7，即教师编制的主题网络（教师预设）、幼儿选择教师活动预设的学习任务和师生双方的互动，

---

① 参见刘敏、万中编著：《幼儿园教育活动的组织与实施》，成都，四川大学出版社，2011。

反映了主题活动从预设到实施整个过程中主题网络的动态变化，这种变化充分体现出主题活动既有预设的计划又有生成的活动。

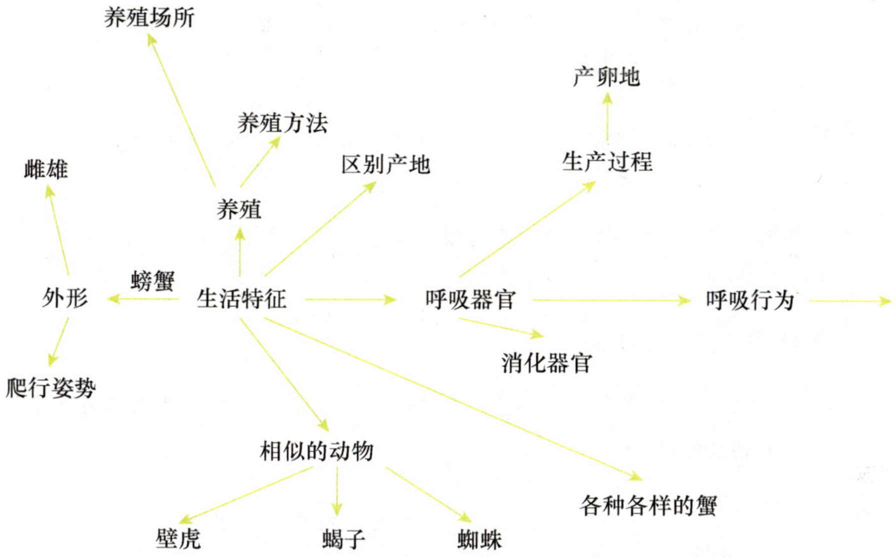

图 3—5　教师预设编制的主题网络

资料来源：朱家雄：《幼儿园课程》，211 页，上海，华东师范大学出版社，2011。

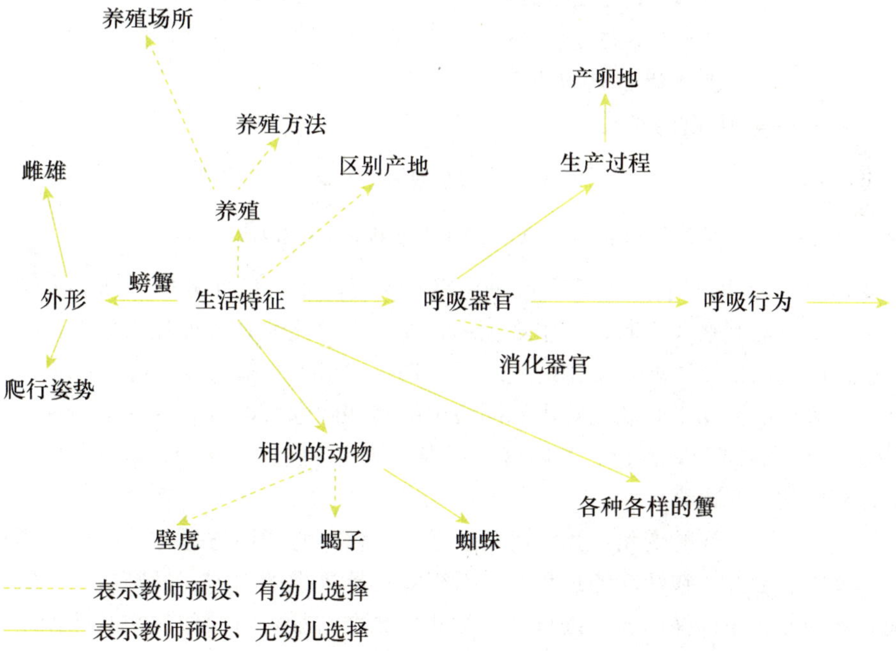

图 3—6　幼儿选择教师预设的学习任务

资料来源：朱家雄：《幼儿园课程》，211 页，上海，华东师范大学出版社，2011。

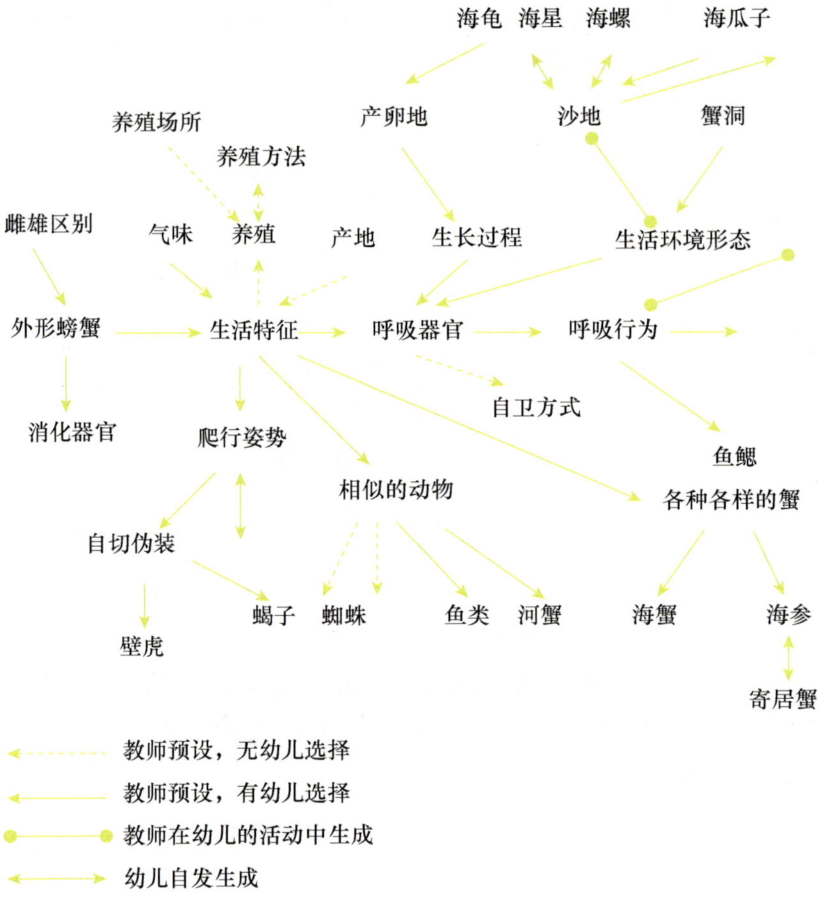

图 3—7 师生双方的互动

资料来源：朱家雄：《幼儿园课程》，211 页，上海，华东师范大学出版社，2011。

图 3—5 在一定程度上反映了幼儿的兴趣和需要，能满足部分幼儿活动的要求。但是，教师对幼儿的观察和判断带有主观色彩，并不一定能够真实地反映幼儿的所思、所想和所感。因此，仅根据教师编制的主题网络选择和组织实施内容是远远不够的。

在教师预设的活动中，幼儿对主题网络中的某些问题可能没有探索的意愿，正如图 3—6 中实线表示的部分。对此，教师就不要强迫幼儿开展这些活动，可以采取取消或延迟预定计划中的这些内容。

从图 3—5 到 3—6 的变化，我们清楚地看到，教师的计划与幼儿的兴趣和需要之间有很大的差距。因此，在活动的过程中，对于幼儿感兴趣的内容，教师应给予幼儿空间和时间，让幼儿自主选择内容，按自己的方式，或在与教师、同伴的交互作用中主动活动。对于需要教师诱导来激发幼儿兴趣的内容，教师应创设生动的活动情境，通过有趣的活动引发幼儿的兴趣，引导幼儿进一步探索。

在主题探究活动的过程中，幼儿还会生成许多教师没有预先计划好的学习内容，教师应对幼儿自发生成的活动给予鼓励，为他们的活动创造可能的条件。同时，教师还应抓住教育契机，创造新的活动，扩大幼儿学习的范围，在较高的程度上满足部分幼儿的兴趣和需要。正如图 3—7 所示，从螃蟹的呼吸器官的研究中幼儿自发生成研究鱼鳃的活动，在此基础上，教师抓住这一契机，创造了研究呼吸器官形态的活动，最后让孩子们发现鱼鳃与螃蟹的鳃是完全不一样的。

（二）主题教学活动的设计

1. 主题教学活动的主题设计

幼儿教师在进行主题教学活动的设计时，最核心和基本的问题是确定主题，首先要考虑的是主题的可行性，思考其是否能达到预定的教育目标，幼儿是否具备相应的知识、经验等。其次要考虑主题的重要性。再次要考虑主题的关联性。最后应考虑主题的兴趣性，其是否满足幼儿发展的需要。同时主题的选择可以由教师提出，再与幼儿共同探讨；或由幼儿发现，再由教师引导幼儿探讨；或由师幼共同探讨，教师在了解幼儿、观察幼儿的兴趣与需要时，根据幼儿的身心发展规律和水平灵活地选择和确定主题。主题教学活动的主题主要来源于幼儿自身和社会需求两方面，主要包括以下几点：①

第一，教师与幼儿共同感兴趣的主题。

主题的选择要充分考虑幼儿的需要与兴趣，教师要观察和记录幼儿一日生活中的活动行为，反思幼儿的行为，了解幼儿的各种想法，在与幼儿的已有经验与能力相适宜的时候设计主题教学活动。如我们可选择的主题活动有《我的家》《我是蝙蝠侠》《鞋子》《我爱我的幼儿园》《好玩的沙》《来来往往的车》《好看的颜色》等。

第二，结合当前发生的事件。

如开学初，老师发现大部分孩子喜欢搭建房子。一天灵灵和浩浩指着他们共同搭建的房子，兴奋地告诉同伴："瞧，这是我们盖的幼儿园。"孩子们听后都摇着头说："不像不像，一点都不像。"老师没有正面给予肯定或否定，而是反问孩子们："为什么觉得不像我们的幼儿园？我们的幼儿园到底是什么样的？"教室里一下就热闹起来了，孩子们七嘴八舌地说开了，有的说我们的幼儿园只有 3 层，不是 6 层的；有的说我们幼儿园有很多的班级；有的说我们幼儿园应该有阳台；有的说我们幼儿园应该有许多的桌子、椅子和床铺。

老师在肯定孩子们的评价后，又向孩子们提出了一个问题："你们想不想知道我们幼儿园的秘密？有什么办法可以找到这个答案？"冰冰说："老师，你带我们去看一看，数一数吧。"这个提议得到了全班小朋友的响应："我也想去，我也想去。"老师觉得幼儿园是孩子们最为熟悉的环境，而且它有极为丰富的教育资源。为了充分发挥这一既宝贵又易获得资源的教育作用，也为了让孩子进一步认识身边所处的环境，激发他们热爱

① 参见李子建、杨晓萍、尹芳：《中国大陆幼儿园统整课程的理论与设计》，载《西南师范大学学报》（人文社会科学版），2005 (1)。

幼儿园的情感，老师决定开展《我们的幼儿园》的主题活动，让幼儿了解和获取幼儿园的相关经验知识。

第三，结合节日活动或地方民俗活动。

我们应充分挖掘节日和地方风俗所蕴含的教育价值，开展丰富多彩的主题活动，节日活动如儿童节、劳动节、国庆节、中秋节、春节等，地方民俗活动如彝族火把节、傣族泼水节等。这里简单地说一下《中秋节》主题活动的确立，中秋节前后，幼儿对月饼、月亮有极大的兴趣，可以通过观察月亮的变化、教幼儿制作月饼、品尝月饼等活动选择确定主题活动或形成主题网络活动，让幼儿感受家人团聚、其乐融融的中秋节气氛。

第四，充分利用当地的资源（如地方、社区的资源与文化遗产）。

在确定主题时，根据当地本土文化特点，充分挖掘丰富的教育资源，培养幼儿的本土意识，让幼儿充分感受家乡环境的变化和发展，萌发热爱家乡的情感。特别是农村有丰富的自然资源，根据实际需要，选择主题展开主题教学活动，如选择“种子的秘密”“稻田”“有用的蔬菜”等主题；其次充分利用幼儿园、社区资源和文化遗产，结合实际选择主题，如围绕主题“我的家乡”，设计以地方教育资源为主题的重庆沙坪坝歌乐山烈士陵园，以环保教育为主题的北碚缙云山森林公园、武隆仙女山与芙蓉洞，以地方文化遗产为主题的重庆大足石刻等，让幼儿通过这些主题活动，对地方与社区的文化有所认识与了解。

第五，配合时令、季节的变化确定主题。

春节、清明节、端午节、国庆节等节日在我们的教育实践中都可生成有价值的主题活动。同时，一年四季都蕴含着丰富的教育内涵，像“春天来了”“夏天真热”“秋天真美丽”“天冷我不怕”等，可进一步丰富主题活动内容。①

第六，结合幼儿园的活动。

这类活动如升旗仪式、入园仪式、运动会、亲子游戏、家长联谊会、郊游等。

在主题选择之后，幼儿教师要分析相关主题所蕴涵的各种教育价值，用能突出主题教学活动核心概念的名称，用儿童的语言来表达，用富有童趣的名称来确定主题。如“不一样的我”“我爱我的幼儿园”“好玩的沙”“颜色变变变”等。

美国著名幼教专家凯茨和查德提出，选择主题应遵循以下四条一般性原则：(1) 探究的过程应帮助幼儿们更精确、更充分地了解自身经验及环境。然而，并非幼儿经验中的所有现象、环境都值得他们投入精神与注意力。(2) 主题应该增强幼儿仔细观察周遭值得观赏的环境现象的能力与特质。(3) 主题应能给幼儿提供大量应用多元互动技巧的机会。(4) 主题应提供机会让幼儿了解各种不同媒介、素材的功用及限制，而且能发展其运用各种媒介的技巧。②

---

① 参见刘敏、万中编著：《幼儿园教育活动的组织与实施》，成都，四川大学出版社，2011。

② 参见［美］裘迪·哈里斯·赫尔姆、丽莲·凯茨著，林育玮等译：《小小探索家——幼儿教育中的项目课程教学》，南京，南京师范大学出版社，2004。

2. 主题教学活动的目标设计

幼儿园主题教学活动目标的设计要以培养全面进步的儿童、促进幼儿身心和谐发展为最终目的，这要求教师明确幼儿身心发展的目标，并将幼儿身心发展的目标放到工作的中心位置，使一切主题教学活动围绕促进幼儿身心发展展开，为幼儿的可持续发展奠定基础。这不仅要考虑幼儿教育总目标，也要分析主题教学中蕴涵的可能发展的价值和意义及本班幼儿的发展水平与特点等，将主题教学目标落实到幼儿的身心发展之上。主题教学活动呈现的目标为预设目标和生成的目标，幼儿教师可以根据本班幼儿的情况，进一步和幼儿一起生成新的具体目标和活动内容。设计目标时要突出目标的综合性、针对性、一般性和结构性，涵盖并综合各种学习内容，避免简单罗列各个学科内容的做法；要注重促进幼儿情感态度、知识能力、方法策略及身体等方面终身持续发展的基本素质。例如中班主题教学活动《奇妙的身体》的目标。

实例链接

《奇妙的身体》的主题目标

1. 认识身体重要部分的外部特征，知道他们的作用，如骨骼的发育情况；了解自己的身体各部位都会活动；知道一些保护自己的简单常识，比如能初步了解牙齿保健的相关知识；初步了解男女生的不同特征；明白人类与动物的基本外部特征。

2. 能积极地参与对身体探究的活动，体验探究身体的乐趣；感受自己正在长大，并为此而高兴；科学、正确地面对性话题，有保护自己的意识，并尊重别人的身体；能萌发多种探索意识，如探索复制指纹的方法。

3. 能够灵活地用身体做各种动作，如用手指表达数字，用肢体模仿动物；能用自己的方式大胆进行创作设计；掌握正确地保护自己的方式，如正确地刷牙；能用语言准确表达自己的想法；学会用正确的方法处理与朋友相处的各种问题。

3. 主题教学活动的框架设计

主题教学活动框架的设计是幼儿园主题教学活动预设计的必要和关键环节①，它是围绕主题教学目标而设计的主题教学活动的内容，包括主题教学活动的类型、主题领域内容的平衡、主题的先后次序和衔接方式、区域游戏活动设置等。以目标导向的要求设置主题教学活动，采用目标转移的方法安排活动内容框架网络。为了能更好地编制主题教学活动的框架，一般采取主题单元说明（或设计意图）、主题单元网络图、

① 参见陈晓芳主编：《幼儿园教育活动设计策略及案例评析》，北京，北京师范大学出版社，2007。

主题生长树、区域活动布置、主题单元计划表、主题系列活动（系列教案）等方式进行设计。

（1）主题单元说明（或设计意图）。

实例链接

《特别的我》的主题单元说明

每一个“我”，不仅是一个独特的“我”，而且是一个不断成长发展的“我”。对幼儿来说，发现自己的变化，知道自己长大了，可以帮助他们增强自信心，还可以让他们更好地认识自己和周围的“人”。

在《特别的我》这一主题单元中，我们从多元的角度，让幼儿展示自己与众不同的特点，表现自己作为幼儿园里“大哥哥”“大姐姐”的角色；同时也借助回顾自己的成长变化，让他们体会“我长大了”是一件神奇和令人高兴的事。

让幼儿有一个展示自己童年的舞台，让教师发现和欣赏每一个独特的孩子，让幼儿、教师和家长合作形成的学习共同体一起成长！

从《特别的我》主题单元说明中得知，其核心概念“我”涉及了不同领域的不同学习内容，不同的内容所占的比例不同，所侧重的领域也有所不同。在该主题单元说明中侧重于社会领域，它是由幼儿兴趣和需要、主题自身的特点、可利用的教育资源等众多因素综合决定的。此外，主题涵盖的学习内容、领域之间应有自然的、实质性的和内在的有机联系，而不是简单地拼凑。

（2）主题单元网络图。

《特别的我》主题网络图由五圈组成，如图 3—8 所示，自内向外分布，核心圈内为主题单元教学活动的核心。围绕网络核心圈的是两层扩展的领域教育圈：内层划分为健康、语言、社会、科学和艺术五大领域；外层是根据多元智能的八大领域划分的儿童发展要求，即语言智能、数理逻辑智能、音乐智能、空间智能、身体运动智能、人际关系智能、自我认识智能和自然观察智能，向外继续扩展的是主题单元教育下的具体目标要求。其各部分内容具有相关性，在各个领域具体目标中蕴含了对儿童发展核心概念能力的系统规划，最外圈是为儿童提供的教育内容和活动。

（3）主题生长树。如图 3—9 所示。

粗线表示这方面的内容在我们预设设计的活动中已经涉及，幼儿在活动过程中可以获得相关经验。

细线表示提供的活动已经引导幼儿关注这方面的信息，但是没有组织专门的教育活动让幼儿学习，这里存在生成新的活动空间的可能。

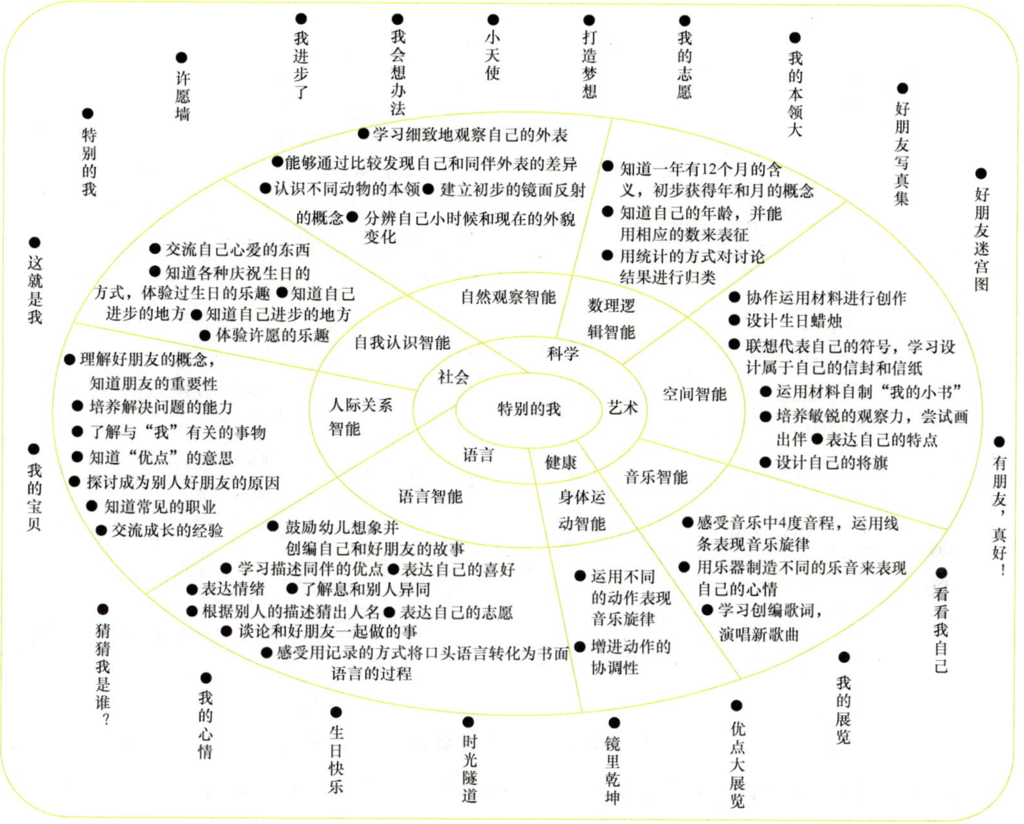

图 3—8 《特别的我》主题活动网络图

资料来源：周兢、陈娟娟主编：《幼儿园活动整合课程指导（教师用书·大班）》，15 页，南京，南京师范大学出版社，2003。

虚线框表示这里给教师提示了条件和工作特点，可以根据幼儿的最近兴趣和经验走向，将来自于幼儿生成的有价值的教育内容，与幼儿一起发展出更合适的部分课程，为幼儿的生成提供广阔的空间。

课程生长树与项目方案课程不同的是，它给教师预成活动计划留下了部分可供教师与幼儿共同生成的课程空间。

（4）区域活动布置。

主题活动是一种整合性的活动，涉及方方面面的内容，其中区域活动是实现主题教学教育目标的重要途径，活动材料是幼儿区域活动的支撑基础。其以区域活动为平台，采取个别学习、小组指导、集体交流的形式，帮助幼儿在主题教学探究中获得相关经验，如主题《特别的我》的活动区域布置，见表 3—3。

（5）主题单元计划表。

主题单元计划表包括活动名称、活动目标、活动方式、重点领域、幼儿用书搭配及活动准备，通过表中各部分简要的提示，可了解该活动的实施安排，形成对主题的较全

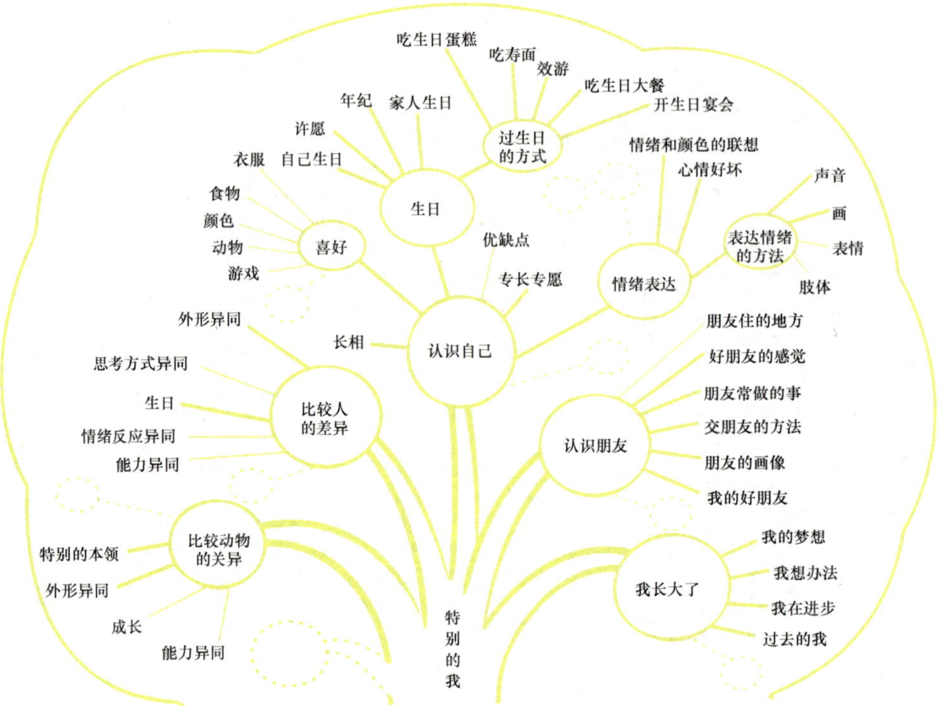

图 3—9 《特别的我》主题活动生长树

资料来源：周兢、陈娟娟主编：《幼儿园活动整合课程指导（教师用书·大班）》，21 页，南京，南京师范大学出版社，2003。

表 3—3　　　　《特别的我》活动区域布置表

区域	情境布置
展示区	● 在墙面张贴各式各样不同人的照片（不同表情、动作的） ● 在教室门上贴一张浅色海报，请幼儿在进教室前，先在海报上画一个代表自己的图案 ● 在门口放一张小桌子，为了激发幼儿带自己最喜欢的宝贝来展览的兴趣，一开始可放老师自己做的物品 ● 放幼儿小时候所用的物品、“我的小书”、许愿墙
语言区	● 墙面贴幼儿的心形标志牌 ● 与成长相关的图画书 ● 与情绪有关的图画书 ● 与自我概念有关的图画书 ● 录音带、录音机
美工区	● 图画纸、书面纸、色纸（见活动 3：《这就是我》） ● 卡纸、自制心形的标志（见活动 9：《优点大展览》） ● 自制“我的小书”，各式美工材料（见活动 8：《“我”的展览》） ● 幼儿美工作品

续前表

区域	情境布置
表演区	● 主题：生日快乐（见活动 5：《生日快乐》） ● 玩具竹杠、生日蛋糕、蜡烛 ● 小礼物、寿桃
益智区	● 照片迷宫图。（见活动 18：《时光隧道》） ● 纽扣、蝴蝶结、布衣（衣饰框）

资料来源：周兢、陈娟娟主编：《幼儿园活动整合课程指导（教师用书·大班）》，20 页，南京，南京师范大学出版社，2003。

面认识，同时实施的过程中有一定拓展性，可根据幼儿园的实际情况选择性地使用。见表 3—4。

表 3—4　《特别的我》部分主题活动表

课程设计重点	活动名称	活动目标	活动方式	重点领域	幼儿用书配搭	活动准备
特别的我	许愿墙	1. 学念儿歌，体会儿歌段落的停顿和押韵 2. 知道一年有 12 个月的含义，初步获得年和月的概念 3. 知道自己的年龄，并能用相应的数来表征 4. 设计生日蜡烛，培养创造力	集体 小组	语言 艺术 科学	儿歌：《我几岁》	1—12 月份生日蛋糕图卡；纸张、画笔等材料
	特别的我	1. 说出自己的喜好，知道每个人都有自己独特的喜好 2. 能清楚而有重点地表达自己的想法	集体	语言 社会	儿歌：《我几岁》	有关“我”的题目卡
特别的我	这就是我	1. 联想代表自己的符号 2. 学习设计属于自己的信封和信纸	集体 小组 区域	艺术 社会		全开纸、图画纸、画笔、收集的信封、信纸、（有动物或人物等图案）、空白信封、信纸
	生日快乐	1. 知道各种庆祝生日的方式体验过生日的乐趣 2. 用统计的方式对讨论结果进行归类	集体 小组 区域	社会 科学		对开海报纸、笔
	其他课程活动：《大风吹》				认知游戏：《大风吹》	

资料来源：周兢、陈娟娟主编：《幼儿园活动整合课程指导（教师用书·大班）》，16 页，南京，南京师范大学出版社，2003。

（6）主题系列活动（系列教案）。

主题教学活动设计是将预先设计的主题教学活动框架转化为教育实践的重要环节，是实现预定主题目标的重要途径。其按主题核心概念，根据幼儿发展的一般规律设计具体的活动，每个具体活动都应包括活动名称、活动目标、活动准备、活动过程、活动延伸等基本的活动环节，且前后活动要具有衔接性、发展性，可调整性等，以保证各单元主题教学活动的顺利开展。

实例链接

《特别的我》课程活动安排

活动 1 《许愿墙》
活动 2 《特别的我》
活动 3 《这就是我》
活动 4 《我的宝贝》
活动 5 《生日快乐》
活动 6 《我的心情》
活动 7 《猜猜我是谁》
活动 8 《“我”的展览》
活动 9 《优点大展览》
活动 10 《镜里乾坤》
活动 11 《看看我自己》
活动 12 《有朋友，真好!》
活动 13 《好朋友迷宫图》
活动 14 《好朋友写真集》
活动 15 《我当家》
活动 16 《我的志愿》
活动 17 《打造梦想》
活动 18 《时光隧道》
活动 19 《小天使》
活动 20 《我会想办法》
活动 21 《我进步了》

资料来源：周兢、陈娟娟主编：《幼儿园活动整合课程指导（教师用书·大班）》，南京，南京师范大学出版社，2003。

三、幼儿园主题教学活动的实施

主题教学活动的内容基本涵盖了人类社会文化各方面的知识，具有鲜活的时代感。主题教学活动在良好的设计基础上，应改变传统的、单一的课堂集体教学模式和教师传授的方式，选择亲自参观、参与调查、合作讨论、角色扮演、游戏等多种主题教学活动途径，综合运用个别、分组、活动区活动等多种形式，让幼儿主动探索并建构自己的知识经验。另外，再好的主题教学活动设计只有能有效地实施，才能称为完整的主题教学活动。

（一）幼儿园主题教学活动的实施原则

要设计好幼儿园主题教学活动，需遵循一定的原则，从而更好地实施主题教学活动。幼儿园主题教学活动实施的重要原则主要有以下三条：

1. 整合性原则

幼儿园主题教学活动是一门综合性的课程，其实施要以促进幼儿身心全面和谐发展为目的。整合性的主题教学具有一定的优势，其所谓的“整合”并非是为了“整合”而“整合”，它是建立在各学习领域知识基础之上，涵盖各领域学习的价值、目标、内容等多方面，将其有机组织起来，并在实际的生活情境中，促进幼儿建立经验的一种形式。因而，在幼儿园的主题教学活动中必须遵循整合性的原则。例如“交通事故”“运动会”“台风来了”“出血了”“新朋友”“送别好朋友”等，这些主题明显与特定的领域相关，可能以某一领域的内容为主，但在设计与实施的过程中，又不能限于某一个领域的内容。

2. 以学定教原则

“以学定教”意味着教师要关注自己面对的特定班级儿童的需要、兴趣和现实的学习状况，关注现实的社区、家庭和幼儿园环境资源条件，选择和组织教育内容，采用适合儿童的活动方法和策略，以确保主题活动实施的有效性。例如，之前提到的中班主题活动《汽车》，这一主题很吸引幼儿，因为幼儿天生对富有动感的事物有浓厚的兴趣，这些事物容易进入幼儿的视线。但在教学活动中幼儿教师发现幼儿对玩车更感兴趣，尤其喜欢各种电动车。于是教师站在幼儿角度，遵循幼儿的需要与兴趣首先预设了《我的车子开多远》这一活动，站在幼儿角度引导幼儿讨论：“如何才能知道哪辆车开得最远”，并让幼儿利用各种测量工具记录每辆车行驶的距离并进行交流。同时，老师将幼儿感兴趣的汽车种类主题内容（如“来来往往的汽车”“参观汽车”“汽车总动员”“特殊用途的车”“洒水车”等与幼儿生活经验相关的内容）作为活动的主题，让幼儿了解汽车的种类、构造、有关的交通规划等。

3. 参与性原则

在幼儿园的主题探究活动中，不仅需要教师、家长、社会人士共同探讨设计主题的相关方案，也需要其共同参与教研活动，为幼儿主题探究活动的开展提供可能，甚至参与幼儿的主题探究活动，使幼儿的活动得到家庭、社区的理解、支持和认可。例如：农村拥有丰富的自然资源，可以根据实际的需要，利用天然的自然资源，选择“种子的秘密”“粮食”“有用的稻草”等主题开展主题教学活动。这不仅符合幼儿的兴趣需求，同时可以让家长等人士共同参与主题教学活动，充分发挥主题教学活动实施过程中的参与性原则。

（二）幼儿园主题教学活动的实施策略

1. 处理好预设教学与生成教学的关系

预设教学是指在主题进行之前，幼儿教师为幼儿预先设计好教学方案或计划。其目的性较强，幼儿教师容易把握。而生成教学是在教学和生活活动中自然产生的，是由于幼儿思维的不断碰撞，产生了新的学习需求。生成教学最大的特点是活动的生长点与幼儿的兴趣紧密相连，实现了对预设课程的超越，其教育宗旨“尊重意愿、满足需求、培养兴趣”，凸显“自主、自信”的主体精神，使教育活动真正成为教师指导下“幼儿生动、活泼、主动活动的教育过程”。教师应该在以幼儿为主体所开发和生成的课程资源中，不断地延伸活动的内容和拓展教育资源的利用途径，并从中学会去学习、去实践、去反思、去积累、去提升。生成教学对教师的潜能是一个挑战，需要教师具备敏锐的观察力、准确的判断力等。

实例链接

人群方案

学期快结束时，老师与 4～5 个孩子讨论如何将他们在假期拥有的记忆保存下来，最后孩子们都赞成在假期旅游时带一个空盒子，收集一次次的发现与充满情感经验的记忆。

秋季上学时，老师准备以问问题的形式帮助孩子们回顾他们所带来的记忆，老师期待着听到孩子讲述在海边看到的浪花或在山林里看到的大树。结果这个班的孩子带来了非常特别的记忆。一个小男孩与大家分享了他的经验：有时候我们去码头、去逛商店，到处都是人，挤来挤去的，你不能看见任何东西，只看到一大堆人群的腿、手和头挤在一起。这时老师立刻抓住“人群”这个词，并询问其他孩子对这个词的理解。于是一个爆炸性的、丰富而奇妙的话题就展开了。

孩子们七嘴八舌地表达他们对“人群”的理解：一个装满人而且全部都挤在一起的袋子；一大堆人都黏在一起，而且每个人都靠得很近；有人跳到你身上，也有人推你等。

团体讨论后，老师请孩子们把对人群的想法都画出来。老师发觉孩子们的画与他们说的有差异，两天后又将孩子们的录音放给他们听，使他们对自己的画做些反思。第二次的画变得更详尽了。老师又发现孩子们有一个共同愿望：希望学习如何画出人的侧面与背影，于是老师就请一小女孩站在教室中间当模特，让孩子们画背影与侧面。

老师又带孩子们到市中心的广场，让他们观察和拍摄来来往往的人流，并加入人群去体验。之后，孩子们画出了多种角度而丰富的人群。

资料来源：［美］卡洛琳华兹等著，尹坚勤等译：《儿童的一百种语言》，南京，南京师范大学出版社，2014。

从上述案例可知，教师在处理预设教学和生成教学的关系时，先要承认“生成”的客观性，也要承认“生成”的多样性。对幼儿教师而言，一方面，要努力提高“预设”的科学性、包容性，竭尽全力准确地预测教学进程中随时可能遇到的“生成”，做到有备无患；另一方面，也要努力提高自己识别、选择“生成”的能力，以及提高面对不良“生成”时能够及时准确地调整信息的能力。“预设”与“生成”之间没有明显的界线，它是教师根据幼儿的兴趣需要，运用科学的课程设计策略，不断调整变化，促使教育活动“生长”和发展的过程。在实际的教育活动中，由于教师的预先设计和实际教学情境的变化，“预设”与“生成”之间在不断地发生转化。

2. 主题教学活动中教师角色的准确定位是关键

在主题教学活动中，教师是主题教学活动的观察者、支持者、参与者、记录者和研究者等，不仅要善于倾听幼儿的心声，在与幼儿共同生活和学习的过程中也要充当孩子的支持者。此外，教师还应是个研究者，不断地研究幼儿的兴趣，对主题教学内容进行修订和补充。因此，在主题教学活动中教师要扮演好正确的角色。

(1) 教师是儿童的伙伴与向导、倾听者和活动的参与者，是幼儿的观察者，与儿童的地位是平等的。教师要以真诚的态度与幼儿对话，教师与幼儿之间的关系就如教师与幼儿一起打乒乓球一样，一方把球抛出去，另一方把球接住，然后再把球抛给对方……双方是平等、合作的关系，双方都是主体，彼此没有地位的高低、显卑的差别。虽然教师与幼儿双方的社会角色不同，地位有别，但在教育过程中双方的人格是平等的。

(2) 教师是档案袋的记录者、研究者和保存者。通过记录，教师走进幼儿的心灵，知道他们是怎么思维、怎么操作的，知道他们是如何互动、如何观察、如何想象、如何表达的。幼儿通过记录查看自己完成的工作时，会更加好奇、感兴趣及有自信心。记录还有助于家长了解幼儿在学校获得经验的过程，分享孩子在校的真实经验，增强亲子关系。最可贵的是，记录是教师研究的一种重要形式，能从中看到师生关系、看到自己的作用、教学技巧的成长等。

(3) 教师是实践的反思者。如何共同建构主题教学活动？如何发现既有挑战性又能使孩子得到满足的主题教学活动？如何保持一定的开放程度？如何倾听儿童的争论、化解他们的争论？怎样建立一种合作的、支持性的互动的师生、生生关系？这些都使教师成为一个研究者、反思者，成为一个终身学习者。

(4) 教师是主题教学活动开展环境的设计者和布置者，是幼儿活动材料的提供者，可引导儿童在讨论与协商中开展主题教学活动。

(5) 教师是儿童活动的支持者和引导者，帮助儿童发现和明确自己的问题，鼓励儿童相互交流、共同活动、共同建构知识。

3. 对话法与探究法是主题教学活动指导的主要方法

在教学方法上，瑞吉欧反对传统的单向浓输，反对把语言文字作为获取知识的捷径，他们认为教育就是要为幼儿带来更多去创新和发现的可能性，教育在于给儿童创设学习的情境，帮助儿童在与情境中的人、事、物相互作用的过程中主动建构知识。在儿童的探索活动中，教师应掌握正确的时机，找到正确的方法，适当地介入，协助儿童发现问题，帮助儿童提出问题。同时教师又不能过多地介入。正如瑞吉欧人所讲：“与其牵着儿童的手，倒不如让他们靠自己的双脚站立着。”

主题教学活动指导的主要方法为对话法和探究法。对话法是指建立在师幼双方平等关系的基础上，不是教训与被教训、征服与被征服的关系，而是尊重、融洽的双边交流关系。教师首先要拥有一颗爱心、平等心参与孩子的活动，且要有倾听之心、学习之心。探究法是基于幼儿的兴趣，通过师幼共同设定问题情境，提出一个活动任务，让幼儿利用已有经验，自主查阅资料，获取知识、应用知识，从而解决问题。在幼儿园主题教学活动的实施中这是值得借鉴的教学指导方法。

实例链接

对话法的运用

（1）将对话活动安排在一个不被打扰的安静环境。

（2）要立刻让孩子知道你不是要得到所有的答案，而是让他们了解你觉得他们的想法非常有趣。

（3）透过你的声音、语调来沟通，让孩子知道你对他们所具有的创造性和思考能力，是多么有信心，而且感到惊奇。

（4）参与孩子的对话，把它当做是一种享受，和他们一起哈哈大笑。当然，也和他们分享一些你的看法和想法。

（5）要孩子记住一些东西。每过一阵子，如果可能的话，就将孩子所说的话归纳整理一次，并进一步发挥他们新的想法。

（6）当孩子们开始交谈辩论，并互相发问的时候，要尽量站在幕后。这样，这个对话便属于孩子自己的。

（7）要勇于和其他成人讨论你与孩子对话的内容，这会让你学到许多技巧。

（8）要尽可能地使用之前已经准备好的问题，并要维持整个对话进行的开放性。它可能会演变为一种你不曾预料到的有趣境界。

（9）将对话进行延伸，可要求孩子将他们所想的东西画下来、做出来或表演出来。

4. 主题的科学展开与进行是主题教学有效实施的保障

下面我们以意大利瑞吉欧戴安娜学前学校的《恐龙》主题活动为例，简单介绍一下关于《恐龙》主题活动的展开及进行。

（1）源起。

这个主题活动实施时间为期四个月，对象是五六岁的儿童，以小组形式展开。开始时教师注意到有许多儿童把恐龙玩具带到学校，而且儿童的游戏也常会自动地转变为与恐龙有关。因此教师决定与儿童一起对恐龙做进一步的研究。

（2）活动的流程、内容与形式。

第一步，画出自己所想象的恐龙。儿童边画边进行交流，如“那不是恐龙，恐龙有四只脚”。

第二步，团体讨论。此时教师提出一连串的开放式问题，以激起孩子们的讨论。如恐龙生活在哪里？他们吃什么？它们怎么照顾它们的孩子？公恐龙与母恐龙有什么不同？这些问题有部分来自于儿童早先的游戏与他们对别人作品所提出的意见，有部分是成人所设想的问题，其目的在于唤起孩子更多的兴趣。

第三步，上图书馆收集资料。在团体讨论结束时，大家认为需要进一步寻找有关恐龙的资料。在接下来的一天中，孩子们到当地图书馆阅读了一些书籍，也带了许多书回到学校，放在学校的工作室以备查用。

第四步，发邀请函。恐龙小组在老师的帮助下，共同完成邀请函的书写与制作。有的幼儿负责写信封上的地址，有的负责完成附在邀请函上的图画，有的制作欢迎的海报，邀请亲朋好友到学校分享他们的所作、所学。

第五步，制作恐龙。在孩子们与客人分享的同时，他们也用黏土、水彩与蜡笔制作恐龙。当男生与女生使用黏土时，可以看出他们的差异，女生比较注意恐龙身上细节的装饰，而四个男生则用黏土共同做了一只大恐龙，这个活动使他们想要做一只“真正的大恐龙”。

第六步，做一个和真实恐龙一样大小的恐龙。大家进行了十分热烈的讨论，讨论内容包括图画可能的大小、他们的工作地点、要画什么样的恐龙等。在参阅书籍和老师的激励和建议下，孩子们经过多次的讨论、争论，经过找寻材料，克服困难，最终完成了这一项颇具难度的工作。

可以看出，在整个主题活动进行的过程中，涉及了前面所说的关于主题执行时的提问、谈话、假设、观察、操作、阅读、实验、建构、绘画、粘贴、制作、测量及角色游戏等调查、建构和戏剧类三大活动。教师们都是在相信孩子潜能的前提下，在适当的时候介入孩子们的活动进行指导的。教师并非控制或代替幼儿，他们始终扮演着材料的提供者、活动的帮助者与向导、伙伴和研究者的角色，从而使主题对孩子们的能力提出了最大的挑战，也最大限度地促进了孩子们的发展，同时又充分发挥了孩子们的聪明智慧。由此看出，教师的指导与幼儿主动性的发挥处理得恰到好处。

5. 在主题下将区域活动与主题活动有机结合

这里指要将区域活动主题化，以区域活动为平台，通过幼儿个别化学习、小组化指导、集体化交流，将主题活动和区域活动进行有机整合，促进幼儿的自主学习与成长，实现幼儿的个性化学习与发展。

幼儿园是一个开放的系统，包括园内和园外两个场所，园外主要包括社区和家庭，其会不同程度地影响园内教育，包括区域活动。例如：在主题活动《伞》中，幼儿教师设置了一个美工区，幼儿可以用一些彩色的纸为成品伞进行装饰。但是，由于幼儿没有关于伞面装饰的经验和体验，幼儿在单调地操作（贴一些事先剪下的彩色三角形、正方形、圆形纸片等）片刻后就停手，此时教师除了可以考虑带幼儿到社区的伞厂或商店参观外，还可以在阅读区、活动室、美工区等区域中投放一些有关伞面装饰的成品画、装饰图画或已装饰好的成品模具等以引起幼儿的兴趣，供幼儿了解和获取相关的知识经验。在此基础上，幼儿再次装饰伞面时，就会更有创意，在富有挑战的活动中，就不仅能体会到制作的快乐，也能体会到成功与自信。

本节介绍了主题教学活动的设计与实施，即要把教学内容综合到一个网络状的主题之中，在遵循相关原则的基础上实施一系列的教育活动，以促进幼儿的整合学习与成长，实现幼儿的个性化发展。

技能训练

1. 阅读下面案例，试从预设教学和生成教学的角度进行分析。

在《认识车》的活动中，教师让幼儿介绍自己带来的玩具车，以认识车的不同类型和特征。其中聪聪说："我的车开起来可快了"，话音未落，他的车"嗖"一下跑到了另一边。顿时，幼儿纷纷拿出自己的车比谁的车速更快，再没有小朋友愿意做介绍了。此时老师意识到中班幼儿喜欢用行动代替言语，在玩中交流，于是老师默许了这种行为。

这时传来一阵幼儿的争论声："我家的地面是大理石的，开得可快了!""我家的是很滑的木地板，开得比你的还快。""老师，我在塑胶上怎么开得不快呢?"老师立刻意识到这是一个幼儿感兴趣而富有探索意义的话题，于是，马上提出一个对中班幼儿具有挑战性的问题："你们知道车在什么地方开得最快，什么地方开得最慢吗?"幼儿立刻涌向教室的各个角落，开始探索车在地板、毛巾、毯子等不同材料上滑行的不同车速。于是一次更有意义、更富有情趣的探索活动开始了。

2. 以下是一名幼儿园教师在主题教学活动开展前的切入点"水"，请结合所学知识回答该名教师会如何设计一个相关的主题单元网络图。

水是人类生命和健康的重要元素之一，没有水就没有生命，水是人类的宝贵资源，是生命之泉。水虽然是幼儿生活接触最多的事物之一，但是幼儿还没有真正了解水。大班的幼儿已初步形成抽象思维，想象力有了一定的发展。本单元主题活动结合幼儿生活的实际和经验，让幼儿通过各种探究，了解自然、环境与人类生活的关系，树立节约用水、珍惜资源的环保意识。

学练结合

以小组为单位，设计一个主题教学活动方案，年龄班与主题自定，方案包括主题目标、主题单元说明、资源利用、主题网络、主题生长树、主题单元计划表、活动区域布置、系列活动。在主题教学活动方案中，选择一个具体的活动，由小组中的一个同学将此活动在小组内实施。

第四章　幼儿园游戏活动的设计与实施

目标导航

［知识目标］了解幼儿园规则性游戏、创造性游戏与区角游戏的含义与特点，掌握这几类游戏的设计要点，理解这几类游戏的组织实施方法及策略。

［能力目标］能够运用所学知识科学设计规则性游戏与规划创造性游戏与区角游戏活动计划，并能组织与实施幼儿园规则性游戏、创造性游戏与区角游戏。

第一节　幼儿园规则性游戏活动的设计与实施

基础知识

游戏是幼儿生活的主要内容，本章我们将系统讲解规则性游戏、创造性游戏与区角游戏的设计与实施。

一、规则性游戏活动的含义与特点

（一）规则性游戏活动的含义

规则性游戏是成人在遵循幼儿游戏的基本特点与功能的基础上，依据幼儿的身心发展特点并附以一定的教育任务而设计的，它具有明确的游戏目的、游戏玩法和游戏规则，其中游戏规则是核心。规则性游戏一般包括运动性游戏、科学探索游戏、数学游戏、听说游戏、手指游戏、音乐游戏等益智性游戏。这类游戏基本都是由成人组织幼儿进行，具有明显的教育功能，所以也称为教学性游戏。

例如数学游戏《听数抱团》。这个游戏设计的目的是巩固幼儿 10 以内的数概念，并训练幼儿的倾听能力与反应能力。借助儿歌师生同诵《马兰花开》，采取问答式来设计游戏玩法。将“没有及时抱团的被淘汰”作为游戏规则。该游戏设计的目的非常明确，游戏玩法的设计意图也很明确，并将语言儿歌、游戏参与者的社会性互动以及游戏中的运动元素进行有机融合，游戏规则采取“淘汰”作为惩罚使幼儿在游戏中必须专注倾听与快速做出反应。这是一个典型的成人为幼儿设计的标准规则性游戏。

实例链接

数学游戏《听数抱团》

游戏目标：了解、巩固10以内的数概念，训练幼儿的倾听能力与反应能力。

游戏准备：选择一块大小适宜的空地。

游戏玩法：

请小朋友10人一组，按组站好。播放背景音乐，孩子们围成一个圈跑动，师生一起念儿歌《马兰花开》："马兰花，马兰花，风吹雨打都不怕，勤劳的人在说话，请你现在就开花"。幼儿问："马兰花，开几朵？"老师随机答（幼儿熟悉玩法后，也可叫一个幼儿来答）："开×朵"。当幼儿听到开×朵后，就×个幼儿抱在一起。游戏反复进行。

游戏规则：没有及时抱团的小朋友被淘汰。

（二）规则性游戏活动的特点

1. 目的性

规则性游戏的目的性比较强，属于高结构化教育活动。其目标很明确，直接指向所要完成的任务。这里的目的性主要有两方面的含义：一是对幼儿而言，他们在开始游戏前就已经明确自己将要到达的"目的"，比如完成所有任务或者战胜对方；二是对幼儿教师而言，大多规则性游戏都是由他们设计的，里面都预设了能够巩固与发展幼儿某一知识经验的教育内容。比如科学游戏《光"弹"打"飞机"》的游戏目标。

实例链接

光"弹"打"飞机"

游戏简介：

此游戏涉及科学领域中光的反射，适合中、大班幼儿。幼儿通过操纵光"飞机"和光"炮弹"，感知光可以通过物体的表面反射，为幼儿在生活中利用光的反射原理奠定基础。同时，可锻炼幼儿手部的肌肉，使幼儿的反应更敏捷。

游戏目标：

1. 明白光可以通过平面进行反射；
2. 愿意参与游戏，体验科学游戏的乐趣；
3. 增强观察能力，提高反应速度。

2. 规则性

游戏规则是规则性游戏的核心。幼儿在游戏中，必须接受游戏规则的约束。如果幼儿不能遵守相应的规则，游戏就无法进行。幼儿在规则性游戏活动中一般需要扮演某种角色，承担相应的角色规范。在有趣的游戏活动中使幼儿愉快地、心甘情愿地去服从规则的要求，加强对自己的约束，因此规则性游戏在培养幼儿的行为规范和遵规守纪方面起积极作用。

实例链接

听说游戏《传话》

年龄班：中班、大班

游戏玩法：

分成两个小组进行游戏，老师给每一小组的第一个幼儿说一句话，第一个幼儿把自己听到内容的告诉第二个幼儿，依次传递。

游戏规则：

1. 在话的传递过程中，不让其他幼儿听到。
2. 小组的最后一个幼儿说的内容和第一个人说的内容一样，就可以得到一颗五角星。

3. 教育性

规则性游戏作为幼儿园一日活动中教与学的重要活动形式，是寓教育于游戏活动的重要载体，具有重要的教育价值。所以，规则性游戏大多是由成人设计、组织和实施的，往往承载了许多预设的教育内容。它运用游戏的方式，使幼儿身心得到相应锻炼，让幼儿养成遵规守纪的良好行为习惯，让幼儿在活动中培养勇敢、顽强等意志品质，感受团队精神，体验团结互助的乐趣，体会成功与失败，并在规则性游戏中调节自己的情绪。

实例链接

科学游戏《过电》

游戏简介：

本游戏涉及科学领域中电的传导和电压的大小，适合中、大班幼儿。幼儿和教师通过身体动作幅度表示电压大小，使幼儿明白电压有大小之分，且电可以传导，以增强幼儿安全用电的意识。

游戏目标：

1. 明白电压有大小之分，知道电可以传导。

2. 愿意参与游戏，体验科学游戏的乐趣。
3. 增强观察能力、比较能力和安全用电意识。

游戏准备：

1. 物质准备：一个安全、平坦且宽阔的场地。
2. 知识经验：明白电会对人体造成伤害，人体的安全电压是36伏。
3. 空间布局：圆形。

游戏玩法：

1. 老师与幼儿一起手拉手围成一个大圆圈。
2. 老师当“发电厂”发出指令，如电压（0伏、10伏、20伏、30伏、50伏）。
3. 幼儿根据老师的指令用身体动作比较准确地表现电压强度。

游戏规则：

用不同幅度的身体动作表现电压通过的强弱。

运动游戏《我是小小运输员》

设计意图：

《3～6岁儿童学习与发展指南》指出：4～5岁幼儿能助跑跨跳过一定距离或助跑跨跳过一定高度的物体。本游戏是专门发展幼儿下肢走、跑、跳运动能力的运动性规则游戏。让幼儿在游戏中体验快乐，并发展下肢运动能力和身体协调能力。

游戏玩法：

幼儿从A点取果子，然后运送到B点。每一名幼儿背后会背一个小背篓，背篓用于装果子。幼儿在运输途中会经历许多障碍物，需要幼儿采用跨跳、躲避、弯腰等运动技巧。在运输的途中，果子不能落地，落地的果子不能再拾起。最终以果子总数来确定比赛的胜负。

4. 竞争性

规则性游戏中的竞争性主要体现在运动性规则游戏和益智性规则游戏中。但运动性规则游戏和益智性规则游戏的竞争不同于竞技比赛的竞争，是在娱乐中有趣味的竞争，并使游戏中的幼儿在竞争中得到快乐和满足及竞技品质的发展。

实例链接

小班科学游戏《运水果》

游戏目标：

通过运水果游戏让幼儿认识常吃的水果名称，并能说出这种水果的主要特征。

游戏准备：

4只小箩筐分别装苹果、橘子、香蕉、梨。2辆玩具推车。幼儿排成两队。

游戏玩法：

组织者宣布每队的第一个小朋友用拖车运一个梨。发令“开始”，每队第一个小朋友把玩具拖车拉到对面取回一个梨，如运了别的不算。组织者再宣布每队要运回一个橘子……看哪一队运得快而且符合要求。最后以得到正确水果数量最多的小组为获胜组。

游戏规则：

按要求运回水果并能说出一些该水果的简单特征（如苹果是圆的，颜色是红的或绿的等），准确者给予奖励。

游戏建议：

此游戏还可扩展为运鱼、运蔬菜等。

二、规则性游戏活动的设计

规则性游戏属于目标明确但结果不确定的高结构化活动。幼儿教师设计规则性游戏的目的，或是巩固幼儿知识经验与技能，或是帮助幼儿获取知识经验与技能。所以，规则性游戏活动的设计有一套特殊的设计范式，这与后面介绍的创造性游戏与区角游戏有很大差异。

（一）规则性游戏活动的设计要点

1. 游戏目标要简单、明确

规则性游戏都具有明确的游戏目标，它能引导幼儿正确地开展游戏，完成游戏任务。首先，设定的游戏目标应简单易懂，让幼儿能够快速理解和识记。如益智性规则游戏《飞行棋》的目标是：尽快到达目的地，谁先到谁的得分越高。其次，游戏的能力目标、情感目标、认知目标应尽量完整明晰。

实例链接

中班科学游戏《风来啦》

游戏简介：

通过玩《风来啦》游戏，幼儿初步了解风速的大小是用几级风来表示的，风的级别是根据风对地面物体的影响程度而确定的。在玩的过程中用身体动作体现与体验风速对我们人体的影响。

游戏目标：

1. 幼儿能在游戏中感受到快乐、喜悦的感情及探索的乐趣。

2. 幼儿在游戏中能初步认识风级及其对我们人身体产生的影响。

3. 幼儿能在游戏中根据风级的不同，用身体做出相应的反应动作。

游戏玩法：

在老师已经普及了风级的知识之后，开始游戏。现有老师来当风姐姐，小朋友跟在身后，老师带着他们围圈走路，边走边说："宝贝宝贝风来啦!"小朋友们问："风姐姐，几级风?"然后老师就回答："×级风。"小朋友就要用身体动作做出与这个等级相应的被风吹时应有的状态。(老师可报0～12级的任何一级风，也可报0～12级的双数级风。)

游戏规则：

1. 注意让孩子们跟着走圈，不能推嚷打闹。

2. 风姐姐的问话要大声，孩子的回答也要大声。

3. 身体动作表现严重不符的，被淘汰出游戏。

2. 游戏内容选择应具有层次性

规则性游戏的内容首先要处理好游戏与集体教学、日常生活的关系，要选择"含金量"大的、好玩的游戏，回归游戏的本质。设计者不但要明白通过游戏不仅能让幼儿动起来，关键是让幼儿玩起来；还要明白游戏不仅是幼儿的天性，也是幼儿的一种权利，更是幼儿最重要的学习方式。此外，规则性游戏的设计应特别注重幼儿的身心发展特点和个体差异性。同一类规则性游戏在幼儿的不同年龄段方面应具有明显的层次性和适应性。《3～6岁儿童学习与发展指南》是广大读者需要重点参考和依据的资料，它有助于组织者掌握各年龄段幼儿的特点，为设计的规则性游戏的层次性提供理论和数据支持。

实例链接

丢沙包

传统运动性游戏《丢沙包》在幼儿园不同年龄段开展的层次性表现：

(1) 在距离设计方面。

小班：2米左右　　中班：4米左右　　大班5米左右

(2) 在游戏玩法方面。

小班适合于向前或向上抛掷；大班除了向前或向上抛掷外，还可以设置躲避项目(向人投掷，被攻击方则躲避)。

我是快递员

益智性游戏《我是快递员》的快递信息单在小班和大班游戏层次性方面的对比如图4—1和图4—2所示。

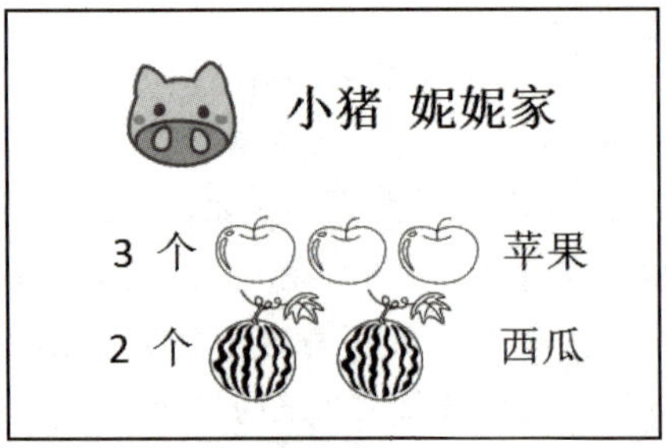

图 4—1　小班《我是快递员》的快递信息单

图 4—2　大班《我是快递员》的快递信息单

3. 游戏玩法应具有趣味性

我们这里讲的规则性游戏大都是成人为幼儿设计的，不是幼儿自发的游戏。如何做到幼儿自愿来玩？如何做到幼儿自动来玩？答案只有一个：那就是“好玩”。如何做到好玩？玩法要有趣，规则要适宜。要让幼儿能够对成人设计的规则性游戏产生兴趣，游戏本身的趣味性就必须得以体现，而且符合幼儿的需要。游戏中趣味性的设计少不了故事性和情境性的植入，这也是最能引发幼儿兴趣的因素。下面举两个具有对比意义的例子：

实例链接

《运果子》（一）

游戏介绍：

1. 将“果子”从 A 点以徒步或跑的方式运送到 B 点的篮子里。运送途中果子不能落地。
2. 分组比赛，最先把果子运送完的小组为胜利组。

《运果子》（二）

游戏介绍：

秋天来了，森林里面一片丰收的景象，果树上的果实沉甸甸地挂在枝头上。这时，果树就对森林里面的动物们说：“小动物们，你们快快来啊！我为大家准备的过冬食物都长好了，大家快来采摘吧！”（故事性的体现）

需要采摘的果实设计在 A 点，A 点最好是一面可以悬挂物品的平面（比如墙面、木板等）。在这个平面上画上一棵大树，高度在 0 米～1.7 米，以便果子悬挂在上面。这个时候可适当提供让幼儿安全攀爬的物体，如凳子、梯子等。（情景性的体现）

游戏规则：

1. 幼儿在 A 点的大树上采摘果实，然后运输到自己的家（B 点）。运送途中果子不能落地。

2. 分小组比赛，最先把果子运送完的小组为胜利组。（可适当多设计几棵果树）

《运果子》（一）为没有故事性和情境性的运动性规则游戏，《运果子》（二）是有故事性和情境性的运动性规则游戏。对比以上两个案例，我们可以很容易地感受到情境性和故事性在趣味性产生方面的作用。趣味性的设计要点是多样的，但是对于幼儿而言，情境性和故事性的存在是必要的。

4. 游戏规则要清晰、明了，贯穿于游戏整体

游戏规则是规则性游戏的核心，所以我们必须明确两点：第一，游戏规则必须贯穿于整个游戏之中；第二，游戏规则应简单、明了，易于幼儿识记和操作。

实例链接

听说游戏《顶锅盖》

年龄班：中班、大班

游戏玩法：

游戏时，教师手掌平放，手心向下充当“锅盖”，请3～5名幼儿分别伸出食指顶着“锅盖”。然后大家一起念游戏儿歌：“顶锅盖，油炒菜，辣椒辣了不要怪。噗！一口风，噗！两口风，噗！三口风。”，念到“噗！一口风，噗！两口风，噗！三口风”时，可做吹风状。儿歌一念完，教师迅速去抓顶锅盖的食指，同时，幼儿的食指赶紧缩回。

游戏规则：

1. 儿歌念完，教师才能去抓顶着锅盖的食指，同时幼儿也要将食指赶紧缩回，不让“锅盖”抓住。

2. 若被抓住，就要问“烧的什么菜”，被抓住的幼儿必须说出一道菜的名称，方能与“锅盖”交换角色，然后继续进行游戏。

5. 游戏可适当引入竞争元素

首先，竞争元素在规则性游戏中的引入，有利于幼儿进行直观、强烈的情绪体验。因为有竞争就有输赢，幼儿在竞争的过程中能够直观感受其中的情绪，在进行情绪表达的同时，更能进行初步的情绪调节。其次，有竞争的游戏活动能够最大限度地调动幼儿的积极性，使他们最大限度地参与游戏活动。最后，幼儿经常参与有竞争的规则性游戏有利于培养他们合作和竞争的品质。在规则性游戏中，竞争环节往往通过分组完成，合作存在于组内，竞争自然就体现在组与组之间。

实例链接

数学游戏《找邻居》

年龄班：大班

游戏目标：巩固10以内相邻数的学习，并训练幼儿的理解能力与反应能力。

游戏准备：准备3副2～10的数字卡片。

游戏玩法：

让小朋友们选择自己喜欢的数字，由配教老师放音乐《一起去郊游》，当音乐随机停止时，由一个小朋友主动出示自己手里的数字卡片，并举过头顶，报出自己的数字，而手中有与之相邻数字的小朋友，则要迅速靠近报数字的小朋友，三个人抱在一起，如4、5、6或5、6、7这样连号的三位数。

游戏规则：

1. 没抱到的小朋友被淘汰。
2. 每一轮中报数字的小朋友不可以是同一个小朋友。

（二）规则性游戏活动的具体设计

一般的规则性游戏包括游戏名称、游戏目标、游戏准备、游戏玩法、游戏规则五个部分，这也是设计规则性游戏不可缺少的五个必要环节。

1. 确定游戏名称

游戏名称不仅要反映游戏的具体内容，还要简单且具有童趣，以便于幼儿理解记忆。如发展幼儿触摸能力的益智性规则游戏《神奇的口袋》，发展幼儿记忆能力的益智性规则游戏《什么东西不见了》，运动性规则游戏《打败大灰狼》，科学类探索游戏《天气变变变》。

2. 明确游戏目标

要根据幼儿的年龄阶段、身心发展水平和预设的教学任务，使所设计的规则性游戏具有促进幼儿成长的侧重点；应兼顾教育的显性和隐性因素，使幼儿能够在设计的游戏中得到全面协调发展。

实例链接

小班听说游戏《小动物爱吃的食物》

游戏目标：

1. 学说简单句“××爱吃××”。

2. 知道小动物喜欢吃什么食物，能正确地给小动物喂食。

游戏准备：

1. 小动物转盘（狗、猫、兔子、熊猫、小羊分布转盘五角）。

2. 肉骨头、小鱼、萝卜、草、竹子的图片。

游戏规则：转盘指针指向什么动物就说什么动物。

游戏玩法：

教师与幼儿一起玩转转盘，教师念儿歌："转转盘，转转盘，拨一拨，转一转，小朋友们认真看，小动物们要吃饭。"转盘停止后，幼儿说出小动物的名称，说出小动物喜欢吃的食物，并将手中的食物图片送给小动物，并说："我来我来认真看，哪个小动物要吃饭？小花猫，喵喵喵——小花猫爱吃鱼！"反复玩，直到将图片送完为止。待幼儿明白玩法后，就可以叫他们自己玩。

3. 完善游戏准备工作

游戏的准备工作包括知识经验准备和材料器械准备。

在知识经验准备方面，应充分了解幼儿的发展现状，掌握幼儿的最近发展区域，结合"支架式"教学模式的思路引导幼儿准备游戏所需的知识经验，为更好地发展幼儿做足准备。

材料和器械要选择安全并能引起幼儿兴趣、具有新颖性和挑战性的材料，以提高游戏的趣味性。例如，体育器材的投放时间要适宜，音乐材料投放应丰富多样。

实例链接

大班科学游戏《八大行星大聚会》

游戏目标：

通过游戏让幼儿掌握水星、金星、地球、火星、木星、土星、天王星、海王星八大行星的名称，了解八大行星都是围绕太阳运转的。

游戏准备：

在游戏开始前教师要把每个数字代表的行星名称反复介绍，让幼儿熟悉八大行星的名称。

在一块空的场地上画 8 个直径为 1 米的圆圈，圈内分别写好数字 1、2、3、4、5、6、7、8，它们分别代表水星、金星、地球、火星、木星、土星、天王星、海王星。按幼儿人数写好数字卡片若干张，分别在上面写上数字 1～8，分散在场地中 8 个圆圈的四周。让幼儿按数学分队站好。

4. 构思游戏情节，设计游戏玩法

规则性游戏设计要点中的趣味性、层次性、渐进性和竞争性等都要在此环节中得以成形和体现，所以它也成为规则性游戏设计中最为重要的一环。

首先，需构思游戏的整体情节，保证游戏的趣味性。以幼儿的角度为游戏构思故事情节，同时在具体操作环节上设计与故事情节匹配的真实模拟情景。

其次，根据幼儿的身心发展特点，为幼儿选择在其现有认知水平和运动水平上，经努力和成人帮助能够完成的游戏方法。

再次，选定游戏玩法后，应注重渐进性原则，由简到繁、由易到难，让游戏兼具适宜性和挑战性。

最后，可以适当融入竞争环节，一般通过分组来实现。组内存在合作，组外体现竞争。在充分调动幼儿参与游戏的积极性的同时，又让幼儿积极地体验和表达游戏中所产生的各种情感。

实例链接

数的组成游戏《数字蹲》

年龄班：大班

游戏目标：

理解并运用10以内数字及其组合的实际意义，训练幼儿的理解能力与反应能力。

游戏准备：

1. 每个幼儿一张数字卡片，卡片上的数字可以相同。
2. 选择一块大小适宜的空地。

游戏玩法：

老师开场白："小朋友们，今天来玩一个数字蹲的游戏。老师手上有一些数字卡片，分别写了1、2、3、4、5、6这6个数字，待会每个小朋友都会得到一张数字卡片。现在请小朋友们上来领取卡片，然后围成一个圆圈。"

游戏开始，老师站在圆圈中，先发几次指令。

第一关：教师说到哪个数，持那个数字卡片的小朋友就迅速蹲下。这一关主要是让幼儿熟悉自己所代表的数字。

第二关：教师说到哪个数，与之和为7的数的小朋友蹲下。如老师说"数字蹲，数字蹲，数字2的朋友蹲"，这时应该数字几蹲呢？持有数字卡片5的小朋友就要蹲下来。

教师可根据幼儿能力变换节奏之后请反应快的小朋友站在圆圈中来发出指令，可抽点几个。

游戏规则：该蹲没蹲的与不该蹲而蹲了的被淘汰，最后留下的给予奖励。

中班科学游戏《水果蹲》

游戏目标：

认识常见的水果，训练幼儿的表达能力与反应能力。

游戏准备：

1. 苹果、香蕉、桃子、梨子、西瓜等水果头饰，每个幼儿头饰不同。
2. 选择一块大小适宜的空地。

游戏玩法：

幼儿自选水果头饰戴好，记住自己是什么水果，大家围成一个圆圈，从任意一个小朋友开始，说任意一种水果。例如：

幼儿甲（苹果）说："苹果蹲，苹果蹲，苹果蹲完菠萝蹲"，同时做下蹲动作。

幼儿乙（菠萝）说："菠萝蹲，菠萝蹲，菠萝蹲完梨子蹲"，同时做下蹲动作。

不停循环，谁接不上谁就输，其他人接着玩，最后一个人就是胜者。

5. 制定游戏规则

游戏规则是规则性游戏的核心。它能够保证游戏的顺利进行，也能使幼儿在游戏活动中达到适宜的身心运动量，同时还能培养幼儿的规则意识，促进幼儿社会化发展。

实例链接

中班运动性规则游戏《打败灰太狼》

游戏玩法：

将全班分成白、黑两个组（戴上头饰），分别站在 5 米半径圆圈外，比赛开始，第一小组站在圈外向灰太狼或红太狼画像投掷沙包，第二小组统计成绩（投中灰太狼画像得 3 分、投中红太狼画像得 2 分）。然后交换，两组投完后，一起去收回"炸弹"。游戏结束得分最多的为胜利队。

游戏规则：

1. 沙包投出去后，要等教师发出信号后才可以去捡回。
2. 交替使用报纸团、沙包投掷灰太狼、红太郎的画像。

三、幼儿园规则性游戏活动的实施

（一）寓教育于游戏之中

规则性游戏的教育价值明显且具有针对性，是幼儿园活动中“寓教育于游戏”的重要体现形式。在设计规则性游戏时，一定要明确这个游戏带给孩子的发展价值。如体育游戏《跳房子》，主要教育价值体现在幼儿下肢各类跳跃能力的发展；又如益智游戏《跟着小铃走》，重点发展幼儿听力和空间能力及耳朵与脚的协调能力；又如音乐游戏《抢凳子》，重点锻炼幼儿对音乐速度的感知能力。

但是有一点需要注意，就是教育价值的体现有显性和隐性之分。如发展幼儿精细化运动、大肌肉运动、记忆能力、思维能力、音乐听辨能力等，这些属于教育价值显性部分，往往是我们可见的身体发展和智力发展。又如情绪、性格、意志力、耐力、自主能力、合作等品质，这些属于教育价值隐性的部分，它们大多是个体的非智力因素。我们在设计游戏时往往容易忽略教育的隐性价值，而只看重其显性价值。个体的发展是全面和谐的，这里所提及的教育显性和隐性价值就好比人的两只脚，如果一个过大一个太小，势必无法像正常人一样行走，从而失去脚的功能，所以我们在设计规则性游戏时一定要兼顾教育价值的全面性。

如何才能兼顾教育的显性和隐性价值，使幼儿能够在规则性游戏中得到和谐全面的发展？这是我们不得不面对的问题。在解决问题前，我们必须先解决另一个问题：“如何才能发展人的非智力因素?”这里只需要明白一点，非智力因子产生于个体的活动过程之中，发展于问题解决之时。简而言之，非智力因素的发展脱离不了个体完成任务的活动过程，而活动的持续时间、难易程度、独自或集体等因素都会影响其发展的程度。

（二）选择兼具适应性和发展性的游戏内容

教师应充分了解本班幼儿的年龄特征、身心发展特点及兴趣需要，为幼儿选择在其现有认知和运动水平以上，并能经主观努力和教师帮助完成的规则性游戏。所以，游戏本身不仅要符合幼儿开展游戏的要求，而且要具备发展幼儿的内涵。

首先在适应性方面，教师选择的游戏内容应考虑幼儿的身心发展特点和兴趣需要，并结合《3～6岁儿童学习与发展指南》的要求。具体年龄段幼儿选择游戏内容的指导如下：

（1）小班主要以认知游戏（如刺激感官的游戏、训练注意力的游戏）、简单的记忆力游戏、分类游戏、有参考内容的拼图游戏、手指游戏，以及感受音乐类的游戏（如听辨音的高低、感受音乐节奏感、音色听辨、感受声音力度和速度等）为主。

（2）中班也可以开展小班所有的益智性规则游戏，并适当提升同类游戏的难度，同时还可以尝试开展用不同的动作对音乐进行表现的音乐游戏，如：听到高音就抬起手，低音就放低手；根据相应的音乐节奏做表情；根据音乐速度控制自身运动速度等。还可探索音乐与游戏规则之间的关系，如《熊出没》活动中紧张节奏的音乐代表危险来临，轻松节奏的音乐代表安全。

（3）大班可开展全部种类的幼儿益智性规则游戏，其中包括棋类游戏（如五子棋、飞行棋、赛马棋等），且难度应逐步提高。同时，大班幼儿在感受和理解音乐的基础上，能用正确且多样的方式表达音乐，如舞蹈、语言、情感等。这也使得大班的音乐游戏较好开展且形式多样。

在发展性方面，教师要以发展的眼光看待幼儿，为幼儿创设具备发展内涵的游戏活动。苏联心理学家维果茨基曾说："对儿童的教育教学必须以生物成熟为前提，又要走在心理机能形成的前面。最佳期限就是建立在正在开始又尚未形成的机能之上。"著名教育家赞科夫也说过："教学要走在发展的前面，促进学生的发展。"这就要求教师找准幼儿的最近发展区域，让幼儿在游戏中快乐成长。

实例链接

中班运动性规则游戏《受伤的小兔》

设计意图：

中班幼儿的身体平衡能力和协调能力发展较好，但是下肢力量和耐力还有待提升。本游戏主要锻炼中班幼儿下肢的力量和耐力，增强其身体的平衡和协调能力。（依据《指南》，4～5 岁幼儿能单脚连续向前跳 5 米左右。）

游戏玩法：

有一只腿受伤的小白兔要从家里去田里拔萝卜。

1. 幼儿头戴小白兔的头饰，从"家"（A 点）出发去"田里"（B 点）。由于兔子的一只脚受了伤，所以途中幼儿只能以单腿跳的方式前进。（AB 之间的距离，就是该游戏适应性和发展性的体现）

2. 萝卜在 B 点的地面上，幼儿只能单脚站立并弯腰捡起萝卜（注：手可以接触地面做支撑点）

3. 拔了萝卜以后再以单腿跳的方式返回，换另外一个幼儿进行游戏。

上面案例中，A、B 之间的距离就成为了该游戏适应性和发展性的一个体现。结合《指南》，我们可以了解，3～4 岁幼儿能单脚连续向前跳 2 米左右；4～5 岁幼儿能单腿连续向前跳 5 米左右；而 5～6 岁幼儿能单脚连续向前跳 8 米左右。A、B 两点之间是一个来回，换而言之幼儿完成的是两倍距离。那么对于中班幼儿而言，如果选择 10 米的单腿跳跃距离，则能兼顾游戏内容的适应性和挑战性。一方面，同一个年龄段的幼儿之间的差异性是普遍存在的；另一方面，要用发展的眼光对待幼儿，所以 10 米左右的距离就是中班幼儿可以挑战和尝试的，这也体现了游戏的发展性。但是超过 10 米的距离就需要实施者根据实施情况另做要求，如果盲目提高难度势必会对幼儿身体带来伤害。

（三）灵活多样地开展规则性游戏

规则性游戏的使用面较广，可以在幼儿环境和活动中灵活多样地开展。除由教师组织开展的游戏活动外，还可以很好地融入晨间游戏、区角活动、户外运动、早操或环境布置（如眼手协调类的墙面操作游戏）。融入音乐的晨间韵律操、以歌唱为主的音乐活动、感官类游戏、记忆类游戏、猜谜语等较适合开展集体游戏；拼图、走迷宫、棋类游戏、探索类游戏、表演游戏等往往更适合于幼儿自由时段进行，成人可采用个别指导或分小组指导的方法。

规则性游戏还可以与家长工作密切联合，积极开展家园合作，让游戏融入幼儿生活和学习之中。如当前幼儿酷爱玩耍手机和平板电脑游戏，那么家长可以征求教师意见，就幼儿的发展特点对游戏内容进行有针对性的选择。

（四）规则性游戏实施过程中应具有渐进性

幼儿对游戏角色、情节、规则的理解，即使是同一年龄段的幼儿也会存在明显的差异，因而设计规则性游戏一定要遵循由浅入深、由易到难、由简到繁的渐进性教学原则。幼儿年龄越小，规则性游戏的内容、要求、规则应越简单，游戏时间越短，活动量越小。随着幼儿年龄的增长，游戏的内容、要求、规则应逐渐复杂，游戏时间增加，活动量相应增大。游戏的渐进性同时也带来了游戏的挑战性。

渐进性还可以保证游戏教育性目标的完成，质变需要量变的积累。要让幼儿在规则性游戏中得到实质性的发展，游戏的渐进性因子固不可少，这也是“量”的积累的条件。规则性游戏的渐进性设计是游戏活动的重要组成部分，基本上涵盖了整个游戏过程。

实例链接

大班运动性规则游戏《跳房子》

活动目标：

（1）玩跳房子游戏，挑战不同难度的脚与脚印重合跳，训练幼儿的运动协调能力、身体控制能力、观察能力，最终达到运动与思维同步发展。

（2）在运动中通过观察、尝试、反思、调整，体验挑战的乐趣。

活动准备：

（1）活动场地上用粉笔画三组九个格子的房子。

(2) 27 双由幼儿用废旧纸板自制的小脚印。

活动过程（含游戏玩法和游戏规则）

一、热身部分

(1) 起床，伸懒腰、打哈欠。目的是调整呼吸，打开躯体。

(2) 穿衣服。目的是做手臂的伸展运动。

(3) 穿裤子。目的是做腿脚的伸展运动，跳跃运动。

(4) 系鞋带。目的是做腿和腰拉伸运动。

(5) 出门，骑单车。目的是做抬腿运动。

二、游戏过程

教师带领孩子认识三栋房子，重点认识数字、数序、箭头方向，如图 4—3 所示。

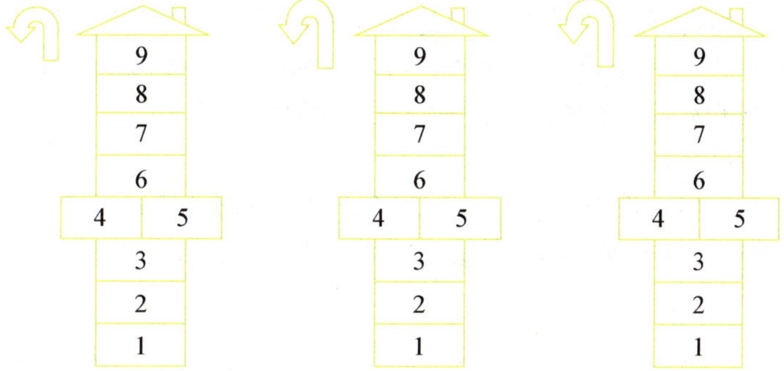

图 4—3

目的：让幼儿了解房子的特点，并学会跳房子的基本规则。如按数字的顺序决定跳跃的顺序，特别是第 4、5 号房间的跳法。

1. 占房间游戏

教师用“占房间游戏”提高幼儿进入房子兴趣，在推进活动过程的同时，进一步提出游戏的重要规则。

占房间游戏开始前，教师向幼儿认真仔细地阐述两个规则。

第一，只能占每栋房子的 1、2、3、4、5、6 号房间，每人只能占一个房间。

第二，每一名幼儿在进入房间后，不能踩到房子的墙壁。

幼儿站在各自占领的房间后，教师让他们认识同一栋房间里的小朋友，为后续活动需要同伴合作打下基础。

2. 参观房间

目的：幼儿实践在“认识房间”和“占房间”环节中所习得的规则。

让幼儿按照房间的数字顺序依次参观房间，参观房间时一定不要踩到房子的墙壁，并按照箭头标示离开房子，最后依次在 1 号房间后排队。

如图 4—4 所示：

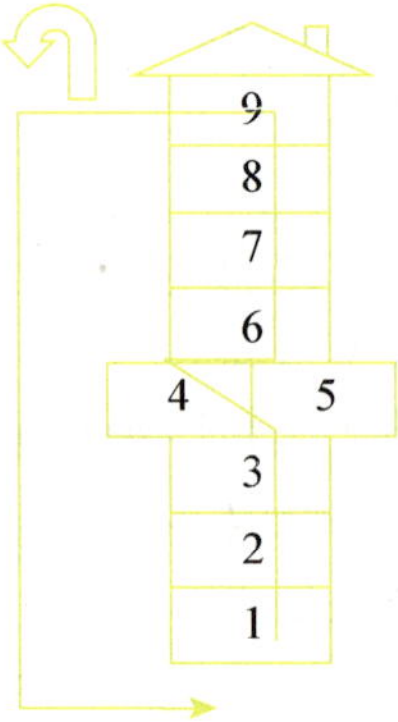

图 4—4

3. 分腿跳、并腿跳两个基本动作的学习与练习

教师先后以小青蛙和小白兔两种动物的跳跃特点，向幼儿示范展示“分腿跳”和“并腿跳”，并让幼儿先后用分腿跳和并腿跳进行跳房子练习。

青蛙跳——“分腿跳”

教师在幼儿面前模仿小青蛙跳的动作，并示范、讲解分腿跳动作（分腿—蹲—蹬—跳）。用分腿跳完整地跳一遍房子，最后让幼儿在房子中创造性地自由练习。

小兔跳——“并腿跳”

教师模仿小白兔的样子，示范、讲解小白兔的跳跃动作（并腿—蹲—跳）。并用并腿跳完整地跳一遍房子，最后让幼儿在房子中创造性地自由练习。

4. 幼儿自主跳跃练习

教师引导幼儿开动脑筋，想一想，除了以上两种跳跃方式，还有什么跳法？还想怎么跳？请幼儿用自创跳跃动作进行跳房子练习。

5. 幼儿根据不同的脚印展现形式做出相应的腿脚动作。

教师出示一双由幼儿自己加工制作的脚印。教师左右手分别手持脚印，让幼儿根据不同的脚印展现形式做出相应的分开、并拢、左右、前后、交叉等跳跃动作。

目的：让幼儿读懂脚印所呈现出来的信息，并且能做出相应的动作。

6. 幼儿在房子中自主摆放“分腿跳”和“并腿跳”脚印，并自由练习跳房子。

教师首先让幼儿回忆学习经验（小青蛙和兔子的跳跃特点），并分别展现出“分腿跳”和“并腿跳”的脚印形式，然后教师示范性地把“分腿跳”和“并腿跳”随机性地贴在房子的两个房间里。

教师提问：“有脚印的房间，我们应当怎样跳?”引导幼儿理解：当房间里存在脚印，我们就应该按照房间里脚印的方式跳进该房间。

幼儿每人自取一双脚印，按照“分腿跳”和“并腿跳”的方式摆放在房间里并尝试按脚印动作连续跳房子。摆放完毕后，教师需重点阐述两个重要的新规则。

（1）一定要按照脚印的“动作”跳跃。

（2）双脚必须跳进脚印里面，脚跟与脚跟重合，脚尖与脚尖重合。

教师请个别幼儿示范。在幼儿示范跳房子时，教师引导其他幼儿仔细观察示范者的眼睛和步伐。重申规则的同时，让幼儿明白应先观察再跳跃才能做到脚与脚印重合。

7. 幼儿自由摆放脚印，并自由练习

此环节是整个活动的最高点，也是核心。其对幼儿身体协调能力提出了更高的要求，而且能让幼儿在运动中进一步发展其多元智能。

引发幼儿讨论和尝试：怎样才能够增加跳房子的难度？怎样改变脚印？你想挑战吗？

幼儿可以按照自己的意愿任意摆放自己房间的脚印。幼儿想怎么放就怎么放，从而增加跳跃难度和趣味性，充分发挥幼儿的想象力、创造力。在改变脚印的过程中，教师应充分发挥幼儿的合作能力，让其发现问题、思考问题、解决问题。

幼儿自由创造脚印动作并摆放、试跳，教师观察和指导。提醒幼儿摆完后先试跳，看看是否能够完成，有问题的立即调整脚印。

幼儿进行新一轮跳跃练习。

由于脚印排放难度增加，教师应关注强调幼儿每一次跳跃都需要做到“观察—调整—跳跃—控制”四个步骤。

8. 幼儿自主选择挑战跳其他房子

三、放松部分

（1）吹泡泡：让幼儿做深呼吸，渐渐舒缓运动节奏和情绪。

（2）腿脚部放松动作：幼儿席地而坐，随老师做摇腿、碰脚、揉腿等四组腿脚肌肉放松动作。

（3）穿衣服，回教室。

拓展活动：

（1）挑战赛。以单个房子中所属成员为一队，并让各队之间相互挑战，房子中的脚印由被挑战者设计。

（2）自由变换房子结构或数字顺序。由变换脚印上升到改变房子的结构或其中的数字顺序，然后再进行挑战练习。

《跳房子》的渐进性线路清晰明显，整个游戏过程的进行线路是：热身运动（由全身转移到下肢）—走（参观房子）—青蛙跳（分腿跳）—小兔跳（并腿跳）—自主跳跃（其中可能会出现单腿跳和空格跳）—按照“脚板”跳，并与其重合—自由摆放“脚板”，尝试跳跃—挑战别人的房间—放松运动。整过游戏渐进过程从简到繁、由易到难、由被动到主动。不但让幼儿已有动作得到加强和锻炼，而且还尝试和挑战了新的方法。

（五）游戏目标和规则应贯穿于游戏整体

规则性游戏的目标很明确，直接指向所要完成的任务。而游戏规则又是规则性游戏的核心。幼儿在游戏中必须明确自己的游戏任务，遵守游戏规则，否则游戏将无法进行。

教师指导幼儿开展游戏的首要任务是帮助幼儿明确游戏目标和自身任务，理解游戏各个环节的要求和规则。教师采用最多的指导方式是直观讲授法和演示法。由于目标和规则具有一定的抽象性，幼儿不能较好地理解其中的含义。教师需要用直观形象的方法帮助幼儿理解规则和任务。如在规则性游戏中，教师一边讲述一边对幼儿做示范。

教师只有让幼儿明确游戏目标，理解游戏规则才能保障规则性游戏的有效开展。

（六）教师应确保游戏整体符合安全要求

安全是幼儿园开展一切活动的基本前提，保障规则性游戏活动的安全性是我们开展游戏活动的基本要求。规则性游戏的安全要求主要体现在以下两个方面：

第一，游戏开展过程中所使用的一切材料均符合幼儿使用的安全标准。

第二，规则性游戏开展的形式及内容均符合幼儿的身心接受范围。如：体育游戏中的运动难度、强度，不同年龄段幼儿从高往低跳的最大高度。在设计规则性游戏时，设计者一定要亲自尝试并做科学的验证和调试。

技能训练

东风幼儿园中二班的张老师接到通知，她需要准备一节运动性规则游戏的示范课。于是张老师便在网上找了一份幼儿运动性规则游戏的教案，但是她发现存在很多问题，无法直接使用。现在请你帮助张老师修改教案，注明需要准备的材料。并回答以下问题：(1) 这份教案存在哪些问题？(2) 请在此基础上，重新书写一份完整的体育游戏教案。

网上教案如下：

一、活动目标

(1) 培养幼儿积极参与的意识和变废为宝的意识。

(2) 增强幼儿身体素质，强化幼儿身体协调的能力。

二、活动准备

(1) 哨子一个，废旧报纸若干，小红旗一个，橡胶小鹿四个。

(2) 录音机，音乐磁带《一起加油》。

三、活动过程

教师带幼儿到户外操场，带领幼儿慢跑一圈，指导其做简单的热身动作。

1. 规则介绍

教师首先说明游戏的规则和过程，并亲身演示吸纸跑的过程，幼儿睁大了眼睛好奇地看着。

老师强调，吸纸跑这个游戏必须把报纸贴在胸前，借助风力向前跑，跑的过程中不能随便停下来，必须绕过中点（橡胶小鹿）返回，并坚持跑到终点。如果中途停下来，报纸就会自己掉下来。如果报纸掉下来了，你必须拾起报纸，重新放到胸前，再继续游戏。

2. 开始游戏

幼儿准备好以后，哨声一响，游戏就开始。在音乐的配合下，幼儿紧张而忙碌起来，有的幼儿动作很规范，有的幼儿报纸掉下来好几次，但他不放弃，捡起报纸继续前进。

3. 活动结束

表扬鼓励，教师做及时总结

4. 活动反思

吸纸跑这个游戏对幼儿来说很新鲜，幼儿都能参与到游戏中，在配合中增长了知识，锻炼了身体，养成了守规则的好习惯，进一步学会了与其他幼儿的默契合作。

学练结合

1. 根据中班幼儿的特点，创编或改编一个发展平衡能力、协调能力和跳跃能力的体育游戏。要求：游戏一定要兼顾适应性和发展性；游戏过程要具有渐进性。

2. 在幼儿园设计、组织以“寻宝”为主题的大班规则性游戏。要求教师将益智性规则游戏和运动性规则游戏结合在一起。提示：可以在游戏中设计许多关卡，每一关由一个小游戏组成，难度递增。

3. 利用废旧物引导幼儿开展科学类探索游戏。（如利用碎纸屑和气球探索摩擦起电的物理现象）

第二节　幼儿园创造性游戏活动的设计与实施

基础知识

创造性游戏是幼儿创造性地反映现实生活的游戏，是对幼儿进行体、智、德、美全面发展教育的重要手段。本节将重点围绕创造性游戏的设计与实施策略进行系统介绍。

一、幼儿园创造性游戏活动的含义与特点

（一）幼儿园创造性游戏活动的含义

创造性游戏是幼儿在一定的游戏环境中按照自己的兴趣和意愿反映社会与个人生活的一种游戏，其是以表征思维为基础的象征性游戏活动。儿童会在游戏中表达出自己内心的担忧与冲突、期望与愿望、愉悦和困惑，可以揭露儿童丰富多彩的内心世界。①它能够极大地发展幼儿的创造性和自主性。创造性游戏包括角色游戏、表演游戏、结构游戏等。

角色游戏是幼儿通过扮演角色，运用想象，创造性地反映个人生活印象的一种游戏，通常都有一定的主题，如娃娃家、商店、医院等，所以又称为主题角色游戏。角色游戏是幼儿期最典型、最有特色的一种游戏。角色游戏是幼儿对现实生活的一种积极主

① 参见黄人颂主编：《学前教育学》，北京，人民教育出版社，1989。

动的再现活动，游戏主题、角色、情节、材料的使用均与幼儿的社会生活经验有关。幼儿在角色游戏中所反映的是他们的社会生活经验。幼儿生活经验越丰富，角色游戏的水平就越高。

凡利用各种结构材料或玩具进行建构的活动都称为结构游戏。结构游戏是幼儿利用各种不同结构材料动手做造型的活动。这种游戏对幼儿手的技能训练和发展思维能力有十分积极的作用。如通过积木结构游戏，幼儿可以自然地获得分解与合成各种形体的经验，并在使用材料中获得数量、高度、长度、上下、左右、宽窄、厚薄、对称等概念，取得组合、堆积、排列各种形体的经验。此外，一些利用自然材料进行的活动，如玩沙、玩水、玩雪等也属于此类游戏。

表演游戏是指幼儿按照童话、故事中的角色、情节和语言进行创造性表演的游戏。表演游戏和角色游戏一样，必须扮演一定的角色，只不过角色游戏是孩子根据生活中的印象自由地创造和表现，而表演游戏是根据故事和童话情节进行创造性游戏。幼儿在表演过程中，可恰当地运用文学语言，模仿人物的性格和情节，创造性地表达思想感情。

创造性游戏是一种“重过程，轻结果”的活动。幼儿在创造性游戏中，其本质是非功利性的，幼儿游戏的目的就是游戏本身，而不为其他。幼儿游戏时也不在乎结果，这与用一种方法达到一个目的的功利性活动不同。游戏中的幼儿总是变换着方法一遍一遍地重来，比如搭积木时，幼儿总是搭好了就拆，拆掉了换一种方法再搭。这样变换着花样地做同一件事情，表明幼儿总是在游戏中实践用不同的方法达到同一个目的，极大地促进了幼儿思维的灵活性和创造性。①

（二）幼儿园创造性游戏活动的特点

1. 自主性

自主性是创造性游戏的基本特征，是幼儿自主性发展的基石。在创造性游戏中，幼儿能够根据兴趣自主地选择游戏的内容和方式。与规则性游戏不同的是，创造性游戏的自主性是游戏活动开展运作的基础，同时也是基于幼儿内在需求与兴趣的具体表现，幼儿通过游戏所展现的自主性贯穿于过程的始终。例如，幼儿根据教师所提供的材料自发性地开展游戏，或教师根据幼儿的兴趣和需要，结合幼儿园的教育目标，引导幼儿自主选题、组织和开展游戏。

2. 想象性

创造想象是创造性游戏的重要特征。在创造性游戏中的想象包括对材料的想象、对角色的想象和对情节的想象。想象贯穿于游戏之中，并推进游戏的发展。

对材料的想象：在创造性游戏中，幼儿把身边的材料假想成游戏中所需要的物品。如在角色游戏中，幼儿把瓦片假想成炒锅，把捡来的青草假想成锅里的菜，把大旧纸盒想象成柜子等。又如在结构游戏中，幼儿把圆柱形积木想象成路灯或柱子，把圆锥形积木想象成山丘。而且还会对结构造型进行想象，如把围拢的积木想象为家园，把拼插好

① 参见李季梅、冯晓霞主编：《〈3～6 岁儿童学习与发展指南〉解读》，北京，人民教育出版社，2013。

的积塑想象为某种动物等。

对角色的想象：在角色游戏和表演游戏中，幼儿要对所要模仿角色的外显特征进行假想和扮演，主要体现在角色的外形特征、语言特征和行为特征等方面。如扮演厨师时要穿戴白色帽子和白色围腰，扮演老爷爷时要有白色胡子或白头发、走路缓慢，扮演商贩时要会拉生意等。

对情节的想象：在创造性游戏中，游戏情节往往是不可预知的，特别是在角色游戏中。由于没有固定的发生模式，往往依据幼儿的生活经验和想象边游戏边发展。

在整个游戏过程中，幼儿都按照自己的想法开展活动，这个过程就是创造想象的过程。

3. 不确定性

相比教师设计的教学活动，创造性游戏具有很大的随机性和不确定性。正是这种不确定性，经常会给正在游戏的幼儿带来始料不及的问题，比如球滚到树洞里了，沙包扔到树杈上了，绳子不够长了，棍子突然断了，线被缠住了，玩伴不高兴了……为了实现自己的游戏意愿，幼儿总是竭尽全力、想方设法自己去解决问题。可见，游戏使幼儿有更多机会去运用各种策略解决问题，使幼儿增长智慧。

4. 象征性

幼儿在创造性游戏中经常因缺乏相应的材料而使用替代物，这种对替代物的使用有两种表现。一是用不同的方法作用于同一种材料，比如，在不同的游戏情景下，一根木棒可用于表征：当马、当枪、当剑、当老爷爷的拐杖、当孙悟空的金箍棒；一根木棒也可用于工具，比如用来测量、敲打、够物、当杠杆来撬等。二是用同一种方法作用于不同的材料，比如，当游戏中需要测量并比较长短时，可以用尺、木棒、绳子、纸条、鞋子等各种材料。游戏中这种对物体使用的转换替代特征，对幼儿同样是一种思维灵活性和发散性的练习。

二、幼儿园创造性游戏活动的设计

幼儿园的创造性游戏是幼儿教师预设与幼儿生成兼具的一种游戏，这一类游戏既有教师的预设成分，也有幼儿自主生成成分。所以，创造性游戏属于低结构化的教育活动。

（一）幼儿园创造性游戏活动设计的要点

1. 主题选择应符合幼儿的生活知识经验，尊重幼儿的兴趣和需要

创造性游戏的开展脱离不了幼儿已有的生活和学习经验，幼儿难以单纯凭借想象搭建出完全没有见过的物体，更无法扮演从来没有见过的角色，幼儿的搭建和表演水平受自身已有知识经验的限制。教师在进行创造性游戏选材工作时，一定要结合幼儿的社会生活环境和年龄特征，创造具有本土文化的游戏环境，这不仅有利于幼儿开展游戏活动，还能对幼儿进行本土文化的熏陶，从小培养其对家乡的热爱之情。比如北京的教师选择搭建“天坛”“故宫”等结构游戏主题，新疆的教师选择“采棉花”“晒葡萄”等角色游戏主题，较偏远农村的教师则会选择“赶集”，而不是“超市”的角色游戏主题。

又如教师可选择幼儿所熟知的文艺作品中的角色形象和情节来设计表演游戏的主题。

另外，教师在设计和选择主题时应充分尊重幼儿的兴趣和需要。幼儿在创造性游戏中具有很强的自主性，往往自己选择游戏主题。所以，教师在设计游戏之前一定要了解幼儿的兴趣和需要，结合幼儿园的保教目标，引导幼儿自主生成创造性游戏主题。

实例链接

最近，中一班的小朋友们都很喜欢看《熊出没》，总是在班上讨论其中的情节。教师发现了这一情况，于是把准备开展的《爱护环境》的主题教学活动与幼儿的兴趣相结合，设计了一个有关环保的表演游戏《帮助光头强》。幼儿对此产生了极大的兴趣，不仅在表演前论述了故事人物的形象特征和情节内容，表演时更是趣味十足。本次游戏活动，不仅给幼儿带来了快乐，而且教育意义明显。

2. 设计的游戏环境和材料应符合幼儿身心特征和幼儿园的保教目标

创造性游戏是一种处于教师低控状态下的幼儿园活动。教师在游戏开展过程中一般以游戏支持者的身份存在，而不能过度干预和控制幼儿的游戏。但在创造性游戏中，教师的这种低控性并非是无控的，而应是一种有准备的、有目的的、适度的低控。在创造性游戏中，幼儿与环境交往互动时所产生的自然游戏问题与冲突贯穿始终。教师应当利用这一特性，将幼儿园的保教目标和幼儿发展所需适当地、隐性地融入游戏环境和材料之中。

实例链接

模拟现实环境，练习对数的认识和运算

游戏设计：

在大班的“永福超市”中，教师利用商品的价格融入计算环节。教师给幼儿提供面额为1元、2元、5元、10元的“人民币”，商品的价格分为两类，一类为20以内的任意整数，如1元、3元、5元、7元、10元、17元等；另一类为百以类的整2位数，如30元、40元、60元。让幼儿在选择商品和结账中进行数学运算，锻炼幼儿的运算能力和社会适应能力。

3～6 岁幼儿的身心发展差异性明显，对材料的兴趣和操作存在不同。材料的投放是否符合幼儿的年龄特征直接影响幼儿在游戏中的自主能力和创造能力的发展。如为避免小班幼儿的争抢行为，应选择种类少、数量多的投放方式。为促进中班和大班幼儿学会分享和合作，应选择种类多、数量少的投放方式。又如为促进小班幼儿模仿和表达，应设计和准备结构高的材料。对大班幼儿可设计和准备结构低，能增加操作和促进思考的材料，如废旧物、低结构玩具、自然物等。

（二）幼儿园创造性游戏活动的具体设计

1. 确立主题

选择主题是设计创造性游戏中的第一个环节，游戏内容是否符合幼儿的已有知识经验、年龄特征、心理特点，直接影响幼儿参与游戏的积极性和游戏进程。凡是幼儿熟悉和感兴趣的人物、情境、故事、动画片、建筑等都可以成为选择的素材。比如幼儿在初次接触表演游戏时，应选择角色个性鲜明、故事情节简单，趣味性强，语言、动作重复多的儿童文学作品。游戏主题的确立如果来自于幼儿自己的兴趣和需要，这样的游戏容易得到幼儿的积极回应与参与，如下面的《儿童乐园》游戏。

实例链接

大班结构游戏《儿童乐园》

在一次故事活动中，故事中的儿童乐园引发了幼儿的极大兴趣，幼儿之间开始议论自己去过的一些好玩的游乐园。这时教师灵机一动，对幼儿说：“不如我们来制造一个大家都喜欢的游戏乐园吧！”小朋友都点头叫好。这时教师又说：“那我们的游乐场里应该有些什么呢？”小朋友们开始一一举手回答。教师又问：“你们说了太多，可是老师记不住怎么办？我们怎样把大家所有好玩的放进来呢？”这时就有小朋友说：“把它们画在一张纸上面。”于是，教师便引导幼儿一起将所想的游乐园规划在纸上。小朋友们将游乐园画在了一张纸上面，并进行了分工，便开始有序地按照“图纸”进行建构工作。

2. 确定目标

在创造性游戏中，游戏目标的确定往往存在两种方式。一种是从预设与生成角度来确定目标，包括教师预设性的游戏目标与幼儿自主性生成的游戏目标。教师在具体设计中，应充分了解本班幼儿的特点、兴趣和需要，结合幼儿园的保教目标，在鼓励幼儿自主确立游戏目标的同时，将促进幼儿发展的教育目标预设于游戏之中。例如一位中班教师发现本班幼儿最近特别喜欢读《金鸡冠的公鸡》绘本，于是以此设计了表演游戏《金鸡冠的公鸡》。

实例链接

《金鸡冠的公鸡》的"游戏目标"

游戏目标：

1. 关注同伴的表演，有借鉴同伴长处弥补自己表演不足的意识。
2. 有较强的角色意识，尝试用适宜的表情、动作、语言表现不同的动作。
3. 能提供自己的想法并能大胆表现出自己的想法。

另一种是从展开与发展来确定目标，包括展开性目标与发展性目标。展开性的目标指在幼儿游戏和学习活动开展的全过程，体现游戏的目标与学习活动目标的整合。发展性目标指游戏以幼儿积极、主动、富有创造性地发展以及提高幼儿交往、语言、思维、探究等综合能力的发展为目标。例如大班结构游戏《欢乐的动物园》的目标。

实例链接

大班结构游戏《欢乐的动物园》

游戏目标：

1. 喜欢建构动物园，能迁移已有的经验，综合运用各种材料和结构技能表现动物的外形特征和动态造型，体验想象建构的乐趣。

2. 能与同伴协商合作，确定游戏的内容，设想游戏的布局，制作相关的游戏材料，解决游戏的问题，体验合作建构的乐趣。

3. 乐意向同伴、老师介绍自己游戏想法和过程，分享交流建构的成果，体验成功的乐趣。

3. 游戏准备

游戏的准备工作是创造性游戏开展的基本条件，其中包括知识经验准备和物质材料准备。知识经验准备应注意结合幼儿原有经验和生活环境，包括了解游戏已有经验、分析在本次游戏需要建构的经验、在学习活动建构相关的经验，让幼儿通过集中活动、区域活动、亲子活动，在调查、协商、讨论、尝试、制作等过程中主动获取经验，让幼儿在游戏前的经验在游戏中体验迁移运用，逐步内化并转化为游戏行为。比如对交警叔叔、医生、清洁工等生活常见角色的认识，这些幼儿在生活中容易见到。物质材料准备，应结合幼儿的年龄特点，注重发展幼儿的想象力和创造力。如中大班幼儿可以参与游戏材料的制作过程，更可以把某一游戏前的材料制作开展为一次美工活动。例如大班表演游戏《老鼠嫁女》的游戏准备。

实例链接

大班表演游戏《老鼠嫁女》

游戏目标：

能运用对话、按角色出场顺序进行表演。能根据自己的意愿与同伴协商分配角色，在角色的扮演中体验表演的乐趣。

游戏准备：

第一次新游戏前的学习活动在表演游戏开展前，教师充分与幼儿协商与讨论，了解幼儿的游戏经验、兴趣和需要，倾听幼儿游戏的想法，以便思考游戏开展前要建构哪些经验。主要包括丰富作品相关经验、丰富游戏场景材料和角色材料。

(1) 丰富作品相关经验。

语言活动：复述故事《老鼠嫁女》；

小组创编《老鼠嫁女》表演脚本；

区域活动：语言区——桌面教具操作《老鼠嫁女》；音乐区——幼儿自由选择头饰和相应的道具，听音乐表演。

(2) 丰富游戏场景材料和角色材料。

讨论活动：表演所需要的场景和角色材料，小组制订计划，包括做哪些，选择自己要做的材料。

亲子活动：收集材料，亲子共同制作。

美术活动：故事画——《老鼠嫁女》，欣赏各种各样的头饰和装扮道具。

科学活动：探究怎样做牢固的头饰。

区域活动：美术区——幼儿制作或装饰表演头饰和服装道具；音乐表演区——幼儿自由装扮，听音乐表演。

环境创设指导策略如下：

创设“我为表演做准备”展示表，展示小朋友改编的表演故事图谱、喜欢表演的角色和想扮演的角色、小组的表演设想……

展示幼儿与家长共同设计制作的服装、道具，评选最佳头饰、服饰。

创设相关的墙面，将幼儿在准备过程中遇到问题及解决的方法及时呈现出来。

4. 引导环节

引导环节是创造性游戏开展前的主要部分，也是游戏是否能达到最佳效果的重要因素。一般包括游戏导入、讨论游戏玩法、幼儿尝试游戏三个环节。游戏导入是游戏开展前的重要工作，可以进一步提升幼儿的游戏兴趣，明确幼儿的游戏目标。讨论游戏玩法是创造性游戏中教师指导干预游戏的重要环节，也是保障幼儿顺利进行游戏的重要因素。幼儿尝试游戏的环节往往安排在幼儿开展的主题游戏活动前，是幼儿对游戏中建构技能和表演技能的尝试和练习。

实例链接一

大班结构游戏《奇怪的大楼》

引导环节：

1. 游戏导入

教师通过让幼儿观看一些世界各地宏大、奇特的建筑，引发幼儿的好奇心，促发幼儿创造性地建构。

2. 讨论游戏玩法

(1) 讨论自己想要建造的建筑特征。

(2) 分析需要使用的建构材料。

3. 幼儿尝试游戏

幼儿尝试自己的想法，调整自己的构思，为建构做准备。

实例链接二

中班表演游戏《金鸡冠的公鸡》

引导环节：

1. 游戏导入

回顾上次活动中出现的问题，激发幼儿游戏的兴趣。

(1) 抓到公鸡前后，狐狸的得意与失望表情不明显。

(2) 小动物们叮嘱公鸡时表情不够认真，好像是在开玩笑。

2. 讨论游戏玩法

(1) 引导幼儿讨论问题的解决方法，初步探讨相关角色的表情、动作和语言。

(2) 以个别表现、分角色练习等形式练习相关的表情、动作和语言或者游戏片段。

3. 幼儿尝试游戏

(1) 幼儿首次游戏时，有针对性地探究狐狸和猫、画眉鸟、刺猬等角色的表演。教师重点观察、记录幼儿的表现。

(2) 片段交流：请狐狸和猫等角色扮演者表演狐狸抓到公鸡前后的片段。

5. 观察指导环节

由于教师在创造性游戏进行过程中是以支持者和引导者的身份存在的，其重点工作是根据观察幼儿的游戏情况来进行介入和指导，以及评价游戏后的工作。所以教师在设计游戏时，应根据游戏开展地点、时间、形式等情况来选择观察记录的工作。较常使用的观察记录工具有本子、笔、手机、DV、照相机、录音笔等。

实例链接

观察游戏了解幼儿数学发展水平

在一次户外运动游戏中，华爱华老师看出了同一个班级的幼儿数学水平差异很大。明明是运动，又怎么能看出数学水平的差异呢？原来，一名幼儿在打保龄球，原本 9 个，又加了 3 个，他说道，我要打掉这 12 个。这体现出了他的数学发展水平。

另一个幼儿在垒高，说："卖饼干！卖饼干啦！"她将积木进行了表征，玩起了装扮游戏。一个"顾客"来说："要 4 块饼干"。(这里就有一个按数取物的要求) 结果卖饼干的孩子拿错了两次，她的按数取物水平由此也可观察到。

因此，教师要学会观察、分析、解读幼儿的行为。

6. 评价环节

评价环节是创造性游戏的重要组成部分，也是改善游戏环境、更替游戏材料、改变游戏方式的重要依据。在评价环节中，教师应尊重幼儿在创造性游戏中的自主性，结合幼儿的年龄特点，引导幼儿进行自我评价、相互评价。

实例链接

中班角色游戏《茶园》

在游戏完成后，教师将幼儿围成圈开展游戏评价活动，让幼儿自主评价和讨论了游戏中出现的两个问题。

第一个问题：打破了一个茶杯。

悠悠说："我今天是服务员，在我给图图递茶杯时，茶杯掉在地上摔坏了。"

教师："你知道茶杯掉下去的原因吗？能再把你当时递茶的动作做一遍吗？"

悠悠做了一遍动作并简述当时的情况。有小朋友就发现悠悠端茶杯和递茶杯的姿势有问题，提出应该使用双手，一只手扶着，一只手托着，并用动作演示给了大家。

第二个问题：角色混乱。

娜娜说："今天大家都在抢我的工作！"

后来通过幼儿的讨论和教师的思考，才发现《茶园》里没有用于区分不同角色的服饰，加之幼儿角色意识差，活动中容易随着兴趣改变角色。

三、幼儿园创造性游戏活动的实施

（一）需丰富幼儿的社会生活经验

正所谓"巧妇难为无米之炊"，创造性游戏的开展需建立在幼儿原有社会生活和学习经验基础之上。幼儿在角色游戏中的角色呈现、在表演游戏中对人物的表达、在建构游戏中的独特建造，都是对幼儿原有社会生活和个人经验的写照。比如下面案例就是其个人经验的应景表现。

实例链接

四个幼儿的游戏

在幼儿园的自由活动时间，中班小朋友 A、B、C、D 四个幼儿来到操场边的一棵树下。A 说："我们来扮演王子和公主吧。"说完就在地上捡起一根长树枝说："我是王子，这是我的宝剑。"B、C 和 D 马上响应。B 去用草和小花做了一个花环，然后戴在头上说："我是公主。"C 和 D 也找来了各自的武器，分别扮演武士和敌人。就这样，四个孩子就在大树下开始了属于他们的"故事"。

幼儿难以单纯凭借想象搭建出完全没有见过的物体，更无法扮演从来没有见过的角色，幼儿的搭建水平和表演水平与平时的经验积累及对事物、人物的印象是否深刻有直接关系。因此教师和家长在日常生活和学习中要引导幼儿细心观察周围的事物，特别是要观察和理解人物和建筑物的特征，可以利用视频、图片等资源扩大幼儿的知识面，丰富幼儿的经验。

（二）创设能引发幼儿创造性游戏的环境，保证幼儿游戏的时间

游戏的环境主要包括游戏的场地及游戏材料等物质条件，以及这些物质条件之间的关

系。良好环境首先应该是能满足幼儿需要的，包括满足同伴间交往需要的环境。材料投放要体现非常鲜明的特征，使幼儿一看这些材料便会自然地想到开展某种游戏。例如教师在角色游戏区放上白大褂、听诊器等，幼儿进入这个环境，便玩起了医院游戏。

教师应利用一切可以利用的空间，如地面、墙面、活动室、阳台、楼梯间等，并专门划分一块场地，按照游戏主题进行布置和装饰，并提供相应的游戏材料。游戏主题可以按需要更换。结构游戏区、角色游戏区和表演游戏区可以设计在一起，方便幼儿游戏的链接和转化。

由于创造性游戏需要幼儿充分利用想象选择游戏的主体和情节、分配角色、寻找替代材料、练习机构技能、分享结构果实，所以幼儿在游戏时需要较长的时间。一般来说每次游戏的时间至少需要 30 分钟，而且每周要有固定的游戏时间。教师应保证幼儿具有充足的创造性游戏时间。

（三）激发幼儿的游戏愿望和兴趣

兴趣是最好的老师，如果幼儿喜欢玩创造性游戏，愿意表演和搭建，那么就会产生事半功倍的效果。对于小班幼儿，教师应多给幼儿提供可以直观感受的事物和人物，如在结构游戏区搭建简单的示范造型或者带小班幼儿参加中大班的表演游戏等，以此激发幼儿的游戏兴趣。对于中大班幼儿，可以利用讲故事、设计问题情境等方法激发幼儿的游戏意愿。在结构游戏中，也可以融入竞争元素，让幼儿挑战更大主题的策划和建构。

（四）选择适宜的时机和方法介入幼儿游戏，引导游戏进程，提高游戏水平

创造性游戏虽然是幼儿自主自愿的游戏，但是这并不表示教师的任务就仅限于环境和材料的准备工作，教师要根据各类创造性游戏应发挥的功能和幼儿园的保教目标，实时观察幼儿在游戏中的情况，找准时机，采用适当的方法帮助幼儿这方面能力的提高。

首先，在适当的时机介入游戏。幼儿游戏时教师应认真观察，在观察的基础上确定介入时机。如幼儿不能实质性地推进游戏进程；幼儿在游戏中遇到有悖社会规范的情况；幼儿在游戏中遇到不能解决的困难；幼儿之间产生过激行为等。这些都是需要教师及时介入并进行干预和指导。

其次，选用恰当的方法指导游戏。教师在仔细观察幼儿游戏并确定必须要进行指导时，就要考虑用什么方法指导幼儿游戏。一般可以采用以下两种方法：

（1）以游戏伙伴身份进行的隐性指导。即教师以游戏中的角色或者观众的身份进入幼儿游戏，通过角色的语言用建议、询问、提问等方式启发幼儿，促进情节的发展和内容的延伸。

实例链接一

小班幼儿玩《娃娃餐厅》的角色游戏。“厨师”“服务员”和其他成员都在各玩各的，根本就没有意识到自身的角色要求。教师这时以“顾客”的身份加入，说：“服务

员，我饿了！这里有什么吃得?”这样“娃娃餐厅”的每个成员都能重新意识到自己应该做什么，游戏又开展了起来。

实例链接二

教师看到某幼儿想建造一座大桥，但是她总是选择一些小型的积木，所以桥面总是不能完成。教师通过观察发现了这一个问题，于是悄悄地拿了一块较大的长方体积木在幼儿旁边开始搭建与幼儿类似的大桥。这时幼儿关注到了教师的行为，并通过模仿和学习教师的方法自主完成了大桥的建造工作。

(2) 以教师身份直接指导的显性指导。指在旁观察的教师在幼儿遇到特殊情况、偶发事件、不安全倾向时所采用的指导方法。

实例链接

角色游戏刚开始，娃娃银行成了最繁忙的地方，因为幼儿都在银行门口排队等待领取游戏钱币。这个时候，队伍中间的图图有点不耐烦了，于是插队走到了队伍最前头，其他小朋友只是看着图图而没有回应。这时，为了避免不好的行为产生，以及避免其他幼儿模仿，教师直接对图图说：“图图，你应该回到你的位置。插队是不好的行为，小朋友和老师会生气的。”图图听了后，灰溜溜地跑了回去。

游戏中，教师何时介入会增强幼儿的游戏兴趣并提升幼儿的游戏经验，何时介入会降低幼儿的游戏热情并中断幼儿的游戏进程，要根据不同情况决定是给予即时指导还是延时指导。即时指导是对游戏遇到的问题及时介入，引导幼儿回忆或启发幼儿运用已有的生活或学习经验，与游戏的“情境”建立联系，及时解决游戏中的问题，使游戏情节继续得以发展。延时指导是指幼儿在游戏活动中碰到“问题”一时不能解决，教师通过分析认为这种“问题”是有意义的，抓住这个有意义的问题，教师将“问题”的解决延伸到游戏后进行指导。

（五）对不同年龄段的幼儿进行针对性的观察和指导

不同年龄段的幼儿在创造性游戏中的活动方式具有明显的差异性，教师需要根据幼儿具体的身心特征进行指导。

1. 小班幼儿在创造性游戏中的特点及指导策略

第一，在游戏主题和情节方面：小班幼儿进行的创造性游戏情节比较简单，主题单一或者没有主题和目标。所以教师应当引导幼儿表达自己所扮演的角色、情节以及搭建的物体。比如《拔萝卜》这个表演游戏就适合于小班幼儿。

实例链接

拔萝卜

《拔萝卜》中有幼儿熟悉和喜欢吃的蔬菜"萝卜"，还有幼儿喜欢的"小朋友""小狗""小猫""老奶奶"等角色。游戏情节简单，角色对话多次重复，如"嘿哟，嘿哟，拔萝卜啊！嘿哟，嘿哟，拔不动啊！"特别适合小班的幼儿语言。游戏里面的拔萝卜的动作简单且重复，易于幼儿表现和练习。在表演过程中，会使幼儿有亲切感和熟悉感，如身临其境，乐在其中。同时也使幼儿懂得了团结起来力量大的道理。

第二，在材料投放方面：小班幼儿喜欢具体形象、易操作的高结构材料。加之本阶段幼儿正处于自我中心化阶段，容易出现争抢行为。所以应采用种类少、数量多的材料投放方式，避免幼儿争抢行为。

第三，在游戏兴趣方面：创造性游戏中的小班幼儿容易对材料本身、简单的动作和语言以及建构技能感兴趣，所以教师应积极引导幼儿对生活和文艺作品中的角色进行认识，模仿角色人物和情节。在选材上要考虑小班幼儿的特点，尽量选择短小、人物少、重复动作和重复语言多的材料，供小班幼儿表演。在角色扮演上要尽量满足幼儿的需要，允许他们扮演自己喜欢的角色。

第四，在游戏过程中的社会交往方面：小班幼儿一般以独自游戏和平行游戏为主，游戏过程中语言交流比较少。即使在表演游戏中，语言表达也大多为简单重复和模仿。

第五，在规则意识方面：小班幼儿规则意识不强，在角色游戏和表演游戏中，幼儿对扮演角色的角色规范认识不清，容易混淆和偏移，常常忘掉自己所要扮演的角色而任意扮演其他自己喜欢的角色。教师应指导幼儿对角色的外部特征进行充分认识和理解，让幼儿在角色游戏和表演游戏中穿戴与角色特征相关的服饰或标识，以加强幼儿对角色的认识，明确所扮演角色的要求。

2. 中班幼儿在创造性游戏中的特点及指导策略

第一，在游戏主题和情节方面：中班幼儿的游戏情节较丰富，主题也相对稳定，角色意识较强。在结构游戏中，教师可以展示建筑物的照片和图画来巩固幼儿的建构主题。在表演游戏和角色游戏中，教师在游戏前可引导幼儿对主题角色和情节进行讨论和示范。

第二，在社会交往方面：中班幼儿已经开始出现交往行为，游戏活动中存在协作游戏和合作游戏，教师应积极鼓励幼儿之间通过交流合作来完成游戏任务。

第三，在游戏材料投放方面：教师应该为幼儿提供丰富多样的玩具和材料，以低结构材料为主，比如废旧材料、自然物，给幼儿留下想象的空间。对于中班幼儿，可以采用种类多、数量少的材料投放形式。

3. 大班幼儿在创造性游戏中的特点及指导策略

第一，在游戏主题和情节方面：随着生活经验的积累，大班幼儿的游戏主题更加丰富，游戏具有较强的计划性和目的性，能事先进行一定的设想、规划，并能较长时间围绕一个主题进行结构活动，直到到达目的为止。大班幼儿已经能独立完成角色分配任务，并有很强的角色转换意识。因此，在游戏的最初阶段教师不宜过多干预，只需要给幼儿提供充足的时间、空间和材料。

第二，在社会交往方面：大班幼儿在创造性游戏中合作水平较高，能在游戏开始前一起协商、计划，并在游戏开展中通过合作完成游戏任务。教师应减少干预，多让幼儿自主协商解决问题，进一步促进幼儿的社会化发展。

第三，在材料投放方面：大班幼儿使用的材料应以低结构材料为主，以增强幼儿的操作性，提升幼儿创造想象的能力。教师可以采用问题情境法，在材料上面设计问题，锻炼幼儿的想象能力，激发幼儿积极思考。

第四，在游戏评价方面：积极鼓励幼儿在游戏后对自己和他人的活动和作品进行评价，重视幼儿结构作品的呈现和分享，让幼儿在欣赏自己及同伴作品的过程中，逐渐发展自我评价与评价他人的能力。教师可以采用拍照和视频录制保留幼儿作品，还可以制作评价手册，引导幼儿记录和评价自己每一次游戏活动的情况，进一步增强幼儿的自我意识。

（六）为幼儿提供练习结构与表演技能的机会

结构技能和表演技能是支撑结构和表演游戏进行下去的手段，如果幼儿掌握的技能单一，则很难在游戏中体会到乐趣，容易对游戏失去兴趣。教师要为幼儿提供练习结构技能和表演技能的机会，但不能是单纯的“教”和“练”。如在引导小班幼儿学习“垒高”的技能时，教师可以设计一个问题情境，让幼儿建造一个超过自己高度的建筑。幼儿非常喜欢具有挑战性的活动，特别是这个挑战与自身有关，更能调动其积极性。这样幼儿在一个问题情境中就练习了“垒高”的技能。

创造性游戏的组织和开展给教师能力提出了较高的要求，教师应掌握好游戏的设计和实施技能，积极创设和组织创造性游戏，提升幼儿创造能力和自主能力。

技能训练

1. 根据以下案例，思考与分析：班上大部分幼儿的建构水平停留在什么程度？如何拓宽幼儿建构思路？这个班的幼儿的建构兴趣主要集中在哪里？如何引导发展幼儿的建构技能？

小班幼儿建构区活动观察

最近，我发现在建构区的幼儿越来越多，所以我也想了解一下我们班幼儿对于哪类的搭建材料比较感兴趣。我来到建构区，看到5个孩子拿着乐高玩具开始搭建，我观察了一会发现我们班幼儿对于乐高玩具的搭法只是局限于将乐高玩具一层层地垒高。我看到图图用乐高玩具搭出了一把手枪，还举起手枪对着我说："金老师，你看，这是手枪。"随后我看到张子渊小朋友搭的也是一长条的，他告诉我这是摩天大楼。

2. 阅读以下案例，分析游戏中幼儿的行为，以及教师的介入和指导策略。并思考：如何看待场景一中Z的行为？如何培养Z的角色意识？

小班幼儿角色游戏活动观察

背景：娃娃家里有厨房、客厅和卧室，Z和A两人在娃娃家玩游戏，A抱着一个粉红色的娃娃在卧室小床边对娃娃说悄悄话，Z在厨房取了一个杯子，装了一个玉米，然后右手拿着杯子在娃娃家转。转了两圈后，走到卧室，眼睛盯着同伴A手上的粉红娃娃约8秒，开始说话：

场景一：

Z：啊，我要把它摔死。（眉头紧锁，左手空手从上到下快速划了一下）他已经摔死了，嘴巴已经破了。

A（一愣、问）：那边还有一个蓝颜色的宝宝，你喜欢吗？

Z：不，我喜欢你手上的。（Z手指着粉红娃娃）

A：不行。

Z：给我用一下，我要给它喂东西，我杯子里有食物。（打开盖子给A看）

A（低下头，轻声说）：它好饿呀，我要给他东西吃。

Z：我这里有很多东西哦。（再次强调）

A：那好吧，给你用一下。

Z：我要扔给你石头吃。（Z接过娃娃，对着娃娃大声说了一句，然后用力往区域外一扔，娃娃被扔出卧室。）

A（捡起娃娃）：老师，他扔我的娃娃。

Z：我要，我要的。（Z在A背后跪立，从A背后把A抱住，右手拿着杯子，左手去拉A手中的娃娃，拿到后两手紧抱娃娃，下巴微含，身体重心靠着后面墙上）

A：这是我的……

场景二：

师：发生什么事了？

A：他把我的娃娃扔出来了，现在又抢我的娃娃。

Z：我也想要娃娃。（紧接着A回答）

师：娃娃只有一个，Z你也想玩，有什么办法吗？

Z问A：你可以借我玩玩吗？

A双手抱住娃娃，低声说："要温柔一点，他不温柔。"

Z（眉头皱）：什么是温柔？

A：就是不能打人、不能骂人、不能抓人的脸。

师：哦，原来这就是温柔。

Z：哦，我不摔它，你借给我。（左手摇摇示意不摔娃娃了）

A：借给你干什么呀？

Z：他要睡觉，我哄他一下。

A：好的。

场景三：

Z带着粉红娃娃来到卧室，把杯子的盖子打开，把杯子里的食物拿给宝宝吃，说："吃东西啦。"然后盖上，说："吃饱啦，吃饱啦！""哎呀哎呀，都晚上啦，要回家睡觉啦！"Z将娃娃放在小床中间，帮娃娃盖好被子，摸摸娃娃的头，说："睡觉啦，睡觉啦。"

学练结合

1. 利用去幼儿园实习的机会，尝试组织一次主题建构游戏，并进行自我反思评价。

2. 利用去幼儿园实习的机会，尝试在讲故事或读绘本活动后引导幼儿自发开展表演游戏，并做好游戏前的准备工作和游戏后的评价工作。

3. 去幼儿园观察小、中、大班不同年龄段幼儿的角色游戏，记录采集幼儿在角色扮演、兴趣范围、交流程度、材料操作特点、情节等素材，分析各年龄段幼儿在角色游戏中的差异性。

第三节　幼儿园区角游戏活动的设计与实施

基础知识

幼儿园活动区是根据活动内容与类别对幼儿园室内外空间进行划分后的区域与区角，利用这些区域与区角开展的游戏就是区角游戏。在活动区角中，幼儿主要是通过自发游戏来学习的，教师通过对活动区角环境的创设与材料的投放来支持幼儿的游戏活动，教师对幼儿游戏行为的观察、分析和指导能助推幼儿的学习和发展。①

一、幼儿园区角游戏活动的含义与特点

（一）区角游戏活动的含义

区角游戏活动属于区域活动，“区域活动”为蒙台梭利首创，但将其发挥至巅峰则是美国 High/Scope 教育研究机构的高宽课程。20 世纪 80 年代中期，一些留学归国人员把当时在国外非常盛行的区域活动模式引入中国。所谓区域活动指的是以幼儿的需要、兴趣为主要依据，考虑幼儿教育的目标、正在进行的其他教育活动等因素，划分一些区域，如积木区、表演区、科学区等，在其中投放一些适合的活动材料，制定活动规则，让幼儿自由选择区域，在其中通过与活动材料、同伴等的积极互动，获得个性化的学习

① 参见李季湄、冯晓霞主编：《〈3～6 岁儿童学习与发展指南〉解读》，北京，人民教育出版社，2013。

和发展。①区域活动又称活动区活动、区角活动、兴趣区活动等。

在我国的幼儿园，有些是根据每个班级活动室的空间大小和课程需要，分隔成若干个小型的功能区角，有时这些区角会延伸到走廊、大厅和户外等公共区域，由多个班级的幼儿共享。有条件的一些幼儿园还会根据课程的特色，将某个功能区扩展为专门的功能室，除了班级每天进行的区角活动外，还会组织各班幼儿轮流到功能室去活动。有些幼儿园会把功能交叉的活动区合并，有的会把某种功能区的材料分散到各个区域。

区角游戏活动是指幼儿在活动区角中根据自己的兴趣与意愿自发开展的生成性游戏活动。区角游戏活动是幼儿自由选择、自主开展的一种活动形式，幼儿可以自己决定玩什么、怎么玩，幼儿的学习属于自发性学习，所获得的经验具有不确定性。但区角游戏要体现一定的教育意图和要求，教师可以通过创设适宜的游戏情境，并在活动过程中指导、影响幼儿的行为，激发幼儿对游戏的兴趣，去积极操作探索，从而达到促进幼儿全面和谐发展的目的。区角游戏是愉悦性与教育性的统一，即以适合于幼儿特点的方式进行教育，使教育顺应幼儿身心发展规律，通过游戏促进幼儿发展。区角游戏的开展使幼儿充分展现自己的能力、水平与个性特点，有助于幼儿良好情感、态度及其他个性品质的形成，有益于激发和培养幼儿的自主性，有益于个别化、个性化教育的实施。区角游戏注重活动过程，注重幼儿在直接操作及其体验中获取经验，注重人际交往的多向性。

实例链接

建公路

在中班的建构区里，孩子们正在搭建自己的建筑。教师发现他们是在平行游戏，彼此之间没有太多交流。教师为了促进孩子们在游戏中有更多的交流，促使协作游戏和合作游戏的出现，于是也进入游戏区搭建起属于自己的建筑。当她搭建好后，就跟身旁最近的小朋友说："你的家好漂亮啊，我可不可以来你家玩啊?"小朋友很高兴地邀请老师来玩。这时教师又说了："可是我怎么才能到你家呢，因为没有路啊!"这时幼儿就说："那我们来建一条公路吧!"小朋友和教师便一起搭建公路，这时旁边的其他幼儿看到后便也开始模仿，大家相互建立互通的"公路"，并在建构过程中开始了交流和商讨。有的小朋友制作了路灯、树木，还有的小朋友们一起制作了公园。由于教师的介入引导，使幼儿的独自游戏变成了协作游戏和合作游戏，这不仅锻炼了幼儿的社会交往能力，还

① 参见秦元东、陈芳等：《如何有效实施幼儿园主题性区域活动》，北京，中国轻工业出版社，2013。

增进了游戏的趣味性。

（二）区角游戏活动的特点

在幼儿园，幼儿游戏在不同情况下主要表现为三大类游戏，不同情况是指幼儿生成、教师设计、教师设计与幼儿生成兼具三种情况，三大类型包括规则性游戏、创造性游戏与区角游戏。这些游戏与幼儿的学习及获得的经验见表4—1。从表中看出，幼儿园区角游戏有自己的特点。

表4—1　不同情况下的游戏类型与幼儿学习、经验的关系

情况	类型	表现形式	幼儿学习	幼儿经验
教师设计	规则性游戏	益智性规则游戏	练习式学习	巩固已有的知识经验
		运动性规则游戏		
		科学类探索游戏	发现式学习	获取特定的知识经验
教师设计与幼儿生成兼具	创造性游戏	角色游戏 结构游戏 表演游戏	自主性学习	知识经验具有个体性、体验性
幼儿生成	区角游戏	表现性游戏 探索性游戏 运动性游戏 欣赏性游戏	生成性学习	知识经验具有不确定性、生成性

1. 生成性

幼儿区角游戏是一种生成性活动。幼儿在区角游戏活动过程中，会生发新想法、新发现和新问题，这些新想法、新问题会成为新的探索活动的开始。因此，教师应重视幼儿在区角游戏活动中的自主发现和探索，对其所表现出来的思维积极性和创造性给予鼓励和肯定，要善于捕捉幼儿生发的有价值的东西，将它发展成新的探索活动。在区角游戏活动中，教师不要对游戏进行任何结构化设计，教师也不要对游戏材料和玩法做任何设计，幼儿如何玩、用什么来玩，都由幼儿自主决定，游戏过程具有极大的不确定性，幼儿在游戏中充满无意学习，获得的经验是个体的、零散的。教师在指导中更多地体现为观察幼儿的行为、分析行为所反映的发展、根据发展需要和课程目标做出支持性的干预。

2. 自主性

区角游戏是幼儿的一种自主性活动。从心理学的角度来看，自主性是个性的一个方面，主要是指独立性和主动性，不依赖他人自己主动负责的个性特征。自主性即个体对自身行为的意识与调控能力，个体知道自己要做什么，能依据个人对正确事物的信心行事，积极主动去做该做的事情，通过自身的活动获得发展。区角游戏活动中的自主性具体指：幼儿按自己的意愿游戏，在区角游戏活动中发现问题、自己独立解决问题，在游戏中树立自信心逐渐完成任务，体验成功的快乐和获得发展。区角游戏活动的自主性反映出它是幼儿的一种个性化活动，教师在指导中要善于管住自己的口和手以保证幼儿的自主性活动。

3. 自由性

幼儿区角游戏是一种自由性活动，它具有自由、自选、自发、自动的特点，区角游戏活动赋予了幼儿极大的自由度，使幼儿能够按自己的意愿独立自由地进行活动，为幼儿的独立习惯养成及能力发展提供条件。在区角游戏活动中，幼儿根据自己的兴趣、意愿和需要自由选择活动区角、活动材料、同伴以及与材料、同伴的互动方式。教师在指导中需体现低控制或非控制以保证幼儿的自由性活动。

4. 教师指导的间接性

教师在区角游戏活动中，要遵循“儿童在前，教师在后”的原则，以引导者、支持者、环境的创设者与材料的提供者等角色定位介入、分析与指导幼儿的游戏。也就是说，教师对幼儿的游戏活动是以间接方式指导的。为此，教师在游戏指导中要睁大眼去观察和分析幼儿游戏，管住口和手以解放幼儿的口和手。游戏中教师主要是通过区角环境的特意打造与材料的提供方式来间接影响幼儿游戏活动的，因为游戏环境中蕴涵着教育者的观念和意图，教师是将教育意图外化在环境与材料之中，以潜在间接的方式引导幼儿的游戏行为和学习。下面的案例就是教师通过特意打造“珠宝店”这一区角来间接影响幼儿游戏活动的。

实例链接

珠宝店

在某幼儿园中班的益智区里，几个小女孩正在按规律串有色珠子。可是幼儿之间没有任何交流，幼儿的行为也是单纯地练习，给人一种“例行公事”的感觉，仿佛每一次玩这种游戏都这样。

教师通过观察也发现了这个问题，于是教师打算赋予串珠子游戏更多的故事性。她引导喜欢玩串珠子的幼儿开了一家“珠宝店”，不仅自己制作各类首饰、项链，其他小朋友还可以过来定制。“珠宝店”内的幼儿不仅能熟练地按规律、按要求串接，还可以在游戏前做设计工作。自从串珠子游戏变成“珠宝店”后，店里的生意不仅红火，很多小朋友都想争当里面的“老板”。

二、幼儿园区角游戏活动的设计

区角游戏是幼儿自主、自发、自由、自动、自我的游戏，它是幼儿自己生成的游戏，这类游戏与前面介绍的教师设计的游戏不同。从结构化程度看，区角游戏属于“无结构化”的教育活动，所以，区角游戏的设计不像规则性游戏那样进行文本设计。严格来说，区角游戏主要就是幼儿教师“头脑中”或“心中”的设计。幼儿教师对区角活动的设计主要体现为两个方面：创设丰富的分区环境与制订区角游戏活动计划。

（一）创设丰富的分区环境

活动区角的创设是幼儿区角游戏活动顺利开展的基础与基本条件。幼儿园的区角游戏主要表现为表现性游戏、探索性游戏、运动性游戏、欣赏性游戏。从活动区角的功能来看，幼儿园区角主要包括表现性活动区、探索性活动区、运动性活动区与欣赏性活动区四大功能区。① 欣赏性活动区的主要功能不在游戏中，这里不做介绍。

1．表现性活动区

表现性活动区以幼儿已有经验为向导，通过各种开放性材料的投放，为幼儿提供自我表现与表达的机会。幼儿在这类活动区中会综合运用已有知识，在表达意愿、展示能力、充分体现自己天性和潜力的过程中，进行各种创造性的活动。具体包括以下功能区：

装扮区——幼儿开展角色游戏的场所。装扮区是使幼儿能够自由表达意愿和发挥想象力、创造力的区域，但前提是教师为他们创设的装扮区环境足以使他们自由表现。由此，他们对生活常规的认识、对人际关系的理解、对叙事能力的发展、对情感的宣泄和补偿都将在这里得到实现。

表演区——幼儿自发进行故事表演和歌舞表演的游戏场所。经常开展表演游戏，对幼儿的艺术素养、审美能力是一种很好的熏陶，让幼儿的再造性想象充分发挥，主要体现为日益增强的表现力，开朗、自信、合作的品质也都由此得到发展。

建构区——幼儿用各中结构元件如积木、插塑等材料进行结构造型的游戏场所。经常玩建构游戏的幼儿，能获得大量有关数量、图形及空间的核心经验，主要表现在积搭和接插各种作品的过程中及对审美规则的运用上，比如对称、有序排列、均衡等形式美的体现，需要运用到许多数学经验。建构游戏是融思维、操作、艺术、创造力为一体的活动，是幼儿阶段不可缺少的一种体验，幼儿园必须提供足够的空间、充足的材料及充分的时间，保障幼儿建构游戏的开展。

实例链接

建构区的创设

（1）主要材料有：积木类、积塑类、纸盒类及各种废旧材料等。

（2）可设于室内、外，区内张贴不同类型建筑物的图片，提供有关的资料，扩大幼

① 参见李季湄、冯晓霞主编：《〈3～6岁儿童学习与发展指南〉解读》，北京，人民教育出版社，2013。

儿的视野，提高其创作的能力。

（3）确保幼儿有充足的时间完成建构活动。

涂鸦区——幼儿自主地进行绘画涂鸦玩乐的场所。涂鸦区既为幼儿提供了精细动作练习的机会，也为幼儿审美表征能力的发展创造了条件，更是创造性教育的重要场所。幼儿通过这样的机会，从简单创作步骤走向复杂的创作，其创造性也将日益充分展现。

2. 探索性活动区

对幼儿来说，探索性活动区域应当是充满好奇并极具挑战性的，惊奇、疑问、尝试、发现是这类活动的一般过程，如何通过创设环境激发幼儿的认知冲突，让幼儿在不断尝试错误中建构自己的经验，是教师对这类活动区的主要作为。这些活动区包括以下几类：

益智区——幼儿通过手脑并用操作材料（棋牌类、拼图类）进行逻辑思维活动的游戏场所。保障益智区材料的吸引力，使幼儿自觉进入这个区域活动，这将极大地满足幼儿的求知欲，在数、形、空间等的感知过程中培养爱动脑筋的习惯，使之变得聪明和智慧，并且促进幼儿理智感的发展。

科学区——教师通过投放各种低结构化的材料，使幼儿通过与材料的相互作用，获得物体属性和事物关系的知识，是幼儿探索发现客观世界物理经验的活动场所。科学区不仅能满足幼儿的好奇心，还能发展表现力，从而保持求知欲。其不仅解决了幼儿对某一科学现象的暂时困惑，还为幼儿以后对这些现象的抽象学习奠定了感性经验的基础。

沙水区——幼儿玩沙、玩水的场所。沙水游戏是涉及幼儿各个发展领域多种经验的综合，由于沙水自身的多种特点极具探索的价值，同时沙水材料的开放性，又适宜于幼儿的多种表现，所以沙水游戏具有探索与表现的双重特点，对幼儿来说是一种具有多样性探索的综合性游戏材料。正因为其材料简单，可配合任何辅助材料，所以探索的价值大，获得的经验多，幼儿教师应当特别重视这个区域的活动组织。

实例链接

沙区的创设

（1）主要材料与工具有：沙铲、沙锄、沙模、筛盆、小桶以及其他辅助材料。

（2）主要设施有：沙地、沙池、沙槽、沙盆。

（3）沙池应设置在靠水源的地方，有条件的地方应与赤足锻炼配合。

水区的创设

（1）主要材料及工具有：冲洗沐浴设备、水车、软管、形状大小不同的容器、漏斗及各种浮沉物品等。

（2）主要设施有：泳池、戏水池、水槽、水盆等。

（3）设备及材料要注意安全性、科学性和趣味性。

种植饲养区——针对的是植物和动物，是增长幼儿自然常识，使幼儿认识生命变化的活动区域，主要有室内自然角和室外种植饲养园地。主要提供常见易养的动物植物，让幼儿在种植、采摘、喂养、照料等直接体验中，学习观察动植物的生长过程，理解生命循环的特点和价值。相比其他区域，在这里，幼儿作用的客观对象具有动态性和变化性，互动性更强，探索与发现所带来的乐趣更浓。它不仅可培养幼儿对生活的乐趣、亲近自然的情感、珍爱生命的意识，对幼儿做事的坚持性和责任感也是一种初步养成。

3. 运动性活动区

运动性活动区是指在户外场地上引发的，以粗大动作练习为主要内容的活动区域。一方面，身体运动是幼儿生长发育的必需，喜欢运动也是幼儿的年龄特点；另一方面，阳光和空气是保障幼儿健康的自然条件，所以户外运动已成为幼儿园一日生活各项活动中必不可少的一环，每天必须进行，运动区的环境创设也就显得格外重要。但是，运动性活动区绝不是孤立地发展粗大动作，而是通过粗大动作的自发练习促进幼儿全面发展。具体需考虑三大要素：一是发展哪些粗大动作；二是如何提高综合运动能力；三是促进运动中的思维发展。

固定运动器械区——幼儿在固定的大型运动器械上进行活动的场所。幼儿的粗大动作是通过作用于特定的环境发展起来的，那些固定安置的大型运动器械正是按照基本动作练习的需要设计的，钻爬、攀登、旋转、支撑、悬吊等都可以有专门的器械进行练习。幼儿的动作正在发展过程中，从不会到会、从不熟练到熟练，正是幼儿在器械上的自我挑战中小步递进的体现。

可移动运动器材区——幼儿可用双手操纵移动性运动材料来进行游戏的场所。可移动的运动器材有两类用途：一类是教师根据发展幼儿某项运动能力的需要，设计或投放能发挥特定功能的器材，如走高跷、袋鼠跳、爬竹梯、走平衡等；另一类是投放能够做各种组合变化的非结构性材料，如球、圈、绳、棒、箱子、板条、轮胎等能够滚动、推拉、抛接的材料。这些材料的价值在于，每种材料有多种玩法，材料之间可以任意组合，具有更加灵活使用的多功能性。运动材料越具有可移动和可变化性，其丰富的运动体验，对幼儿综合运动能力及运动思维的意义就越大。

自然游戏区——富有野趣的自然游戏场所。其趣味性主要体现在场地特征上，如土坪、草地、石子小路，阶梯、坡地、百草园地，沟渠、帐篷和小屋等。在这样的场地上奔跑、追逐、捉迷藏，能让幼儿体验各种场地特征对身体控制能力的不同要求（比如上坡、下坡，跨越沟渠，绕开障碍物），获得多种运动经验。幼儿园的自然游戏区本身就综合了户外的各种环境特征，能够使幼儿安全有效地体验如何调控自己的身体，机制灵活地避开障碍，练习自我保护能力，从而更好地应对外面世界难以预料的变化。当然，挑战性与安全性的统一，永远是户外运动平台设计与活动指导的根本原则。

（二）制订区角游戏活动计划

制订区角游戏活动计划是将游戏纳入有目的、有计划的教育活动的一种举措，同时可增强教师开展游戏的目标意识，规范其教育行为。区角游戏活动计划以周为单位加以制订是较为适宜的。下面以表4—2为例介绍区角游戏活动计划的内容与格式。

表4—2　　区角游戏周计划

本月/周教育重点：　　　　　　　　　　　　　　　　　　　教师：

项目＼活动区角						
A. 游戏目标						
B. 材料投放与空间布局						
C. 指导方式						
D. 注意问题						
E. 观察和效果记录						

表格横列按所需要提供的活动类型或区域依次列出，一般以五六类活动为宜。如，小舞台、益智操作区、超市、建构区、涂鸦区等。表格纵列依次为以下主要内容：

（1）游戏目标。依据各类游戏活动的教育功能与本班幼儿的年龄特点和实际发展水平，结合阶段性指导重点加以确定。区角游戏的目标是由教师预设性目标和幼儿生成性目标组成的。值得注意的是，教师的预设性目标具有隐蔽性特点。

（2）材料投放与空间布局。区角游戏的准备环节是游戏开展的基础，其中主要包括环境的准备、材料的准备两个部分。有效的区角游戏环境能够吸引幼儿进入游戏区域，诱发幼儿开展游戏。创设一个“会说话的环境”，让每一处环境、每一份材料都能支持和促进幼儿的游戏进行。所以，教师要结合游戏主题为幼儿提供适当类别和充足数量的材料，确保幼儿正常开展区角游戏。比如“美发厅”材料：镜子、梳子、吹风机、仿真剪刀、毛巾、洗发水、烫发卷、各种化妆用品的空盒、假发、发型图片等。如建构游戏区材料：木制积木、雪花片、乐高、已加工处理过的易拉罐、积塑、橡皮泥等。

（3）指导方式。依据不同游戏的特点与幼儿的年龄特征考虑相适宜的指导方式，并尽可能将游戏与教育教学、生活活动相互联系、结合与渗透，给予幼儿整体性的教育影响。

（4）观察与效果记录。教师对执行计划的情况、效果，幼儿游戏反馈的情况都应如实记录，并做分析、评价与反思，并作为下次游戏计划制订的依据。

此外，教师在制订区角游戏计划时，应考虑如何融进当前正在开展的主题活动或者项目活动的关键经验，以保证幼儿园教育活动的整体性。另外，区角游戏不同于开展单一的角色游戏、结构游戏与表演游戏等，区角游戏应有自己的主题，否则，区角游戏就是一盘散沙，幼儿不但不能获取关键经验，也不能达到区角游戏的功效。

三、幼儿园区角游戏活动的实施

在幼儿自发的游戏中，教师的作用在于能够用教育的眼光观察幼儿的游戏行为，在最适宜的时候采取最适宜的方式来促进幼儿的学习与发展。因此，为了组织实施好幼儿的区角游戏，教师需要掌握以下几点实施策略：

（一）把握“四大环节”科学开展区角游戏

区角游戏活动虽然是幼儿自主的活动，但都能按照一个有步骤的、可预测的学习程序进行，这一程序由计划、操作、整理、回忆四个环节组成。

1. 计划

幼儿在区角游戏开始前，首要的活动就是在教师的组织下，制订一个个人的活动计划，即计划他们在随后的活动中想做的事情，比如想在哪个区角中游戏？希望玩些什么？如何玩？等等。教师则帮助他们思考和充实计划并记录儿童的计划。通过计划，幼儿能够预先知道下一步行动是什么，该干什么，使其后继活动变为有目的的学习活动。

2. 操作

计划完成后，幼儿就可以执行他们的计划，在活动区内从事自己喜欢的游戏活动。幼儿既可以按照自己最初的计划进行活动，也可以改变其计划从事其他活动。在活动期间，幼儿可以用他们喜欢的材料从事游戏活动，或对学习材料进行探究，不断尝试新的想法或验证自己的想法。幼儿自行决定玩什么、和谁玩。教师则在儿童中间走动，观察和记录幼儿活动信息，如同伴交流、解决问题等，并在适当时机介入幼儿的活动，参与幼儿的讨论。

3. 整理

分类收拾、整理活动中用过的游戏材料，未完成的作品也要收好。教师要在活动结束前几分钟提醒幼儿，活动结束时要有明确的信号并明确整理与打扫的任务。

4. 回忆

游戏活动结束后，教师和幼儿有一个共同审视、总结他们做了什么、学到些什么的时间。教师和幼儿通过相互讨论和交流、展示作品、汇报探究成果等分享各自的学习活动与经验，建立起幼儿对事物的理解。幼儿经过回顾会发现，他们能使一些事件发生，他们学到了新的东西，他们能解决面临的问题。对那些不愿意回顾与总结的幼儿，教师不要过于勉强，但需要另外找时间单独交谈以了解情况。回忆环节重在幼儿的自我评价。在幼儿自我评价形式上，教师可以制作便于幼儿操作的自我评价手册或者是直接让幼儿进行口述。当然，评价手册更具有优势，不仅可以让幼儿以书面的方式表达自己的意见，而且还可以让幼儿随时回顾曾经的活动情况。幼儿的书面表达信息往往是由图画和符号组成的。

实例链接

全日制幼儿园一日生活作息时间安排表

7:30—8:30	早餐和刷牙
8:30—9:20	计划
9:20—10:30	操作活动和整理打扫
10:30—10:50	回忆
10:50—11:20	户外活动
11:20—11:45	集体活动时间和午饭准备
11:45—12:30	午餐
12:30—1:30	午睡，幼儿午睡或躺下来安静地看书
1:30—2:15	小组活动和点心
2:15—4:00	有的幼儿离园。教师和留下的幼儿制订计划，这些幼儿在活动区活动一直到离园

计划—操作—整理—回忆是高宽课程中既关键又独特的部分，它包括了儿童主动学习的所有要素。这一套井然有序的一日生活作息活动架构，为儿童和教师提供了活动的连贯性和程序的可预测性。

（二）注重观察与分析，把握介入时机进行有效干预①

(1) 指导的原则：观察在前，介入在后；分析在前，干预在后。

这条原则的意思是，教师在介入幼儿的游戏之前，首先要观察幼儿游戏；教师在干预幼儿的游戏之前，首先要分析幼儿游戏。

有些教师对幼儿游戏的指导常常表现出两种极端态度，要么放任不管，要么过度干预。前者一般是教师没有把握。后者又表现为两种情况，一种是盲目性干预，另一种是功利化干预。所谓盲目干预，指教师只是积极参与幼儿的游戏，而并不清楚自己参与的目的。所谓功利化干预，指教师过于在乎预设的目标，只要幼儿的行为与教师所预期的行为不一致，马上就进行纠正；或者在游戏中捕风捉影式地寻找插入个别化指导的机会，将教学目标强加于幼儿游戏。结果，教师所到之时，就是幼儿自己的游戏终止之时。

(2) 教师如何判断自己的介入和干预是否有效?

教师介入幼儿游戏的频率与幼儿的发展并非成正比，也就是说，幼儿在游戏时，教

① 参见李季湄、冯晓霞主编：《〈3～6岁儿童学习与发展指南〉解读》，北京，人民教育出版社，2013。

师的介入并非是越多越好。那么教师如何判断自己的介入是否有效呢？在此我们给出四条检验标准：

第一，你的介入是否尊重幼儿的游戏意愿。如果你的介入是通过观察，在顺应幼儿游戏意愿的前提下支持并推进了幼儿游戏的开展，那么就是“正效介入”。如果你的介入干扰和转移了幼儿自己的游戏，使幼儿的行为变得被动而无趣，那么这个介入就是“负效介入”。

第二，你的介入是否帮助幼儿获得新的经验，提升游戏水平。如果你的介入能使幼儿在积极情绪的体验下，充满兴趣地得到一个新的知识或信息，懂得一个新的道理，学会一种解决问题的办法，等等，这就是“正效介入”。如果你的介入要求太高，幼儿接受时感到困难，使游戏变成了一种教学和训练，那么就是“负效介入”。

第三，幼儿对你的介入是否积极响应。如果幼儿对你的介入置之不理，那么就是“无效介入”。此时你应当立即退出幼儿游戏，继续观察，而不强求幼儿。比起“负效介入”，这类介入虽然无效，但对教师反思自己的行为却非常有用，因为教师可从中分析幼儿的游戏意愿和行为水平与自己的介入预期和指导要求之间有什么距离。所以，从教师专业成长的意义上说，不应否定“无效介入”。相反，当教师对介入没有把握的情况下，应该鼓励教师进行“试探性介入”，即使无效也无妨。随着教师经验的丰富和专业水平的提高，正效介入会越来越多，无效介入会越来越少。

所以，教师介入和干预幼儿游戏应注意：避免“负效介入”，减少“无效介入”，鼓励“试探性介入”，做到“正效介入”。

第四，你的介入是否有清晰的意图。为了通过游戏的有效指导推进幼儿发展，教师在指导游戏时应该有比较清晰的意图，要清楚地意识到“我为什么要在这时候介入游戏”“通过我的介入和指导，将帮助幼儿获得怎样的经验和发展”。

实例链接

圆圆的动物园围栏

建构区里，圆圆正在用长方体小积木为小动物搭建一个动物园的围栏，围栏利用拐角两边靠墙，一条边他全部用了红色的积木，另一边他用了红—黄—红—黄—红—黄……的规律搭建，积木竖立着并紧挨着排列了很长的一段，但是搭到最后一段的时候，红色和黄色的积木没有了，同样大小的长方体小积木只剩下蓝色、绿色和白色的了。他犹豫了一下后，开始不加选择地使用其他颜色毫无规律地接着搭，但是很快他又推倒了还未完成的这一小段无排列规律的围栏，试图离开，这时教师介入了……

根据这个游戏情景，教师一般会用什么方法支持和指导幼儿的游戏呢？

通过观察分析，幼儿的游戏意图已经很明确了，他要完成围栏的搭建，且已具备AB模式排序的能力（一红一黄），此时他遇到的困难是没有红色和黄色的积木了，且并不满意自己用其他颜色搭的无规律的一段围栏，所以他推倒了，但又想不出其他办法。教师这时的介入应该是一个合适的时机，其目的是帮助幼儿完成围栏的搭建，从而支持幼儿实现游戏意愿。

（三）建立游戏规则有序开展游戏

活动区是幼儿自由、自主游戏的场所，但这种自由不是无度的自由，这种自主也不是无限的自主。真正的自由与自主是建立在适宜的规则基础之上的。区角游戏规则是管理手段，是有效开展游戏的保障措施，同时游戏规则还具有积极的教育功能。所以，要开展好游戏活动，应引导幼儿在活动中逐步建立并完善规则，认真执行规则，逐渐把规则的建立与执行作为自身的需要。这样才能激发起幼儿发展的最大潜力，发挥游戏的作用。

区角游戏规则可以分为两类：一是一般性游戏规则，即区角游戏的总的行为要求，建立良好的自主游戏活动的程序；二是各个区角的游戏规则，它因活动特点、功能、活动条件不同，需建立相应的各区游戏规则。下面我们介绍如何建立与执行游戏规则。

1. 通过游戏中的偶然事件形成规则

幼儿在区角游戏活动中所发生的事件往往属于偶然性事件，是幼儿在游戏中与环境、他人互动时所出现的矛盾、冲突和摩擦的外显性表现，由于幼儿的个体差异性致使每一次偶然事件会呈现出其独特性、不可重复性和无法预测性，偶然事件是幼儿自身需求的最真实、最直观的反应，它们体现了幼儿在游戏中与人和事物的磨合。而游戏规则能消解幼儿在游戏中与环境、他人互动时所出现的矛盾、冲突和摩擦并与之逐渐达到磨合状态。

规则是指导行为使活动顺利进行的准则。幼儿刚开始玩游戏时，教师可以帮助幼儿建立一些基本游戏规则，引导幼儿适宜的行为。游戏进行一段时间后，幼儿逐步认识到规则的作用，并产生建立和执行规则的需要，教师可引导幼儿讨论建立规则。一旦规则建立，教师要坚持要求幼儿执行规则，使规则起到规范行为的作用，并有一定的稳定性。在游戏中，教师要引导幼儿相互督促、相互提醒，自觉遵守规则，保证游戏的有序开展。幼儿园可以充分发挥墙面的教育功能，让幼儿自主协商制定规则，然后将规则以图文并茂的方式粘贴在墙上（如图4—5所示），提醒幼儿应该怎么做，以实现让墙面说话的教育价值。

由于不同园、不同班游戏环境、条件的实际情况各不相同，各班幼儿能力也有差异，因此要根据实际需要建立规则，以具有可行性。虽然游戏规则需有一定的稳定性，但并不等于一成不变，事实上，在游戏中需要根据幼儿的能力、行为质量的高低等实际情况，对游戏规则进行调整、完善。

2. 合理、有效地生成游戏规则

（1）尊重幼儿主体地位，让幼儿成为规则生成的主体。

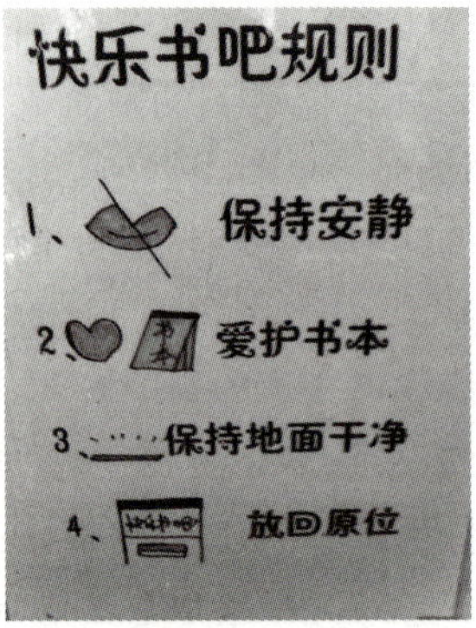

图 4—5 “快乐书吧”活动区规则

让幼儿在规则生成中成为主体，就是要充分给予幼儿机会去尝试生成规则，给予幼儿自主的空间。对于幼儿自发生成的规则，教师首先要尊重，尽可能地帮助幼儿去执行和实施自己生成的规则，充分鼓励和赞扬，并且给幼儿必要的指导去修复和修正规则以保证其科学合理和顺利实施。不论是教师还是幼儿都应当做规则的主人，而不能成为规则的奴隶。教师要在规则生成与执行的过程中不断调整与改进，做到“有规则而不唯规则”。

（2）有效地生成不同类型规则。

1）既提预设性规则，亦提生成性规则。

预设性规则指规则先于幼儿活动和行为而存在的规则，它是属于“规则在前，行为在后”的规则。预设性规则的功能在于规定某种活动和行为的方式，并在这些活动和行为发生之后对之进行调控和约束。生成性规则指在幼儿某些行为发生之后，为了调控这些行为而确立的规则，属于“行为在前，规则在后”的规则。如有个别幼儿私下拿走班集体玩具回家的行为发生后，老师提出“不能将玩具带回家”的规则。这种规则的功能是对先前已经存在的行为进行指导、调控和禁止。在区角游戏活动中，建立预设性规则与生成性规则都是有必要的。

2）多提兼益性规则，不提独益性规则。

兼益性规则是制定规则的幼儿教师与按该规则行动的幼儿都受益的规则。如“玩了玩具放回原处”“不打扰别人”等属于兼益性规则，这类规则的基本功能是兼顾规则的制定者和遵守者的利益。而独益性规则则只是制定规则的幼儿教师本人受益的规则，如“快点吃饭”“快点入睡”，其基本功能是保障规则的制定者受益。因此，仅是满足制定者受益的游戏规则是不可取的。

3）多用授权性规则，不提专制性规则。

专制性规则是幼儿教师出于方便管理而制定的高压性规则，其典型形式是“不许如何”，对某一类行为采取否定与禁止性态度，往往以反对、批评、谴责、禁止的形式来表达，如“不许讲话”“禁止玩水”等，其基本功能在于激励或抑制某些行为。授权性规则则是幼儿教师把是否采取某一类行为的权利授予幼儿，由他自主决定做或不做，其典型形式是“可以如何”或“有什么权利”，并以许可和授权的形式来表达，如“游戏中可以喝水”“可以去另外区角玩”。其基本功能在于保障幼儿个体的某种权利。在区角游戏规则中，高压式的专制性规则是不可取的。从尊重和维护幼儿权利出发，幼儿教师应多用民主式的授权性规则。

4）多定提倡性规则，少用命令性规则

提倡性规则是教师希望、期待、要求幼儿采取或不采取某种行为，但不强求幼儿做或不做的规则。如“摔跤不哭”“乐于助人”。命令性规则也是教师希望、期待、要求幼儿们采取或不采取某种行为，但与提倡性规则不同的是，它要求幼儿一定做到或一定不做，规定了幼儿的行为底线。如“严禁翻越栏杆”“不准打人”。命令性规则表达的只是对行为要求的坚决态度，但态度坚决不一定就有强制力。因此，在区角游戏规则中，幼儿教师应多制定提倡性规则，少用命令性规则。

（四）重视幼儿游戏过程而非结果

虽然教师设计组织的集体教学活动、规则性游戏活动与幼儿自发的区角游戏活动都能促进幼儿的发展，但是其学习效应有很大的区别，前者可以带来即时效应，尤其是关于知识技能的集体教学活动，其目的性很强，教什么学什么，是否学会，马上就能在幼儿身上得到反映。而区角游戏游戏则不然，它是在潜移默化中小步递进的能力提升和智慧增长，带给幼儿的是经验、能力与智慧。这种经验、能力与智慧虽不如识字、计算那样显而易见，却能在以后的成长过程中发挥作用。比如下面这个幼儿在做“棒棒糖”时，为验证橡皮泥究竟黏不黏，连续试了三十几次。这个幼儿满足于操作过程，并在此过程中获得了直接经验，发展了动手操作能力。

实例链接

橡皮泥黏不黏？

在角色区《小卖部》游戏中，两个孩子在卖东西。今天的“棒棒糖”很畅销，很快卖完了，可“顾客们”还要买。怎么办？4岁半的童童决定用橡皮泥来做“棒棒糖”。他把橡皮泥一小块一小块地揪下来，再用几小块橡皮泥合在一起做成一个糖球，插上一根小棍就成了“棒棒糖”。我发现他每次从大橡皮泥上揪下一块时都在脸上蹭一下，于是好奇地问：“你这是什么意思？”童童认真地说：“我试试橡皮泥黏不黏。”只见他一直一丝不苟地试着，偶尔有一次忘了往脸上蹭，还马上拿回来再补试一次……三十几次后，他不试了，终于相信了橡皮泥的黏性。

区角游戏是一种“重过程，轻结果”的活动。游戏的本质是非功利性的，幼儿游戏的目的就是游戏本身，而不为其他。因此，幼儿玩游戏时并不在乎结果，这与用一种方法达到一个目的的功利性活动不同，游戏中的幼儿总是变换着方法一遍一遍地重来。比如搭积木时，幼儿总是搭好了就拆，拆掉了换一种方法再搭。这种变换着花样做同一件事情，看似好像没学到什么特定的知识和技能，但这些活动对幼儿的思维力、符号理解力、空间理解力的发展却有独特的作用。同时还表明幼儿总是在游戏中实践用不同的方法达到同一个目的，极大地促进了幼儿思维的灵活性和发散性。如果教师只注重结果，幼儿获得的知识将是非常有限的，甚至是片面的。

游戏为幼儿提供了“直接感知、实际操作和亲身体验”的机会，因为游戏情景比教师创设的教学情景更真切，游戏中解决的问题都是幼儿的真问题，教师从幼儿的真问题出发进行的指导，能让幼儿获取有用的知识和经验。积极主动、好奇探究是幼儿最重要的学习品质，也是幼儿在游戏中最鲜明的行为特质，教师在游戏中对幼儿的支持和鼓励，在顺应幼儿天性的前提下，能在幼儿内部动机的驱使下养成良好的学习品质。

技能训练

试从区角环境、教师介入与干预的角度分析下面的案例。

一位教师对区角的调整

某幼儿园大班的本周第三次区角游戏活动又开始了。孩子们快速地进入各自喜欢的区角，争夺自己渴望已久的玩具，教师在区角中观察着幼儿的动向。这时教师发现了一个上周也出现的问题，阅读区的幼儿十分少，只有三个孩子在里面认真地看绘本。而科学区的人最多，很多孩子都排着队等待进入“神秘房间”。这时教师就在想，是不是应该使用“进区卡”，以控制各区域的幼儿人数。可是教师又觉得强行要求幼儿选择区域活动会影响幼儿对区角游戏的兴趣，以及幼儿在游戏中的自主性。在游戏结束后，教师便把幼儿集中在一起开展评价工作。通过跟幼儿的交流，教师才意识到阅读区人少是因为里面缺乏幼儿感兴趣的图书，里面的书早已经看完了。而科学区的“神秘房间”十分好玩，但是每次只有一个小朋友才能玩，所以大家都在那里排队等待。

教师根据自己观察的情况和幼儿的意见做出了两方面的调整：第一，在阅读区里投放了可以由幼儿自己制作故事和人物的新书，还提供了一些布袋木偶等桌面表演材料。第二，适当地扩大科学区的面积，增设了1个“神秘房间”，同时开发了类似“神秘房间”的其他科学探索室。

在第四次区角游戏活动中，幼儿开始对阅读区的布袋木偶感兴趣，并用木偶来演义书中的故事。还有一些女孩子对自制书非常感兴趣，其中一个小朋友还在区角活动结束后给大家讲了自己用自制书编写的故事。科学区就更热闹了，孩子们对“神秘房间”依然保持着兴趣，更重要的是幼儿还把这种兴趣迁移到其他探索活动中，类似于“神秘房间”的探索室也是一片繁忙的景象。

学练结合

利用去幼儿园观摩或见习的机会，认真观摩一次幼儿园区角游戏活动。请从区角游戏组织的四大环节、区角环境及材料、教师指导行为的有效性、游戏规则等方面进行记录并做全面分析与评价。

第五章　幼儿园一日生活活动的设计与实施

目标导航

［**知识目标**］了解幼儿园一日生活活动的内容及对儿童发学习与发展的重要价值；理解幼儿园一日生活活动设计原则与实施方法，树立生活即教育、一日活动皆课程的教育理念。

［**能力目标**］能发现并解决幼儿园一日活动设计和实施中存在的常见问题，能科学设计和实施幼儿园一日生活活动。

第一节 幼儿园一日生活活动的设计

基础知识

《3～6 岁儿童学习与发展指南》提出：幼儿的学习是以直接经验为基础的，在游戏和日常生活中进行的。要珍视游戏和生活的独特价值，创设丰富的教育环境，合理安排一日生活，最大限度地支持和满足幼儿，通过直接感知、实际操作和亲身体验获取经验的需要。融教育于一日生活是幼儿教育的显著特点，尊重儿童的生活，在生活中学习是世界幼儿教育的共同价值取向。

一、一日生活活动中儿童的学习与发展

“幼儿园的一日活动”在学前教育领域有不同的理解。有的理解为“幼儿园生活活动”，即幼儿园一日活动中各个生活环节。有的理解为幼儿在园一天所进行的各项活动，如入园、进餐、睡眠、上课等活动。前者把一日活动等同于生活活动，略显狭隘；后者是对一日活动更为广义的理解。我们认为一日活动是指幼儿从早上入园到下午离园所经历的所有活动，也可视为幼儿缘自自身生命成长的需要所展开的一切活动。生活活动包活入园、晨检、进餐、饮水、如厕、盥洗、午睡、散步、离园、过渡环节等，内容上包含了“生活自理、交往礼仪、自我保护、环境卫生、生活规则”等方面的活动。例如幼儿自己进餐、穿脱衣物、整理物品、值日、打扫卫生等活动；幼儿在实际生活中与成人、幼儿产生交往，习得交往策略，养成良好的礼貌和礼仪；幼儿懂得生活中简单的健

康和安全常识，包括饮食卫生、营养卫生、睡眠卫生、起居卫生、心理卫生、疾病和安全事故预防等；幼儿自觉遵守幼儿园规则的作息制度，能适应集体生活，维护公共卫生和遵守集体生活规则等。

游戏活动是幼儿自发、自主、自由的活动，包活各种规则性游戏、创造性游戏和自主游戏及活动区活动等。学习活动是教育计划中预定的、教师为主导进行的活动，包括各领域的集体、小组和个别学习；运动活动包括户内、户外开展的早运动、运动集中教育活动、自由的户外体育游戏等，能有效提高幼儿的身体素质、动作协调能力及环境适应能力。这些活动之间经常没有明显的界线，往往你中有我，我中有你。①

一日生活是幼儿在幼儿园的全部生活，是“个体在参与、体验与创造中，利用环境自我更新的历程”（杜威）。它既是满足幼儿生命基本需要的活动，也在真实的生活情境中促进了幼儿身心健康、生活自理、语言交往、社会适应、科学探究、艺术感受能力的发展，更是在其中形成良好学习品质的过程。

“教育即生长，教育即生活”，幼儿主要的学习对象是生活，主要的学习途径也是生活，幼儿以更好地适应生活为学习目的。幼儿的学习在吃、喝、拉、撒、睡、玩、交往、探究等日常各个活动中发展，通过生活中实际地与成人互动，与同伴争执和合作，感触接触真实的物体，真实地体验各种情感，解决实际的问题等，逐步习得与自己生存、发展密切相关的基本知识与技能，了解周围的世界，积累各种有益的经验，逐步形成自己的性格、习惯等。幼儿园或家庭为幼儿创造的生活越丰富，他们从中能够学习到的东西就越多，积累的经验就越多样化、越广阔，幼儿的发展也会越有质量。任何脱离幼儿当前实际生活的所谓正规化课程，任何依靠教科书来教授幼儿知识的教育，都是违背幼儿学习特点和幼儿教育规律的，都不适宜幼儿期的学习与发展，也不可能真正促进幼儿的成长。② 在以“教为中心”的幼儿教育模式下，教师更多关注的是学习活动的设计和目标达成，而忽视了一日生活各个环节中儿童的学习与发展。依据《指南》精神，幼儿在园一日生活活动环节中儿童的学习与发展如表 5—1 所示。

表 5—1　　生活活动中儿童的学习与发展

	健康	语言	社会	科学	艺术
入/离园环节	1. 情绪安定愉快（经常保持愉快的情绪；表达情绪的方式比较适度，不乱发脾气）	1. 认真听并能听懂常用语言（能听懂日常会话；听不懂或有疑问时能主动提问）	1. 愿意与人交往（愿意和小朋友一起游戏；愿意和长辈交谈，有事愿意告诉长辈）		

① 参见朱家雄：《幼儿园教育活动设计与实施》，北京，高等教育出版社，2008。

② 参见李季湄、冯晓霞主编：《〈3～6 岁儿童学习与发展指南〉解读》，北京，人民教育出版社，2013。

续前表

	健康	语言	社会	科学	艺术
	2. 具有一定的适应能力（能较快适应人际环境中发生的变化；能较快融入新的人际关系环境） 3. 具有良好的生活与卫生习惯（养成每天按时睡觉和起床的习惯） 4. 具有基本的生活自理能力（能将玩具和图书放回原处；能自己穿脱衣服、鞋袜、扣纽扣）	2. 愿意讲话并能清楚地表达（能大方地与人打招呼；愿意表达自己的需要和想法；愿意与他人交谈） 3. 具有文明的语言习惯（能在成人的提醒下使用恰当的礼貌用语；别人讲话时能积极主动地回应） 4. 喜欢听故事，看图书（主动要求成人讲故事、读图书；专注地阅读图书） 5. 具有书面表达的愿望和初步技能（愿意用图画和符号表达自己的愿望和想法；会正确书写自己的名字）	2. 能与同伴友好相处（想加入同伴的游戏时，能友好地提出请求；学习轮流、分享、合作等） 3. 关心尊重他人（长辈讲话时能认真听，能听从长辈的要求；会用礼貌的方式向长辈表达自己的要求和想法；能关注别人的情绪和需要，并能给予力所能及的帮助） 4. 喜欢并适应群体生活（对幼儿园的生活好奇，喜欢上幼儿园；愿意并主动参加群体活动；在群体活动中积极、快乐） 5. 遵守基本的行为规范（感受规则的意义，并能遵守规则） 6. 具有初步的归属感（喜欢自己所在的幼儿园和班级，积极参加集体活动）		
餐点、饮水、如厕、盥洗、午睡等生活环节	1. 具有良好的生活与卫生习惯（坚持午睡；不偏食、挑食；不暴饮暴食，喜欢吃瓜果、蔬菜等新鲜食品；吃东西时细嚼慢咽；饮用白开水，不贪喝饮料；保护眼睛、牙齿等） 2. 具有基本的生活自理能力（自己穿脱衣服、鞋袜、扣纽扣、系鞋带、根据冷热增减衣服；整理自己的物品）	1. 认真听并能听懂常用语言（别人对自己说话时能注意听并作出回应；有意识地听与自己有关的信息） 2. 愿意讲话并能清楚地表达（愿意表达自己的需要和想法） 3. 具有文明的语言习惯（别人对自己说话时能注意听并做出回应；使用恰当的礼貌用语；根据场合调节自己说话声音的大小、语气）	1. 能与同伴友好相处（学习解决与同伴之间的冲突） 2. 具有自尊、自信、自主的表现（自己能做的事情自己做，不会的愿意学） 3. 关心尊重他人（关注别人的情绪和需要，并能给予力所能及的帮助；尊重为大家提供服务的人，珍惜他们的劳动成果；接纳、尊重与自己的生活方式或习惯不同的人）	1. 在探究中认识周围事物和现象（能感知和体验天气对自己生活和活动的影响；能感知和发现不同季节的特点，体验季节对动植物和人的影响；初步了解人们的生活与自然环境的密切关系，知道尊重和珍惜生命） 2. 初步感知生活中数学的有用和有趣（体验和发现生活中很多地方都会用到数，可以用数学的方法来解决问题）	

续前表

	健康	语言	社会	科学	艺术
	3. 手的动作灵活协调（熟练地用勺子、筷子吃饭；能用简单的劳动工具或用具）		4. 遵守基本的行为规范（遵守规则；节约粮食、水电等资源）	3. 感知和理解数、量及数量关系（通过一一对应、数数的方法，比较两组物体的多少） 4. 感知形状与空间关系（注意物体较明显的形状特征；能按语言指示或根据简单示意图正确取放物品）	
转换环节	1. 情绪安定愉快（能随着活动的需要转换情绪和注意） 2. 具有一定的适应能力（能较快适应环境中发生的变化） 3. 具有基本的生活自理能力（能按类别整理好自己的物品）	1. 认真听并能听懂常用语言（能结合情境感受到不同语气。语调所表达的不同意思；在集体中能注意听老师或其他人讲话；听不懂或有疑问时能主动提问；结合情境感受到不同语气、语调所表达的不同意思、理解一些相对复杂的句子） 2. 愿意讲话并能清楚地表达（能口齿清楚地说儿歌。童谣或复述简短的故事；能基本完整地讲述自己的所见所闻和经历的事情；能有序、连贯、清楚地讲述一件事情） 3. 具有文明的语言习惯（说话自然、声音大小适中；懂得按次序轮流讲话，不随意打断别人） 4. 喜欢听故事，看图书（喜欢跟读韵律感强的儿歌、童谣；喜欢把听过的故事或看过的图书讲给别人听；对图书和生活情境中的文字符号感兴趣）	1. 能与同伴友好相处（知道别人的想法有时和自己不一样，能倾听和接受别人的意见，不能接受时会说明理由） 2. 具有自尊、自信、自主的表现（能根据自己的兴趣、想法选择和进行游戏或其他活动；在活动中出主意、想办法；敢于尝试有一定难度的活动和任务；与别人看法不同时，敢于坚持自己的意见并说出理由） 3. 喜欢并适应群体生活（对群体活动有兴趣；愿意并主动参加群体活动；在群体活动中积极、快乐） 4. 遵守基本的行为规范（基本遵守规则；理解规则的意义，能与同伴协商制定游戏和活动规则；能认真负责地完成自己所接受的任务） 5. 具有初步的归属感（积极参加集体活动；愿意为集体	1. 亲近自然，喜欢探究（动手动脑探索物体和材料；动手动脑寻找问题的答案；探索中有所发现时感到兴奋和满足） 2. 具有初步的探究能力（用多种感官或动作去探索物体，关注动作所产生的结果；对事物或现象进行观察比较，发现其相同与不同；发现并描述不同种类物体的特征或某个事物前后的变化；学习制定简单的调查计划，通过调查收集信息；用数字、图画、图表或其他符号记录） 3. 感知和理解数、量及数量关系（通过实际操作理解数与数之间的关系；借助实际情景和操作理解“加”和“减”的实际意义；用简单的记录表、统计图等表示简单的数量关系）	1. 喜欢欣赏多种多样的艺术形式和作品（观看自己喜欢的文艺演出或艺术品，有模仿和参与的愿望；艺术欣赏时常常用表情、动作、语言等方式表达自己的理解；和别人分享、交流自己喜爱的艺术作品和美感体验） 2. 喜欢进行艺术活动并大胆表现（愿意参加歌唱、律动、舞蹈、表演等活动；用绘画、捏泥、手工制作等多种方式表现自己的所见所想；用多种工具、材料或不同的表现手法表达自己的感受和想象；艺术活动中能与他人互相配合，也能独立表现）

续前表

	健康	语言	社会	科学	艺术
		5. 具有初步的阅读理解能力（能根据连续画面提供的信息，大致说出故事的情节；对看过的图书、听过的故事能说出自己的看法；初步感受文学语言的美） 6. 具有书面表达的愿望和初步技能（愿意用图画和符号表达自己的愿望和想法、事物或故事；会正确书写自己的名字；写画时姿势正确）	做事，为集体的成绩感到高兴；能感受和体会到家乡的发展变化并为此感到高兴）		
户外自由活动	户外活动不仅对幼儿形成健康的体态、愉快的情绪、适应环境的能力，发展动作的平衡、协调、灵敏、力量和耐力等具有极大的作用，还能够发展幼儿的生活自理能力和安全意识、自我保护能力，如运动时注意安全，不给他人造成危险；根据冷热自己增减衣服、系鞋带等。可以说，健康领域的大多数目标都可以通过户外活动来实现	1. 认真听并能听懂常用语言（别人对自己说话时能注意听并做出回应；能结合情境感受到不同语气。语调所表达的不同意思） 2. 愿意讲话并能清楚地表达（愿意表达自己的需要和想法，愿意与他人交谈，喜欢谈论自己感兴趣的话题；完整地讲述自己的所见所闻和经历的事情） 3. 具有文明的语言习惯（使用恰当的礼貌用语；根据场合调节自己说话声音的大小、语气）	1. 愿意与人交往（愿意或喜欢和小朋友一起游戏；有高兴的或有趣的事愿意与大家分享） 2. 能与同伴友好相处（想加入同伴的游戏时，能友好地提出请求；会运用介绍自己、交换玩具等简单技巧加入同伴游戏；能想办法吸引同伴和自己一起游戏；对大家都喜欢的东西能轮流、分享；活动时能与同伴分工合作，遇到困难能一起克服；与同伴发生冲突时能自己协商解决） 3. 具有自尊、自信、自主的表现（能根据自己的兴趣选择游戏或其他活动；能按自己的想法进行游戏或其他活动；能主动发起活动或在活动中出主意、想办法）	1. 在探究中认识周围事物和现象（能感知和发现物体和材料的软硬、光滑和粗糙等特性；能感知和体验天气、不同季节的特点，发现对自己生活和活动的影响；能感知和发现简单物理现象，如物体形态或位置变化等；能发现常见物体的结构和功能之间的关系） 2. 初步感知生活中数学的有用和有趣（体验和发现生活中很多地方都用到数，感知和体会有些事物可以用数来描述；发现生活中许多问题都可以用数学的方法来解决） 3. 感知和理解数、量及数量关系（能用数词描述事物或动作；会用数词描述事物的排列数序和位置）	1. 喜欢自然界与生活中美的事物（容易被自然界中的鸟鸣、风声、雨声等好听的声音所吸引；乐于收集美的物品或向别人介绍所发现的美的事物） 2. 喜欢进行艺术活动并大胆表现（经常自哼自唱或模仿有趣的动作、表情和声调；经常唱唱跳跳，愿意参加歌唱、律动、舞蹈、表演等活动；能用多种工具、材料或不同的表现手法表达自己的感受和想象） 3. 具有初步的艺术表现与创造能力（能跟随熟悉的音乐做身体动作；能用声音、动作、姿态模拟自然界的事物和生活情景；能通过即兴哼唱、即

续前表

	健康	语言	社会	科学	艺术
			4. 关心尊重他人（能注意到别人的情绪，并有关心、体贴的表现；能有礼貌地与人交往） 5. 喜欢并适应群体生活（对群体活动有兴趣；愿意并主动参加群体活动；在群体活动中积极、快乐） 6. 遵守基本的行为规范（基本遵守规则；理解规则的意义，能与同伴协商制定游戏和活动规则）	4. 感知形状与空间关系（感知物体基本的空间位置与方位，理解上下、前后、里外等方位词；能使用上下、前后、里外、中间、旁边等方位词描述物体的位置和运动方向；辨别自己的左右）	兴表演或给熟悉的歌曲编词来表达自己的心情；能用律动或简单的舞蹈动作表现自己的情绪或自然界的情景）

二、幼儿园一日生活活动设计的原则

一日生活活动设计是指对幼儿在园一日所有的活动进行有序的、合理的安排，使幼儿生活有节奏、有规律、劳逸结合，保障幼儿在科学合理的一日生活活动中快乐学习、幸福成长。一日生活活动的设计应遵循以下原则：

（一）幼儿为本原则

幼儿为本原则是指幼儿一日生活活动设计的内容和形式必须符合幼儿身心发展规律和学习特点。“尊重幼儿的生活，生活教育化”是以“幼儿为本”的幼儿教育的基本特征，也是当今世界幼儿教育的普适性追求。幼儿期是身心发展的特殊时期，幼儿身体和思维发展不完善，又处于情绪、性格、行为、习惯等形成的重要时期，加之幼儿的学习方式有别于成人，要让幼儿在游戏中学习、在生活中学习，一日生活设计应充分尊重幼儿的年龄特点、学习方式和个体差异，不过分强化学习活动，增大游戏、运动、生活及自主活动在一日活动中的容量，科学、合理地安排一日活动，各环节时间要既固定又具有相对的灵活性，既让幼儿形成习惯，让他们有所适从，又满足幼儿的合理需要，照顾到个体差异。

（二）保教结合原则

幼儿园的任务是：“实行保育与教育相结合的原则，对幼儿实施体、智、德、美诸方面全面发展的教育，促进其身心和谐发展。”这就决定了幼儿园应“保教结合、保教并重”，这是幼儿园区别于中小学的突出特点。幼儿园一日生活活动的设计应遵循“保教结合”的原则，“保中有教、教中有保、保教结合”。教师要认识幼儿教育的特殊性，认识幼儿园保育工作的重要性和必要性，从观念到行为都要把“保护幼儿的生命和促进幼儿的健康”视为己任，善于在保育过程中实施必要的教育，在教育过程中实施相应的保育，发挥生活活动在幼儿全面发展教育中的保教作用，实现一日生活活动的课程目标。①

（三）整体性原则

幼儿园生活、游戏、学习、运动等活动本不可分化，对幼儿园的教育和保育发挥着不同的功能。幼儿园应认清和把握各类活动的功能和特点，均衡安排一日活动，充分发挥各个类型活动自身的功能，又对其他活动起到补充和辅助的作用，使幼儿园一日活动成为一个有机的整体，寓教育于一日活动之中。另外，一日生活活动中要注意领域之间、幼儿发展目标之间的渗透，促进幼儿整体、协调发展。

（四）多样性与交替性相结合的原则

幼儿园一日活动可根据不同的标准分为不同的形式。依据幼儿参与活动的人数可分为集体活动、小组活动、个别活动；依据活动场所和空间可分为室内活动、户外活动、园内活动、园外活动；依据参与幼儿的年龄规模可分为混龄活动、平行班活动、全园性活动；依据活动中的教育结构性程度可分为高结构活动、低结构活动、无结构活动。

幼儿主动注意力时间短，多样性和交替性的活动内容和活动方式能使幼儿避免单一的刺激，减少疲劳，增加活动兴趣，提高活动效能。在设计幼儿园的一日活动时，遵循动态与静态交替、户内与户外交替、集体与个别交替三原则是考量安排合理性与科学性的重要因素。

1. 动态活动与静态活动相交替

学习活动中的动静交替，学习活动后安排生活或游戏内容，是一日活动安排中的常见策略。具体安排时，应尽可能先静后动，动手与动脑交错。例如，前一个环节如果以动为主（如体育活动、律动等），后一个环节就应该安排静态的活动（如语言活动、美术活动等）。又如，前一个环节是动脑较多的活动（如智力游戏、科学活动、数学活动等），后一个环节就应该安排动手更多的、相对更轻松的活动（如建构游戏、音乐游戏、绘画等）。

2. 户内活动与户外活动相交替

在进行一日活动安排时，室内与室外合理协调，既要满足每天 2 小时活动时间的基本要求，同时也应对活动的时间、顺序、内容有合理的协调。户外的活动一般不超过 40 分钟，时间太长，孩子易身体疲劳，同时对规则的遵守也会打折扣，增加不安全因素。大多数幼儿园除了安排户外运动类活动外，还安排观察、散步、自由结伴玩耍、民间游

---

① 参见陈世联主编：《幼儿园课程与活动指导》，重庆，重庆出版社，2007。

戏、音乐游戏等，或者在室内开展的活动，如建构游戏、角色游戏，部分科学、语言、社会等领域活动都安排在室外进行。原则上上午至少3次户外活动：早运动、课间户外活动、餐后户外散步；下午至少一次，即户外体育活动。

3. 集体活动与个体活动相交替

一定数量的集体活动能帮助幼儿习得集体活动中的行为准则；学习在集体中听懂别人说话，获得相互模仿、同步学习的经验和乐趣；学习必要的等待、轮流、交换和分享等亲社会行为，有助于社会适应能力和社会情感的发展。同时，幼儿园一日活动中又必须保证自主活动的时间。在自主的环境中，幼儿会更加自信、轻松、愉悦，所能获得的发展往往是集体活动所不能给予的。因此，在安排幼儿园一日生活的作息时间时需体现幼儿主体性，让幼儿园真正成为幼儿快乐成长的乐园。

（五）稳定性与灵活性相结合的原则

《幼儿园教育指导纲要（试行）》指出：一日生活中，时间的安排应有相对的稳定性与灵活性，即要有利于形成秩序，又能满足幼儿的合理需要，照顾到个体差异。① 幼儿园一日生活活动要将时间和程序相对固定下来，成为一日生活活动制度，让幼儿做到心中有数、生活节奏有条不紊。这有助于提高幼儿的独立性、自主性、条理性，对形成良好生活习惯和行为习惯也有促进作用，同时能使幼儿对幼儿园环境与生活产生安全感，并增强幼儿的时间概念。但是，在安排上不能像中小学作息时间一样刻板，切记“一刀切”。还要注意预设与生成结合，一日生活各环节的时间、内容、顺序可根据幼儿具体情况、教学需要和客观条件做灵活调整。

一般情况下，幼儿在园一天的时间总和约为10个小时。其中，以大班为例，教学活动约占1个小时，游戏（含区域游戏）时间约占1.5个小时，运动环节约占1.5个小时，生活环节约占6个小时。根据幼儿身心发展特点，不同年龄段幼儿参与幼儿园各环节活动时间都有相应的时间要求。例如，根据幼儿注意力集中时间，将小班学习活动时间确定为每次10～15分钟，中班为20～25分钟，大班为30～35分钟。幼儿感兴趣的活动时间可以相对延长，反之则缩短。再如，《3～6岁儿童学习与发展指南》要求“午睡一般应达到2小时左右。午睡时间可根据幼儿的年龄、季节的变化和个体差异适当减少。”关于幼儿在园户外活动时间，《3～6岁儿童学习与发展指南》里也明确规定：幼儿每天的户外活动时间一般不少于2小时，其中体育活动时间不少于1小时，季节交替时要坚持。气温过热或过冷的季节或地区应因地制宜，选择温度适当的时间段开展户外活动，也可根据气温的变化和幼儿的个体差异，适当减少活动的时间。②

（六）自主性和指导性相结合的原则

幼儿在行为上自主，能够独立选择、独自处理日常生活中的各种事务，可以建立良

① 参见陈世联主编：《幼儿园课程与活动指导》，重庆，重庆出版社，2007。

② 参见李季湄、冯晓霞主编：《〈3～6岁儿童学习与发展指南〉解读》，北京，人民教育出版社，2013。

好的情感自主和认知自主，获得对个人正确的、积极的认识，对建立幼儿自尊、自信有积极的促进作用。日常生活具有自主性、习惯性、情感性等特点，幼儿是在一日生活中逐渐习得常规，而非强制。在一日生活活动设计中，应充分地尊重幼儿，发挥其主体性，让幼儿主动、积极、创造性地生活。例如区域活动中，让幼儿自由选择游戏内容、材料、形式、同伴，自己决定做什么和怎样做，活动中主动参与、充分交往、整理经验、体验情感，很好地在自主环境中获得学习与发展。幼儿的发展离不开教师的指导，在幼儿一日生活中，教师必须深入地了解幼儿，创设环境、适时介入，激发幼儿的主动性，使教师间接指导转化为幼儿真实地发展。

表 5—2 是一所幼儿园调整前后的作息时间表。

表 5—2　　　　一日活动作息时间对照表

<table>
<tr><th colspan="2">作息时间一（调整前）</th><th colspan="2">作息时间二（调整后）</th></tr>
<tr><td>晨检、接待</td><td>7:45—8:00</td><td rowspan="2">晨间活动</td><td rowspan="2">7:45—8:40</td></tr>
<tr><td>晨间锻炼</td><td>8:00—8:40</td></tr>
<tr><td>早操</td><td>8:40—9:00</td><td>早操</td><td>8:40—9:00</td></tr>
<tr><td>早点</td><td>9:00—9:10</td><td>生活活动</td><td>9:00—9:10</td></tr>
<tr><td>教学活动</td><td>9:10—9:40</td><td rowspan="3">区域活动
集体学习活动
户外体育活动</td><td rowspan="3">9:10—11:00</td></tr>
<tr><td>区域活动</td><td>9:50—10:40</td></tr>
<tr><td>户外活动</td><td>10:40—11:00</td></tr>
<tr><td>餐前活动</td><td>11:00—11:15</td><td rowspan="3">游戏活动
午餐
午睡</td><td rowspan="3">11:00—14:20</td></tr>
<tr><td>午餐</td><td>11:15—11:55</td></tr>
<tr><td>午睡</td><td>11:55—14:20</td></tr>
<tr><td>点心时间</td><td>14:20—15:00</td><td rowspan="3">午间活动
点心
游戏活动</td><td rowspan="3">14:20—16:20</td></tr>
<tr><td>游戏活动</td><td>15:00—15:40</td></tr>
<tr><td>户外活动</td><td>15:40—16:20</td></tr>
<tr><td>离园活动</td><td>16:20—16:40</td><td>离园活动</td><td>16:20—16:40</td></tr>
</table>

分析得出：调整前的作息时间表有比较严格的时间规定，一日生活活动的整体时间被切分为小块，有较多集体进行的、不必要的过渡环节存在。而调整后的时间表中，对过渡环节进行了紧凑化的处理，比较突出的是版块式的时间，避免环节频繁转换带来的不必要隐性浪费。版块式的作息打破了原有的一次完成一件事情的严格时刻表，增加了弹性时间，给教师和幼儿比较大的自主权。版块式的作息增加了整体的时间，使幼儿拥有“长时间完成一件事情”和“跨时间完成一件事情”的可能性。

虽然两个环节之间的过渡环节一般没有写在一日生活活动作息时间表上，但教师制订计划时，应心中有数。在一日生活活动中，依据自己班级中幼儿的特点和需求及当日活动内容，调整能由教师自由支配的部分时间，自行安排活动的次序和时间长度，形成“活动群”，避免环节频繁转换带来的不必要的等待，有利于教师真正从幼儿身心转化节奏的角度，保证幼儿园的一日生活活动更加有序和科学，真正体现幼儿在教育中的主体地位。

三、幼儿园一日生活活动设计的格式

（一）幼儿园一日生活活动设计的要求

在进行幼儿园一日活动的安排时，一方面要遵循作息制度，另一方面要综合考虑前面介绍的基本原则及注意事项，内容提供要尽量详细。好的作息时间表，使幼儿的生活有条不紊、富有节奏，能提高幼儿的秩序感、独立性、自主性、条理性，使幼儿产生安全感，幼儿园一日生活活动安排见表5—3。

表5—3　　幼儿园一日生活活动时间表

来园—8:00	生活活动（入园）、体育活动（自选活动或早操）
8:00—9:00	生活活动（盥洗、早餐、如厕等）、餐后活动（自主游戏等）
9:00—11:30	学习活动（集体、小组或个别学习）、体育活动（集体活动、自选活动或课间操）、自主游戏活动、生活活动（盥洗、晨点、如厕等）
11:30—12:15	生活活动（盥洗、午餐等）、餐后活动（散步、自主游戏等）
12:15—14:30	生活活动（午睡、如厕等）
14:30—离园前	学习活动（集体、小组或个别学习）、体育活动（集体活动、自选活动或课间操）、自主游戏活动、生活活动（盥洗、午点、如厕等）
离园	生活活动（离园）

资料来源：陈世联主编：《幼儿园课程与活动指导》，重庆，重庆出版社，2007。

每所幼儿园会从办园文化、教育理念、课程价值、幼儿园环境、幼儿年龄特点等多方面因素考虑，进行一日生活活动的安排。例如，某幼儿园在一日生活活动的时间管理上具有科学性和灵活性，结合场地现状错峰安排，实现资源共享，根据不同年龄段幼儿科学调整学习活动时间。见表5—4。

表5—4　　某幼儿园一日生活作息时间表

活动环节	大班	中班	小班	备注
入园、早餐及餐后活动	8:10	8:10	8:10	小班9:10开始活动区活动
早操活动	9:10	9:10	9:40	小班自备音乐
盥洗及集中教育活动	9:40	9:40	10:10	
盥洗、点心及全园户外活动	10:20	10:15	10:30	
盥洗、饮水及游戏活动	11:00	10:55	11:10	
盥洗、午餐及散步	11:50	11:45	11:40	
午　睡	12:40	12:40	12:30	
起床、自选活动	14:40	14:40	14:40	
游戏活动	15:05	15:10	15:15	中班户外体育
户外体育活动	15:45	15:45	15:45	中班活动区游戏
饮水、游戏	16:20	16:20	16:20	
盥洗及离园	17:05	17:00	16:50	

一日生活活动计划是对一天各个具体时段的生活和活动程序做出设计安排。在幼儿园，一日生活活动安排往往是通过周计划得以体现的，如表 5—5 所示。

表 5—5　　某幼儿园大班周计划表

时间及程序 \ 内容 \ 日期		星期一	星期二	星期三	星期四	星期五
8:00—9:00	晨间活动	晨间区角游戏、谈话活动及早操				
9:10—9:40	学习活动	讨论：社区摄影展	谈话：你能做到吗?	音乐：数高楼	数学：多吃少	远足前的谈话
9:50—10:20	户外活动	沙漠寻宝	跳房子	保龄球大赛	民俗游戏	远足到“笔架山”
10:30—11:20	游戏活动	语言游戏：《成语接龙》	写生活动：《画“社区”》	音乐游戏：《数高楼》	建构游戏	远足
11:30—2:50	午　餐、午睡、午点					
3:00—3:40	户外活动	大型玩具	拍球	跳绳	后山自由活动	远足小结
3:50—4:30	游戏活动	区角游戏	区角游戏	区角游戏	区角游戏	区角游戏
4:40—5:00	离园					

（二）幼儿园一日生活活动的具体设计格式

一日生活活动是满足幼儿生命基本需要的活动，具有发展幼儿生活自理、与人交往、自我保护等能力，培养规则意识和健康生活习惯的作用。一日生活活动的设计可用文字式和表格式。不管用哪种格式，都包含一日生活活动的环节、内容、要求、准备以及评价。活动环节包括入园、离园、进餐、睡眠、餐点、饮水、盥洗、如厕等；内容指该环节活动的具体内容；要求指对教师、保育员、保健员、幼儿等的要求；准备指为该环节所做的准备工作；评价指对该环节实施后进行的自我评价，评价在一日生活活动计划实施后进行。

1. 文字式一日活动计划设计

实例链接

某幼儿园一日生活活动计划

一、入园

（一）内容

入园接待活动、自由活动、观察活动（户外、自然角的观察及记录）、晨间谈话活动。

（二）要求

1．幼儿

按要求带齐当日所需的生活和学习用品。

着装整洁舒适，便于活动。

按时、愉快入园，有礼貌地向老师、同伴问好。

愿意接受晨检，身体不适能告诉保健老师。

主动参加晨间活动。

2．教师

主动、热情、礼貌地迎候幼儿和家长。

观察幼儿身体、情绪和精神面貌。

查看幼儿的晨检牌，是否携带不安全物品，是否按要求带齐当日所需用品。

有针对性地向家长了解幼儿情况。

组织幼儿开展观察、劳动、值日、自主活动等。清点幼儿出勤情况，并做好记录。及时与未到园幼儿的家长取得联系，了解原因。

3．保健员

做好晨检。

时间：日托早上入园时；全托早上起床盥洗后。

要求：一摸：摸幼儿额头、颈部和手心有无发热。

二看：看幼儿精神和面色是否正常，有无流涕、流泪、结膜充血、身上有无皮疹、咽部是否充血，体表有无伤痕。

三问：问幼儿在家的饮食、睡眠、大小便等一般情况及有无传染病接触史。

四查：查幼儿是否携带有不安全物品。

五防：传染病流行季节，应重点检查有无传染病接触史及早期症状和体征。晨检中发现幼儿有传染病或其他疾病表现时，通知家长带到医院检查、治疗。

晨检后，向健康幼儿、服药幼儿、待观察的幼儿发放不同的晨检牌，由幼儿或家长带回班级。

检查家长填写的委托服药登记表，并核对药品。药物必须由保健医生妥善保管在保健室内幼儿拿不到的地方。

做好晨检记录。

4．保育员

开窗通风，保持空气流通。根据季节提前做好防寒保暖、防暑降温工作。

室内外清洁做到“六净”：地面、桌椅、门窗、玩具柜、口杯架、毛巾架保持整洁。

做好当日餐巾、口杯、洗脸巾的消毒工作。

做好早餐准备。

准备好当日足量的、安全的饮用水（400～600毫升/人·日）。

（三）准备

做好活动室外、盥洗间、厕所清洁卫生，生活用具用品清洗消毒，幼儿晨间活动材料准备，等等。

（其他环节，略）

2. 表格式一日生活活动计划设计

用表格来设计幼儿园一日生活活动计划，见表 5—6。

表 5—6　　一日生活活动计划表

__________幼儿园　________班　教师__________　日期

环节	内容	要求	准备	评价
入园 7:30—8:30	1. 接待幼儿与家长 2. 晨检 3. 自由活动 4. 观察活动 5. 谈话活动	1. 热情接待幼儿和家长，认真做好晨检，掌握幼儿的身体、情绪等情况，安抚、疏导有不良情绪的幼儿，做好幼儿药品、物品的交接与记录等 2. 明确区域活动、晨练、值日生等晨间活动的内容及要求，有计划地指导幼儿自主参与活动 3. 做好室内外通风、卫生清理及消毒工作 4. 准备好幼儿喝水、盥洗等生活用品 5. 幼儿能有礼貌地与教师、同伴打招呼，主动接受晨检，心情愉悦 6. 让幼儿进行力所能及的自我服务，自主参与晨间活动	做好活动室外、盥洗间、厕所清洁卫生，生活用具用品清洗消毒，幼儿晨间活动材料准备	
……	……	……	……	

幼儿园一日生活活动的主要要求如下：

入园：

幼儿情绪愉快，使用礼貌用语主动同他人问好，乐于配合晨检；教师热情迎接幼儿和家长，检查幼儿所携物品是否安全，引导提前入园的幼儿进行晨间锻炼或自主游戏等；幼儿园要建立相应的晨检弥补漏检机制；通知家长来园出示接送卡，如需委托幼儿园喂药，填写委托书、药品登记表。

饮水：

支持幼儿自主饮水，幼儿园根据幼儿自主饮水的情况，适当组织幼儿集体饮水；3～6 岁幼儿一日饮水量为 400～600 毫升，可根据季节变化酌情调整。

餐点：

营造宽松、愉快的进餐环境和氛围；教师帮助或指导幼儿自主取餐、进餐，减少等待时间。中大班幼儿可使用筷子用餐；引导幼儿餐后收拾餐具；引导先吃完的幼儿开展自主活动；保健人员科学制定幼儿食谱，注意低盐膳食和膳食合理搭配。

如厕：

保教人员了解并尊重幼儿的排便习惯，尽可能减少集体如厕；鼓励幼儿及时大小便；要求幼儿便后洗手；培养幼儿保护身体私密部位的卫生及安全意识。

盥洗：

盥洗包括洗手、洗脸和漱口；教师指导幼儿正确盥洗，照顾个别幼儿；保教人员可巧用图片、标示为幼儿创设整洁、温馨、富有教育意义的盥洗环境。

午睡：

教师营造安静、舒适、安全、卫生的午睡环境；了解并尊重幼儿的睡眠特点，安抚入睡困难的幼儿；巡视幼儿午睡情况，发现异常及时处理和记录，不做与午睡管理无关的事。

离园：

幼儿将椅子、玩具等归位，摆放整齐；整理仪表，携带自己的物品离园；主动和教师、小朋友道别，愉快离园；不跟陌生人走。家长凭接送卡接送孩子。非委托者来园接幼儿，保教人员须向家长确认。

生活活动是幼儿园一日生活中很重要的一个环节，在这个环节中，幼儿逐步形成生活自理、与人交往、自我保护等能力。幼儿园教师要尊重幼儿的自主性和个别差异，不包办代替，让幼儿在宽松自主的环境中自我服务、快乐生活。

技能训练

1. 表 5—7 是某幼儿园某班一日生活的活动安排，请问哪些地方体现了本节讲到的三个交替原则？请做分析说明。

表 5—7　　某幼儿园某班一日生活活动安排

环节	内容	活动形式	备注
晨间活动 8:10—	自选：桌面建构、图书阅读、观察种植、手工操作、交流	个别 自由结对组合	紫色部分为教师推荐
早操 9:10—	中班徒手操及器械操	集体	
集中学习 9:35—	语言：故事《×××××》	集体	
户外体育活动 10:15—	攀爬区运动	个别	
游戏活动 10:55—	角色游戏：《理发店》《超市》	小组	

续前表

环节	内容	活动形式	备注
餐前活动 11:30—	音乐欣赏、听故事、念儿歌、手指游戏	集体	紫色部分为教师推荐
午餐及午休 11:40—	进餐、餐后散步（户外随机观察）、午睡	集体	
午间活动 14:40—	自选：桌面建构、图书阅读、观察种植、手工操作	个别 自由结对组合	紫色部分为教师推荐
户外体育活动 15:20—	民间游戏：《揪尾巴》	小组	
集中学习 15:50—	科学：×××××	集体　个别	
游戏及自选活动 16:20—	智力游戏：×××	集体　小组　个别	
离园 17:00	整理衣物和学习用品 自选：桌面建构 图书阅读	个别	紫色部分为教师推荐
说明	手工操作包括：绘画、涂色、折纸、剪纸、撕纸、泥工、图形拼摆等；交流包括：自由交流、主题材料分享		

学练结合

1. 根据幼儿园一日生活活动设计原则，分析以下列举的一日生活活动安排是否合理，并提出改进的意见和建议，科学合理地拟订一份一日生活活动计划。

幼儿园某班一日活动安排

7:30—8:30　晨练、早操、晨检
8:30—8:45　吃点心
8:45—9:00　晨间谈话
9:00—10:20　集中教育活动
10:20—11:00　户外活动
11:10—11:30　英语教学、游戏识字
11:30—12:10　吃午饭
12:10—14:30　饭后散步、午睡
14:30—15:10　起床、洗漱、整理、吃点心
15:10—15:50　幼儿特色活动
16:00—16:30　离园

第二节　幼儿园一日生活活动的实施

基础知识

幼儿园是对幼儿实施保育和教育的机构，幼儿园工作需实行保育与教育相结合的原则，对幼儿实施体、智、德、美全面发展的教育，促进幼儿身心和谐发展。

一日生活即教育，一日生活即课程。幼儿园的一日生活活动是保教结合最紧密的幼儿园课程形式，实施中教师应明确一日生活活动的指导要求，科学合理地组织，适宜有效地指导，保证各项活动有序进行，确保幼儿积极、主动、快乐地学习与发展。

一、幼儿园一日生活活动实施的基本要求

（一）寓教育于一日生活中

幼儿园一日生活活动既要满足幼儿生命存在与发展的需要，更是在培养幼儿良好的生活习惯、自理能力，让幼儿养成健康的生活意识和积极的生活态度。一日生活活动中充满了幼儿的学习与发展，教师应把握不同活动的教育价值，合理组织、处处渗透，为幼儿的后继学习和终身发展服务。

（二）凸显体验与生活的融合

幼儿的学习方式有别于成人，是在生活中学习、游戏中学习、在与周围环境互动的

过程中学习，是通过直接感知、实际操作、亲身体验的学习方式获得发展。直接参与的经验是幼儿学习的必备要素，幼儿的课程应该以真实的经验和真实的事件为基础。在幼儿一日生活中，无论是教师指导的活动，还是幼儿自选的活动，都应尽可能地给予幼儿动手操作、直接感知和体验的机会，在考虑幼儿年龄发展特点和规律的基础上，尊重幼儿个体发展水平和需要，促进每位幼儿在自己原有水平上发展。

（三）突出幼儿的自主管理与服务

“幼儿时代，作为人生的一个阶段，是一个其本身就拥有极高价值的时代。对幼儿来说，自由的时间、独自的文化和游戏都是有决定性意义的重要东西。”① 一日生活活动中教师应支持和鼓励幼儿，尝试引导幼儿运用已有的生活经验，参与生活规则的建立，强化规则意识，获得主动发展。自入园起，教育者应创设适宜的物质环境和精神环境浸润幼儿自主管理和自我服务，如制定相对固定的一日活动流程及时间、进行相对固定的材料投放、尊重幼儿自由选择晨间区域活动的权利、师幼共同制定游戏活动规则等。随着幼儿年龄的增长，应逐步帮助幼儿将生活制度和常规内化，循序渐进地从外在控制管理向有效的自我安排与管理转变。

（四）过渡环节有效有趣

过渡环节是幼儿园一日生活活动中，幼儿从一种活动状态转向另一种活动状态时产生的中间环节。《幼儿园教育指导纲要（试行）》指出：“尽量减少不必要的集体活动和过渡环节，减少和消除消极等待现象。”在实践中，过渡环节常常被忽视，要么用生活环节来代替过渡环节，要么教师过多干预和催促。对幼儿来说，幼儿园一日生活中的过渡环节之所以重要，不仅仅是因为它满足了幼儿对一体教学活动张弛有度节奏性变化的适应需要，更重要的是满足了幼儿身心活动节奏更替的需要。自由、自主的活动时间蕴藏了无限的教育契机，幼儿时间观念、效率意识、问题解决能力、自我管理能力等都在期间获得发展。幼儿园过渡环节要注意转换自然、科学衔接，具体可以采用以下办法：使用相对固定的一日生活活动流程，让幼儿对下一个环节做到心中有数；每天向幼儿介绍一日生活活动内容，引导幼儿自选活动并做好计划，让幼儿感到生活可以预知和掌控，形成安全感、秩序感；在每一环节结束时有明确的指示，帮助幼儿转向下一个活动；确定环节转换时幼儿集合的地点，一旦幼儿集中后马上转入下一个活动，即使还有部分幼儿未到场；集合时可以组织小游戏，避免幼儿等待现象；在过渡环节中穿插设计小活动，这些小活动内容是非正式、自愿参与的；过程是轻松随意的，场面是活泼的；没有固定的时间、空间和人员的要求；教师将教育意图有意识地渗透其中，但不一定要追求明确的、统一的结果；它们都是非线性的，可以重复，也可以随时中断。

---

① 李季湄、冯晓霞主编：《〈3～6 岁儿童学习与发展指南〉解读》，北京，人民教育出版社，2013。

实例链接

分组活动结束，幼儿三三两两地在卫生间、阳台、走廊、活动室里，有的边洗手边讲话，有的捧着书专心致志地看，有的在发芽的豆苗前指指点点，有的在活动室主题墙前说说笑笑，有的孩子已经陆续回到活动室中……于是，教师掀起琴盖开始弹琴，音乐声中，在活动室外面看书、谈话、观察的孩子陆续放下手上的工作回到活动室中。音乐停止时，大部分幼儿都回到了小椅子上，只有少数几个幼儿还在外面津津有味地喝水或捧着书留连忘返。教师也不催促，只是轻轻掩上活动室的门，拿起厚厚的故事书，马上有孩子在下面大叫："老师要讲故事了！"教师翻到有折痕记号的地方，捧着书开始讲故事："《红色冠军》动物学校的河马老师说：'下星期一，每个人都要带一样……（讲到这里老师的声音停了下来，幼儿的交谈声一下子消失了，都屏住呼吸听老师讲）红色的东西来学校，谁带来的东西最有趣，老师就……"这时，活动室的门慢慢地打开了，逗留在外面的幼儿一声不吭地溜了进来，悄悄地在椅子上坐了下来。一个幼儿特意从老师的座位边经过，朝老师手中的书看了看。老师的故事还在继续："……小朋友开始睁大眼睛寻找红色的东西。小猪……"围坐在老师周围的孩子静静地听着，完全被教师讲的故事所吸引，直到结束。

此过渡环节摆脱了强制的、集体主义的行为方式，照顾到幼儿在园生活时身心节奏转换的需要，为幼儿创设了宽松的环境，灵活采用了延长的方法来处理一日活动中的过渡环节。通过讲故事将过渡环节中的不合理等待替代转化成为故事中的合理等待，有利于幼儿自主自律能力和健康人格的形成。幼儿园的生活也由此少了些刻板、僵化，少了些制度化的压力，而增加了人性化的成分，增加了家庭般的随意与温和。①

（五）评价每天的活动计划

对一日生活活动及时评价。一是评价幼儿每个活动环节，二是对幼儿整日活动的评价。通过评价，可以对幼儿的发展水平及时估计，为促进幼儿发展提供依据，并科学设计以后的一日活动环节和内容。如：幼儿对哪个活动感兴趣？可以生成什么内容？活动中是否每个幼儿都得到了发展？有何需要改进的地方？幼儿对哪一类活动区不感兴趣？为什么？根据今天活动计划的执行情况，明天需要增、减什么内容？等等。

对幼儿园一日生活活动的评价有别于其他课程，评价的重心应落在幼儿身上，关注幼儿的发展，侧重于幼儿的习惯和能力。具体包括三方面：一是评价幼儿在一日生活中的适应性（包括情绪状态、规则意识、伙伴关系等）；二是评价幼儿在不同生活背景下

① 参见陈世联主编：《幼儿园课程与活动指导》，重庆，重庆出版社，2007。

的自理能力、习惯表现；三是评价幼儿在健康、安全的基本常识与经验的积累程度。①

二、幼儿园一日生活活动实施的方法

（一）游戏法

游戏是幼儿喜爱的活动，它是幼儿对真实生活的模仿和想象，也是幼儿生活经验的直接反映。《规程》明确指出："以游戏为基本活动，寓教育于各项活动之中""游戏是对幼儿进行全面发展教育的重要形式。"对于幼儿来说，游戏不仅是一种玩耍，更是一种学习、工作和生活的方式。因此，在幼儿园一日生活中要有充分的时间让幼儿进行游戏，并根据幼儿的特点、实际经验及兴趣创设游戏的条件，在游戏过程中给予适当的指导，保持幼儿愉快的情绪，促进幼儿能力和个性的全面发展。

例如：幼儿处于生长发育的高峰期，他们在幼儿园的进餐情况是家长和教师共同关心的话题，但是孩子挑食是当今一个普遍现象，改善这种情况光靠教师的说教和强制不科学，也不符合教育规律，特别是小班幼儿。所以教师可以设计内容简单有趣的手偶情景剧等游戏来吸引幼儿的视线。如"午餐吃什么?""不吃蔬菜的兔子"等，利用餐前游戏时间进行引导和强化。再如：在晨间点名环节，教师改变传统的点名方式，运用音乐游戏实施。

（二）环境陶冶法

《纲要》指出："幼儿园应为幼儿提供健康、丰富的生活和活动环境，满足他们多方面的需要，使他们在快乐的童年生活中获得有益于身心发展的经验。"② 实施一日生活活动应创设适宜幼儿发展的精神环境和物质环境。良好的精神环境是指安全、轻松、自由、平等的心理环境。《纲要》指出："幼儿园成人应与幼儿建立良好的师生、同伴关系，让幼儿在集体生活中感到温暖，心情愉快，形成安全感、信赖感。"③ 良好的精神环境需要教师信任、鼓励、支持幼儿，为每个幼儿提供自由交往、探索、游戏的机会。同时教师还需创设安全清洁、丰富多样、适合幼儿发展水平又富有挑战性的物质环境，方便幼儿主动、积极参与与环境、材料的有效互动，在其中大胆探索，充分表达，获得各种有益的经验。例如通过墙面环境将一日生活流程告知幼儿；大班值日生墙面创设提醒幼儿自选值日项目，并对班级事务进行管理；活动区的进区卡提示幼儿进区人数，活动区规则提醒幼儿哪些行为准则是应遵循的；玩具架上的标识帮助儿童准确将玩具归还到固定的位置等。

（三）常规引导法

常规即幼儿园规则，是幼儿在幼儿园一日生活活动中应遵守的基本行为规则。用常

---

① 参见陈世联主编：《幼儿园课程与活动指导》，重庆，重庆出版社，2007。

②③ 教育部基础教育司组织编写：《〈幼儿园教育指导纲要〉（试行）解读》，南京，江苏教育出版社，2002。

规引导幼儿的行为，便于幼儿习得良好的习惯，促进他们社会知识和技能的掌握，发展自理、自律能力，协调与集体的关系，促进社会性发展和良好个性品质形成。同时也是教师组织管理幼儿日常生活行之有效的方法，使工作有条不紊，保证正常的保教秩序，提高工作效率。日常生活常规必须符合幼儿身心发展的特点，与一日生活活动的内容及幼儿自理能力、行为习惯培养的要求紧密结合。幼儿园应在尊重幼儿的基础上制定规则，引导幼儿对周围人、事、物充分感知，开展讨论，大胆表达，激发幼儿内部动机，形成常规。同时规则应简单，执行一贯，切忌限制过多，扼杀了幼儿生活的自由性和自主性。

（四）行为练习法

行为练习法是让幼儿在自然或特定的情景中进行行为练习，从而获得相应的情感体验和行为方式。生活技能的习得和能力的提升不是通过教师预设的一两个活动就可以完成和实现的，要在反复的练习和尝试中不断强化，逐渐完善，习得巩固。幼儿园的一日生活为幼儿提供了大量的在自然生活环境中发展个人生活自理及服务能力，进行行为练习的机会，如在进餐、睡眠过程中幼儿学习进餐、穿脱衣裤等技能。教师要根据幼儿的年龄特点、个别差异和班级的实际情况给幼儿创设操作的机会。练习时，可提供一些幼儿不会操作或操作有困难的材料，供幼儿反复进行练习，使其在较短时间内掌握该技能。例如，一位教师通过示范讲解教大班幼儿学习系鞋带。第一步让幼儿把鞋带的两个头拉得一样齐，边念儿歌边做动作："两根线儿一样长，两个线头儿交个叉，后面的线头儿往下钻"；第二步打活结时又按照"一个圈，两个圈，换一换，钻一钻，一只蝴蝶飞起来"的过程让幼儿完成动作。该教师运用自编儿歌伴随分解动作的方法，具体形象，幼儿乐意学习，避免了单调乏味的机械重复。同时，教师还在区域游戏中提供《系鞋带》的游戏，巩固幼儿的技能。其他的各种生活技能动作，如穿脱衣服、洗手洗脸、刷牙等都可以采用运用儿歌、分解动作的方法，让幼儿按步骤练习掌握，也可创设生活活动区，使幼儿的生活技能得到发展。

三、幼儿园一日生活活动实施的策略

幼儿园一日生活活动的实施是指教师组织引导活动，幼儿自我管理的过程。常规建立和生活管理是保障幼儿园一日生活活动有效开展，帮助幼儿自主发展和健康成长的重要因素。因此，本书从幼儿园一日生活活动常规建立和一日生活活动管理两个方面提出幼儿园一日生活活动实施的具体策略。

（一）幼儿园一日生活活动常规

1. 幼儿园一日生活活动保教常规行为细则

常规是幼儿必须遵守的日常生活的行为规则，好的常规能让教师以尽可能少的时间、精力和物力投入取得较好的教育效果。幼儿园一日生活活动常规需考虑幼儿的年龄特点和发展水平，在良好的关系中师幼共同建构和维护。幼儿园保教人员应与幼儿建立安全、信赖的师幼关系，与幼儿共同建构一日活动常规，保证一日活动有序进行，并让幼儿在自主维护常规过程中逐步感受到规则带来的益处。表 5—8 列出了幼儿一日生活活动常规养成重点及教师指导要点。

表 5—8　　幼儿园一日生活活动常规养成重点及教师指导要点

幼儿园一日生活活动	环节	幼儿常规养成重点	教师指导要点
生活活动	入园	（1）按要求带齐当日所需的生活和学习用品。着装整洁舒适，便于活动。 （2）按时、愉快入园，有礼貌地向老师、同伴问好。 （3）愿意接受晨检，身体不适能告诉保健老师。 （4）主动参加晨间活动。	（1）主动、热情、礼貌地迎候幼儿和家长。 （2）观察幼儿身体、情绪和精神面貌。 （3）查看幼儿的晨检牌，是否携带不安全物品，是否按要求带齐当日所需用品。 （4）有针对性地向家长了解幼儿情况。 （5）组织幼儿开展观察、劳动、值日、自主活动等。清点幼儿出勤情况，并做好记录。及时与未到园幼儿的家长取得联系，了解原因。
	盥洗	（1）随时保持手、脸清洁。饭前、饭后、便后、手脏时会自觉洗手。 （2）正确洗手：卷衣袖；双手向下把手淋湿；抹肥皂；搓手心、手背、手指、手缝、手腕；冲洗净肥皂水；关好水龙头，在水槽里把手甩干，用自己的毛巾将手擦干。 （3）正确洗脸：展开毛巾，先擦眼睛，再擦嘴和鼻，再将毛巾翻面擦额与脸颊，并将毛巾放在固定的地方。 （4）中大班幼儿学会自己搓拧毛巾。 （5）会使用水龙头，用小流水洗手，保持地面、服饰干爽。 （6）学会正确的刷牙方法：将牙膏挤在牙刷上，按一定顺序刷，上牙从上往下刷，下牙从下往上刷，保证上下、左右、前后、内外及咬合面均刷到，反复多次（3 分钟以上）后吐出泡沫，再用清水漱口。洗净牙刷，向上放在漱口杯内。	（1）组织幼儿有序地盥洗。 （2）指导幼儿正确盥洗。将正确的盥洗方法、爱清洁、节约用水等教育用图示、图像、简单文字、童谣等简明形象的方式呈现在幼儿盥洗处，并提醒幼儿遵守。 （3）检查或指导中、大班值日生检查盥洗结果。

续前表

幼儿园一日生活活动	环节	幼儿常规养成重点	教师指导要点
生活活动	餐点	(1) 餐点前自觉洗净手、脸。 (2) 愉快、认真地进食，不边吃边玩，不大声讲话。 (3) 愿意独立进食，不依赖教师。约 30～40 分钟左右吃完饭菜；15 分钟左右吃完点心。 (4) 学会正确使用餐具：一手拿勺子（中大班使用筷子），一手扶住碗，喝汤时两手端着碗。 (5) 逐渐养成文明进餐的行为和习惯。 (6) 进食时会细嚼慢咽，会饭菜就着吃，干稀就着吃。 (7) 不挑食、不偏食、不剩饭菜，不过量进食。 (8) 保持桌面、地面和衣服清洁，骨头、残渣放在渣盘里。 (9) 在进食过程中和餐后会正确使用餐巾。餐巾用后翻面叠好，放在自己碗前。 (10) 咽下最后一口饭再站起来，轻放椅子，离开饭桌时将餐具和渣盘放到指定地点。 (11) 进餐后用凉开水漱口。正确的餐后漱口方法：在碗或口杯中倒上凉开水后，喝一口水，闭着嘴咕噜几下，用水冲击牙缝，再吐出水（反复 2～3 次）。	(1) 为幼儿营造愉快的进餐环境（可放轻音乐）。 (2) 组织幼儿按时进餐，两餐间隔时间不少于 3 个半小时。 (3) 餐前餐后半小时不做剧烈运动，进餐前后 15 分钟内组织安静活动。 (4) 增强幼儿食欲，为幼儿介绍当餐食品。时常变换幼儿就餐座位、餐具等，使进餐形式多样化。 (5) 给幼儿适当的选择机会，允许幼儿在一定范围内自由选择进餐座位、食物等。 (6) 鼓励幼儿独立进餐，不催促幼儿用餐。提醒幼儿在用餐时间内进餐完毕（中大班不少于 30 分钟。小班不少于 40 分钟）。 (7) 巡视指导幼儿正确使用餐具；观察进食量；纠正不良进餐习惯；对特殊幼儿给予个别照顾；及时处理异常情况。
	饮水	(1) 愿意定时饮水。需要时会主动取水喝。 (2) 不喝生水，喝水时不说笑，不边走边喝水。 (3) 剧烈运动后稍事休息再喝水；饭前、饭后半小时少饮水。 (4) 用个人专用口杯喝水，口杯用后放回固定的地方，杯口朝上。 (5) 正确取水，不浪费水。	(1) 运动后、上下午各组织一次集体饮水，提醒并允许幼儿随时喝水。 (2) 观察幼儿饮水量，保证幼儿每日饮水量达 400～600 毫升以上。 (3) 指导幼儿安全有序地取水。
	如厕	(1) 逐渐学会能自理大小便，解便入坑。 (2) 解便时不弄湿自己和同伴的衣裤，便后会整理服装。 (3) 便后会用手纸自前向后擦屁股，并用肥皂（洗手液）流水洗手。 (4) 不在厕所逗留。 (5) 大、小便有异常情况能主动告诉教师和保育员。	(1) 指导幼儿正确使用便纸，提醒或帮助幼儿整理好衣裤，便后洗手。 (2) 观察幼儿大便情况，发现异常，及时与家长联系并做好记录。 (3) 不限制幼儿如厕次数。 (4) 提醒容易遗尿的幼儿解便。

续前表

幼儿园一日生活活动	环节	幼儿常规养成重点	教师指导要点
生活活动	睡眠	(1) 能独立或在帮助下按顺序穿脱衣裤。脱：先脱鞋，再脱裤（冬季先解上衣纽扣），最后脱上衣，放在固定的地方。穿：先穿上衣，再穿裤子，最后穿鞋子。 (2) 学会分清衣裤前后，会拉拉链、会扣纽扣。 (3) 学会穿鞋：分清左右脚，拉好鞋舌、脚伸进鞋、拨起后跟、系好鞋带或粘好鞋扣。 (4) 起床后，按老师的要求折叠好被盖。 (5) 睡眠时衣着适当，睡姿正确。不蒙头、吮手、咬被角等。	(1) 为幼儿营造良好的睡眠环境（可适当地放睡眠曲或讲故事）。 (2) 根据室内温度及时增减幼儿被褥。 (3) 排除环境中的危险因素（幼儿携带的异物、灭蚊器等）。 (4) 指导或帮助幼儿有序地穿脱衣、裤、鞋、袜，提醒放在指定的位置。 (5) 巡视观察幼儿的午睡状况，帮助幼儿盖好被褥。纠正不正确睡姿；护理体弱幼儿；照顾入睡困难、情绪和身体有异常的幼儿入睡。 (6) 整理幼儿脱下的衣服、鞋子，摆放整齐。 (7) 起床后检查幼儿的仪表服装及鞋袜，及时为幼儿梳头。
	离园	(1) 愉快离园，主动使用礼貌用语向老师说再见。 (2) 注意安全，不跟陌生人走。 (3) 收拾好自己的生活和学习用品。 (4) 与家长交流当日在幼儿园的生活及活动情况。	(1) 稳定幼儿情绪，安排适宜的离园前活动，或与幼儿进行简短谈话，小结当日活动情况；或交代次日活动准备和要求；或组织幼儿开展小型安静的自选活动等。 (2) 提醒幼儿有礼貌地向教师和小朋友告别。 (3) 组织幼儿检查、收拾好自己的生活和学习用品；检查幼儿服装穿戴是否整洁适宜。 (4) 根据需要用小黑板、便条、家园栏等方式向家长介绍幼儿当日在园情况或通知有关事宜。 (5) 严格确认接幼儿的家长，遇有陌生人来接，必须进行电话或其他可信任方式的相关确认。注意观察幼儿是否跟随家长离园。 (6) 做好个别特殊幼儿的交接。如：生病的幼儿和当天表现异样的幼儿，应向家长详述幼儿在园的生活及活动情况，提出希望得到家长配合与支持的要求和具体方法。 (7) 采取家园栏、信箱、联系本、便条、网站等不同方式与乘坐校车的幼儿家长联系，主动介绍幼儿在园生活及活动情况。 (8) 当幼儿在园内发生特殊的突发事件时，教师必须在第一时间内主动与家长联系，客观地汇报幼儿的相关情况，积极主动地争取得到家长的理解与配合，保留好相关资料，做好相关记录，认真地妥善处理善后事宜。 (9) 待所有幼儿离园后，做好次日各项活动的准备。

续前表

幼儿园一日生活活动	环节	幼儿常规养成重点	教师指导要点
运动活动	早操活动	(1) 做好操前服饰准备（冬季需要脱掉外衣、取下围巾、手套等），会检查自己的衣服、鞋子是否穿好。 (2) 值日生会协助保育员准备早操器械。 (3) 能愉快地参加早操活动，认真并有精神。 (4) 做操有节奏，动作到位，协调有力，能充分运动身体的各部分。 (5) 能遵守早操规则，排队有序，会听信号、口令并做动作。 (6) 会选择器械活动，并和同伴合作活动。 (7) 知道身体发热时脱衣服或不适时主动告诉老师。 (8) 会收拾整理活动器械。	(1) 早操编排结构合理，应包括准备活动、队列练习、两套操节（徒手操和器械操各一套）、小型器械及分散活动等；运动量适当，早操后幼儿脉搏有加快、身体发热；时间适宜，中大班活动时间 20 分钟，小班 15 分钟。 (2) 根据不同年龄段幼儿的特点编排各自不同的活动内容。 (3) 提醒并检查幼儿是否做好早操前准备（冬季需要脱掉外衣、取下围巾、手套等），衣服、鞋子是否穿好。 (4) 精神饱满地组织早操活动，口令规范，示范正确。定期变化带操的站位，面向全体幼儿，也可指导中、大班幼儿轮流带操。 (5) 随时观察幼儿早操情况，做到三看（看情绪、看动作质量、看动作力度）；三提示（提示动作、提示增减衣物、提示运动卫生及安全）。 (6) 指导幼儿选择和按规定收拾器械。 (7) 服饰符合早操活动要求（不穿高跟鞋、不穿裙子、衣服长短适中、不披发）。
	体育活动	(1) 愉快地参与体育活动，主动活动身体。 (2) 正确使用活动器械，尝试新玩法，并和同伴一起活动。 (3) 有安全意识，不做危险动作，不用器械与同伴打闹等。 (4) 有自我保护意识，知道身体发热时脱衣服或有不适时主动告诉老师，有简单的自我保护方法。 (5) 遵守体育活动规则。 (6) 会收拾整理活动器械。	(1) 一周保证体育课、体育游戏、器械活动、大型玩具、散步等多种类型体育活动的开展。 (2) 保证开展走、跑、跳、钻、爬、投掷、平衡等各种发展幼儿基本动作的活动。 (3) 自制或提供各种户外体育活动器具，根据幼儿活动需要保证足够的体育活动材料：小型器械人手一套、较大型器械小组一套。 (4) 合理利用户外体育活动场地，保证幼儿足够的、安全的活动空间。 (5) 保证每天的户外活动时间不少于 2 小时，其中体育活动不少于 1 小时，且活动分段进行。 (6) 引导幼儿多开展参与、体验、探究、合作式的活动，减少过多的示范讲解。 (7) 有目的地观察幼儿参加体育活动的兴趣、动作发展、习惯、安全意识、意志品质等实际情况，做出积极的应对和调整。 (8) 建立适宜的运动活动常规，督促幼儿遵守。 (9) 控制好活动中幼儿运动量，注意动静交替，逐渐增加活动量和活动强度，防止突然运动或剧烈运动造成的拉伤、扭伤或身体不适等。

续前表

幼儿园一日生活活动	环节	幼儿常规养成重点	教师指导要点
游戏活动		(1) 与同伴友好玩耍，愿意与同伴分享游戏材料和经验。 (2) 能自主选择游戏内容、材料、同伴、角色、场地等，自主选择进行游戏。 (3) 参与游戏材料的收集与准备。 (4) 爱护和正确使用游戏材料。会轻拿轻放，会物归原处、叠放整齐，会归类整理玩具。 (5) 能遵守游戏的规则。 (6) 学习解决游戏中的问题，能克服困难，坚持游戏。	(1) 制定目标明确、有指导和观察要点的游戏活动计划。 (2) 每日保证幼儿游戏活动时间不少于1个半小时，并分段进行。 (3) 保证幼儿每日至少开展一次活动区活动。 (4) 平衡一周内各类游戏活动，保证幼儿主动性游戏活动。 (5) 采用集体游戏、个体游戏、小组游戏、自由游戏形式组织幼儿游戏活动。 (6) 游戏材料投放数量足，种类全；添置和更换及时，每月不少于2次。 (7) 根据游戏活动的要求和幼儿游戏活动的需要，家园共同收集自然物、废旧材料、半成品等作为游戏活动的材料。 (8) 根据需要，保证游戏活动的空间及场所。小班设置3～5个活动区；中班设置5～7个活动区；大班设置6～8个活动区。 (9) 用“扫描观察法”“定点观察法”“追踪观察法”等观察方法有目的或随机地观察幼儿材料使用、游戏水平、游戏状态。并有目的地做好记录。
学习活动		(1) 有参与活动的兴趣，能运用各种感官参与活动。 (2) 在老师或家长的指导下尝试多途径收集信息，并参与做好有关材料的准备。 (3) 乐于交流与分享自己的经验和想法。 (4) 能有目的地按自己的想法参与活动。 (5) 能正确地使用和整理活动材料或用具。 (6) 遵守集体活动规则。 (7) 有良好的倾听习惯、发言习惯，用眼、握笔、坐立姿势正确。	(1) 根据本班幼儿实际需要和已有经验，结合本园实施课程的要求，修改、补充、调整、制订切实可行的活动计划 (2) 根据活动目标准备必需的教具，提供满足每个幼儿活动需要的活动材料并在当班前做好分发准备。 (3) 活动前向保育员讲明需配合的事项。 (4) 根据活动类型设置便于幼儿活动与交流的空间位置。 (5) 耐心倾听，理解幼儿的想法与感受，支持鼓励幼儿大胆活动。关注幼儿在活动中的表现与反应，敏感地察觉幼儿的需要，及时应答。 (6) 关注活动中个别幼儿，因人施教，满足不同幼儿的需要。 (7) 活动中注重培养幼儿的良好行为习惯。 (8) 关注活动中幼儿是否在原有水平上有所发展。 (9) 活动后回想活动过程中幼儿的实际发展并收集实证材料。

2. 一日生活活动常规的建立

建立良好的班级常规，有利于促进幼儿形成一定的秩序感，有利于各项活动的顺利开展。适当的生活制度可以促成儿童精神爽快的、富于人生乐趣的心境，同时也使儿童养成严守既定制度的习惯。常规的建立要符合本园、本班实际，避免以教师的管理、控制为中心；需建立必要、合理的他律规则，引导幼儿讨论制定自律规则，感受规则的公正与互惠，从而自觉自愿地遵守规则，逐步内化，形成品质。

（1）从幼儿生活着手。

通过发生在幼儿身边的故事，观察生活中的人、事、物，让幼儿知道为什么要制定这些规则，应该怎么做，为什么要这样做。只有把要求讲得明白、透彻，幼儿才能够理解并注意自己的行为。

（2）规则细化、具体、明确。

对孩子提出的班级规则，点要小，由易到难、循序渐进。例如教师帮助幼儿形成玩具收放规则。第一，幼儿自己收拾自己的玩具，让玩具回家（个别行为，把玩具放回篮子里）；第二，和老师一起把玩具篮子放到指定的地方（根据标记将玩具篮放在指定地方）；第三，大家一起给相同的玩具找共同的家（合作行为，分类放置玩具）；第四，请小老师检查走丢的玩具，把它们送回家（幼儿尝试进行班级管理）；第五，检查玩具角是否干净整洁；第六，找出不安全的玩具。

（3）教师提炼规则。

教师对幼儿提出的规则要加以归纳、删改，最后制定最基本的几条实施。

（4）物化呈现班规。

教师应明白，规则用可见的、固定的位置和方式呈现给幼儿，强于每天不停说教。班规中，某些部分是针对一日活动的所有环节的行为要求，需要呈现在明显、所有人都能观看到的位置，如电视旁边或黑板下面、室外家园桥下、教室门上、进门处墙上等。而部分内容则放到各自合适的区域，如饮水规则在取水处、盥洗规则在洗手间、玩具收放规则在玩具角等。

3. 一日生活活动常规的培养

一日生活活动常规培养是循序渐进、逐渐习得的过程。教师在尊重幼儿的基础上，应做到：

（1）持之以恒。

常规的养成并非一朝一夕就能达到，在日常教育中要经常性、反复性地提醒幼儿，做到持之以恒。在确定一条常规后，任何时候都要以此规则引导和要求幼儿。要做到放得开、收得拢，反复练习，巩固强化，以此帮助幼儿养成良好的常规意识。例如幼儿在学习搬椅子的常规时，教师首先要告诉孩子，为什么要用两只手搬椅子——这样小朋友搬起来比较轻巧、不容易摔跤，同时椅子的脚不会轻易撞伤其他同伴，也能很好地保护好椅子。（可以引导年龄较大的孩子向教师提出问题：为什么要用两只手搬椅子，这样搬有什么好处？让幼儿学会自己发现问题，想办法解决问题）在一段时间内，幼儿常常会忘记正确的搬椅子的方法，教师要注意在日常生活中反复提醒，积极鼓励，直到班上每个孩子都能习得搬椅子的正确方法。

（2）教育一致。

班级常规要求一致，指所有场合和时间，教师对每名幼儿的要求也应一致。主配班教师之间要加强沟通，不能用双重标准来执行规则，更不能在相同问题上持不同的看法，导致幼儿产生茫然的心理，无所适从。

例如，对玩具归类放置的规则要求，不能甲老师说："给相同的玩具找共同的家"，乙老师放松要求为："玩具放回篮子里就可以了"；也不能在活动时间充裕或教师较空闲时就严格要求，在匆忙时则降低要求。

（3）全面渗透。

要在一日活动各环节中鼓励幼儿做力所能及的事情，比如学习、游戏结束及入园离园时让幼儿收拾和存放自己的玩具、图书或生活用品；在开展学习活动、游戏活动或区域活动时，利用图书、音像等材料对幼儿进行卫生保健、外出安全、物品整理、生活自理等方面的教育。与此同时，教师要牢记要对幼儿的尝试与努力给予肯定，耐心等待和相信幼儿，允许幼儿"试误"，切忌因幼儿做不好、做得慢而指责或包办代替。

实例链接

用音乐管理幼儿，忌用嗓音对抗嗓音

可以用一套适合本班幼儿年龄特点的、幼儿较熟悉的常规音乐曲目来规划幼儿的一日生活常规，并贯穿到一日活动的组织中。如：课前问好、搬椅子、坐点、排队、上厕所、喝水、休息等用音乐来管理幼儿。在练习每一个常规音乐的时候一定要让幼儿听清楚这个音乐是什么，听到这个音乐我要做什么，应该怎么做。一天可以练习一到两首常规曲子，一段时间后你会发现，在组织孩子一日生活活动的时候，只要坐到钢琴边弹琴就可以了。

（4）以身作则。

幼儿的学习具有模仿性，凡要求幼儿做到的行为习惯，老师首先自己必须做到、做好，要树立儿童群体中的榜样，提供正确的模仿学习。例如：培养幼儿认真、安静倾听的习惯，教师在与幼儿谈话间就应尊重幼儿，认真倾听，为幼儿做出表率；当某个孩子在集体中发言时，教师要用肢体、表情、眼神等表现出倾听的态度，流露出专注、欣赏、支持，并在不影响对方讲话的前提下有简单的语言回应。在对幼儿提出要求和布置任务时，要先让幼儿安静下来，再明确要求。

（二）幼儿一日生活活动管理

幼儿一日生活活动管理目标是让幼儿自主管理，由他律走向自律。教师可以采取以

下策略：

1. 观察儿童

教师要善于观察并准确判断班级中每个幼儿的表现，能从一些细微处察觉到幼儿的需要，在了解幼儿的基础上提供支持。比如一个食欲很好的幼儿突然进餐时拖沓，教师可通过“望闻问切”了解他发生变化的原因，是生病、偏食、过度疲劳还是因批评而情绪不佳，在了解幼儿的基础上实施针对性的教育。同时在观察的基础上能够针对不同的儿童采取相应的策略，如午睡起床时，总会出现幼儿要么拖拉、要么动作快而无所事事造成的各种“混乱”。教师怎么处理更好？方法一，直接干预——请动作较慢的幼儿提前5分钟起床；请提前做完要求的幼儿帮助同伴叠被、整理床铺等。方法二，让幼儿自我调控——起床后，调整饮水、洗漱、如厕、整理床上用品等活动顺序。

2. 平等对待

教师应平等、公正对待每个幼儿。在一日生活活动管理中，老师关注得较多的是班级中优异、善于表现、调皮、体弱等有明显特征的幼儿，而为数不少的中间段孩子往往是被忽略的对象。也有个别教师在日常生活管理中有较严重的个人倾向。例如同样是玩具不小心掉到桌下，也许被贴上“调皮捣蛋”标签的孩子会被立即指责，而同样的情况换到另一个乖巧的小孩身上则是温柔提醒。还有老师因为某些原因（如与家长关系亲密、孩子表现优秀等）在班级中常常与某个孩子非常亲近。得到关注的幼儿自然是幸福的，殊不知这样做，会让其他幼儿产生自卑、抵触受宠同伴、回家哭诉，或为引起老师关爱而做出过激行为或者讨好教师等，对幼儿终身发展极其不利。

3. 理性管理

很多教师自比妈妈，教师除了给孩子妈妈般的温暖、关注和帮助外，还必须清晰认识到自己作为教育工作者的职责——树人。这就需要教师在日常生活管理上保持理性。这个理性表现在：（1）出现的问题无论让你多生气、多棘手，都要理性对待，不发脾气；（2）处理问题时要从对幼儿发展有利的理性角度思考，不伤害孩子；（3）不溺爱、不放任某些不良行为的滋生和发展。

实例链接

小管家

幼儿园的孩子缺乏自控力，常把玩具材料到处乱扔。针对这一情况，教师把管理区域分成几块，采用了管理责任到人的做法。具体是：“建筑区”小管家负责带领该区幼儿整理积木；“毛巾区”小管家负责检查毛巾收挂情况，如发现毛巾没挂好，及时提醒；“图书区”小管家负责检查图书损伤取放情况，及时制止撕书行为并要求修补破书；“盥洗饮水区”小管家负责检查洒水到地上、是否玩水及关水龙头或排队秩序。每周一上午选出“小管家”，周五共同评出优秀的小管家后重新选新管家。时间一长，班级在任何时候都很整洁，物品也有了明确、标准的位置。无论幼儿还是老师存取东西都成了一件轻松简单的事。而且由于物品摆放合理，班上的事故也明显减少。

4. 评价激励

正面教育是对幼儿的良好行为进行正强化，榜样的行为不仅能在幼儿的心理产生共鸣，更能反映到幼儿的行为中。当幼儿自觉地以榜样的精神为动力，以榜样规范行为，做出良好表现时，应及时给幼儿充分表扬，强化幼儿行为，以提高幼儿的自觉意识，促进自律。

实例链接

光荣榜

在吃完点心之后，有的孩子把包装纸随手乱丢。有一次，我发现曼曼不但自觉地把包装纸扔到垃圾桶，而且把她旁边小朋友的垃圾一起捡到垃圾桶里，我马上表扬了曼曼，并把她列到“光荣榜”的爱卫生的好孩子里面。孩子们都很爱模仿，也特别容易受到鼓舞，从那之后孩子们都会主动把包装纸扔到垃圾桶，而且都去看看有没有人乱丢垃圾。

幼儿期大部分的时间是在幼儿园度过的，为幼儿设计好有价值的一日生活，使生活教育化是学前教育工作者当仁不让的责任和义务。世界儿童问题首脑会议发布的《儿童生存、保护和发展世界宣言》中有这样一段话：“儿童时代应该是欢乐、和平、游戏、学习和生长的时代。他们的未来应该在和谐和合作之中形成。”① 这段话可以作为我们设计幼儿园一日生活活动的价值标准。“一日活动皆课程”意味着幼儿从入园到离园各个活动及活动之间的过渡环节都蕴涵着一定的教育价值。

技能训练

根据幼儿一日生活实施要点及实施策略，分析以下材料并调整饮水环节实施

① 参见李季湄、冯晓霞主编：《〈3～6 岁儿童学习与发展指南〉解读》，北京，人民教育出版社，2013。

策略。

镜头一：户外运动时，满头大汗的孩子们纷纷来到饮水区，一边拿杯子，一边接水并咕嘟咕嘟地喝。刚喝完，又急着跑去锻炼。

镜头二：户外运动后，孩子们疲倦地回到教室里，饮水吧前一下子变得热闹起来，孩子们排起了长长的队伍，等候饮水。由于口渴，有的孩子一口气喝了好多杯水，还一个劲儿地说："真舒服!"

镜头三：运动过后的其他生活活动时间，饮水吧显得冷冷清清，看不到几个孩子，尽管教师时常提醒："要喝水的小朋友可以去喝点水哦。"但喝水的孩子还是寥寥无几，很多孩子表示"我不想喝水""我不渴"。对于个别身体不适的孩子，教师软磨硬泡，他才勉勉强强去接了小半杯水喝。

镜头四：离园时，保育阿姨收拾水桶，发现水桶里还有半桶水。

镜头五：早上来园时，佳佳妈妈特意走到我身边，小声地说："老师，我们佳佳昨天回家时，一直说嘴巴干，嘴唇都裂开了，我看他小便也是黄黄的，今天麻烦你让佳佳多喝水。"

学练结合

1. 请观察并记录 1～3 所幼儿园的教师如何组织和实施幼儿园过渡环节，评析高质量的过渡环节对幼儿学习与发展的价值。

2. 下面是一位幼儿教师在实施幼儿《户外散步》活动中对小朋友们说的话。请运用生活教育理念进行分析，并按照这位老师的做法就"进餐、盥洗、入园"环节来实施有趣的生活教育。

风从哪里来？又去了哪里？谁发现了风大风小？风快风慢？

看看有没有快死掉的植物？我们有办法救他吗？

去看看草地上有没有蚂蚱？他们是怎么跳那么高的？

今天我们要找一找和眉毛一样的树叶，像长了眼睛一样的树皮好不好？记好了，他们在哪里？是什么树？

今天我们要找一找比我们手掌还要大的的树叶，比我们指甲还要小的树叶。

踩一踩，这里的土怎么松松的，你们知道为什么吗？

……

第六章　幼儿园劳作活动的设计与实施

目标导航

[知识目标] 了解幼儿园劳作活动的特点与作用、劳作活动目标的确定、劳作活动内容和组织形式的选择、开展劳作活动所需的物质和心理准备、劳作活动方案的渗透式设计和专项设计，掌握幼儿园劳作活动的实施原则与组织形式。

[能力目标] 在充分认识幼儿园劳作活动在幼儿园教育活动中的重要地位和作用的基础上，基于幼儿认知与身心发展特点科学合宜地设计并组织实施幼儿园劳作活动。

第一节　幼儿园劳作活动的设计

基础知识

现代哲学家卡西尔在回答“人是什么”这个问题时写道：“人的突出特征，人与众不同的标志，既不是他的形而上学本性也不是他的物理本性，而是人的劳作（Work）。正是这种劳作，正是这种人类活动的体系，规定和划定了人性的圆周。”① 卡西尔认为劳作、实践活动是人所特有的存在方式。幼儿的突出特征也不例外，即劳作亦是儿童的“人性圆周”。劳作活动是人类发挥主观能动性、积极改造世界、创造物质财富和精神财富的实践活动，是人和其他动物的根本区别之一。劳作活动也是个体主动适应环境，求得生存和发展的最基本手段。受自身身心发展水平的局限，幼儿虽然还不能依靠自己的劳作独立生存和发展，但已经具备了从事简单劳作活动的身心条件并乐于参与各种劳作活动。3～6 岁是人的智力、个性、品德等发展最为关键的时期，因此，幼儿园开展劳作活动，对孩子进行劳动教育，能对孩子一生的健康发展产生积极而重要的影响。

一、幼儿园劳作活动的特点与作用

幼儿园劳作活动与幼儿园游戏、教学、日常生活等密切联系、互相配合，有着特殊

① ［德］恩斯特·卡西尔著，甘阳译：《人论》，上海，上海译文出版社，2003。

的地位和作用。

（一）幼儿园劳作活动的特点

受身心发展水平的限制及劳作活动对幼儿发展的特殊意义，幼儿劳作具有与成人不同的特点。

1. 幼儿的劳作活动具有显著的游戏性

成人劳动是有目的、有计划地创造物质产品和精神产品的实践活动，有明确的目的性和计划性；成人在劳动过程中要克服各种困难和干扰，有时甚至需要忍受精神和肉体的巨大痛苦，才能获得预期的劳动成果。幼儿的劳作活动则往往是对成人劳动的简单模仿，很少有明确的目的和计划，幼儿乐于享受劳作过程中对劳动工具和材料的操作带来的愉悦情绪体验，其主动获取劳动成果的意识较差。

实例链接

小班幼儿喜欢擦桌子，他们一遍一遍地用湿淋淋的抹布在桌子上擦拭，他们并没有意识到最后要把桌子擦干净，而是沉迷于模仿成人用抹布擦桌子的活动过程。为此，教师可以和孩子一起给每一种劳动内容取一个有趣的名字，例如，将擦桌子叫做“给桌子洗脸”，将拖地当成“给地板挠痒痒”，将挂毛巾变成“数数比赛”……孩子们就会沉浸在游戏的情境中，劳动也变得格外快乐。可见，幼儿的劳作活动具有明显的游戏性。

2. 幼儿的劳作活动总是与自己和周围人的生活及周围的事物紧密联系

幼儿的劳作活动往往围绕自己的生活展开，如给自己穿脱衣服及鞋袜、自己独立吃饭饮水、整理自己的床铺等自我服务劳动，值日生在活动前后为小朋友摆放和收拾学习用具、整理活动室的玩具和图书，为了满足游戏的需要自己动手制作玩具，在家里为爸爸、妈妈端茶递水，做些力所能及的家务事等。正如蒙台梭利在《教育中的自发活动》一书中所说：儿童“愿意用他自己的脸盆，自己穿衣，真正地在一个活生生的人的头上梳头，自己扫地；他愿意有适合他自己的椅子、桌子、沙发和食品橱。他的愿望是自己动手，达到某种智力目标，使他自己的生活舒适安逸。”所以，“借助于周围事物生存是儿童的自然倾向”①。

3. 幼儿的劳作活动始终是动手动脑、身体力行的实践活动

幼儿在劳作活动中热衷于模仿成人劳动的动作过程，喜欢操作各种劳动工具和材料等，如种植活动中，幼儿用小铲子在装了泥土的花盆里挖掘、刨坑，把细细的花种撒进

① ［意］蒙台梭利著，江雪编译：《教育中的自发活动》，天津，天津人民出版社，2003。

坑里，再盖上泥土，然后提着洒水壶到自来水龙头处接水，撒在刚刚播下了种子的花盆里，这些都是实实在在、身体力行的实践活动。幼儿的劳作必然是在动手动脑的实践活动中进行的。

劳作作为幼儿的一项实践性活动，对幼儿的身心发展具有重要的意义。蒙台梭利曾对儿童的这类活动给予过极高的评价："活动，活动，活动，我请你把这个思想当做关键和指南；作为关键，它给你揭示了儿童发展的秘密；作为指南，它给你指出应该遵循的道路。"在蒙台梭利看来，活动就是儿童的天性，儿童的实践性劳作活动，也是儿童的天性，这为我们开展幼儿劳作教育提供了重要依据。

（二）幼儿园劳作活动在幼儿园教育活动中的作用

1. 幼儿园劳作活动是幼儿园教育的重要内容

幼儿园教育活动是为实现幼儿园全面发展教育目标而组织开展的各种活动的总和，它主要包括游戏、教学、日常生活、节日和娱乐等各种活动，幼儿园劳作活动与这些活动密切联系、互相渗透。如幼儿在日常生活活动中自己独立进餐、整理自己的床铺，在午餐前为小朋友们准备碗筷，照看自然角的植物和小动物；在教育活动前帮老师搬一些小型的教具、学具，分发学习材料；游戏活动前和老师一起制作、准备玩具材料，游戏结束后收拾场地；节日和娱乐活动前和老师一起布置、美化活动室等，这些都是幼儿的劳作活动，也应是幼儿园教育所包含的内容。

实例链接

爱劳动教育游戏《剥蚕豆》的实施过程

活动前，我准备好蚕豆和大小不一的篮子，供幼儿放蚕豆的壳和豆子。活动开始，我用了情景导入的方式，请幼儿观察正在剥豆的阿姨，引发幼儿的兴趣：阿姨在干什么？剥的什么？孩子们在观察的过程中，不仅认识了蚕豆，也仔细地观察了阿姨剥豆的手法。通过与阿姨交流，幼儿掌握了剥豆的方法，产生了帮阿姨剥豆的愿望。在接下来的活动中，孩子们的表现非常棒。他们每个人都能积极参与活动，在活动中注意卫生，把壳和豆分别放在指定的篮子里。有的幼儿担心蚕豆不够剥，在身边放好一小堆；有的幼儿边剥边与旁边的幼儿比较豆子的大小；还有的幼儿发现了豆荚中间的豆子大，边上的豆子小的现象。孩子们在剥的过程中享受着劳动的快乐，树立了初步劳动的意识，目标达成度较高。活动后，我把蚕豆炒好了分给幼儿吃，大概是自己剥的缘故，孩子们吃得可香了，没有孩子说不吃。

2. 幼儿园劳作活动是实现幼儿园全面发展教育目标的必要途径

通过组织开展幼儿劳作活动，如在老师帮助下穿脱衣服，整理自己的被褥，协助老师整理活动室、打扫卫生，亲自动手栽种一些常见的花卉、蔬菜、瓜果等，可以使幼儿掌握简单的劳动知识和技能，培养初步的生活自理能力和劳动习惯。劳作活动也可以使幼儿体验劳动和创造的快乐，培养幼儿热爱劳动和劳动者、珍惜劳动成果等良好品德。

教师组织幼儿开展必要的劳作活动并给以适当的指导和帮助，可以培养幼儿基本的生活自理能力，增强动作的协调性和灵活性等，还能锻炼幼儿的身体机能，增强体质，提高幼儿对环境的适应能力。幼儿在劳作活动中领会教师的指导要求，表达内心感受，与幼儿互相交流与合作，有利于幼儿言语表达和理解能力的发展；幼儿在劳作活动中努力做力所能及的事，可以逐步培养不怕困难的品质和初步的责任感；幼儿在劳作活动中动手动脑，操作各种劳动工具和材料，有助于他们逐步认识所接触事物的功能、结构、质地以及事物之间的关系；在种植和养殖劳动中，可以培养幼儿爱护动植物，关心周围环境，亲近大自然等意识；在利用身边的物品或废旧材料制作玩具、手工艺品、装饰材料的手工劳动中，可以培养幼儿表现美和创造美的情趣。

3. 幼儿劳作活动对培养幼儿良好个性具有重要的作用

幼儿身心发育尚未成熟，需要成人的精心呵护与细心照顾，但不宜过度保护和包办代替，以免剥夺幼儿自主学习和自我成长的机会，影响其主动性和独立性的发展。但当下多数婴幼儿在家庭中受到过度保护和照顾，许多孩子生活自理能力低下，一切以自己的利益为出发点的自我中心的个性特点十分突出。

实例链接

扬扬是大班的孩子，再过一段时间就要上小学了，幼儿园正在进行幼小衔接教育，要求小朋友都要背书包上幼儿园，小朋友可以把自己喜欢的玩具、图书、文具放在书包里，这样背着书包就像个小学生了，这让扬扬心里充满了自豪感。看着孙子背着大大的书包，负责接送扬扬的奶奶心疼地说：“太重了，奶奶帮你拎吧，书包这么重会把你压坏、长不高的。”刚开始时，扬扬还坚持要求自己背书包，奶奶在旁边不时地帮扬扬托着书包。一段时间后，扬扬失去了背书包的新鲜感，背书包也就顺理成章地成了奶奶的事了。

类似上述事例的现象在当今的婴幼儿家庭中屡见不鲜。幼儿园和家庭有意识地安排幼儿参与各类劳作活动，与周围环境中的人、事、物相互作用，可以不断提高幼儿的各项活动能力，逐步降低对成人的依赖，自信心不断增强。尤其是在为他人服务的劳动中，可以让幼儿体验为他人服务带来的愉快体验，有利于幼儿逐步摆脱自我中心的个性倾向，劳作活动的这些作用是其他活动无法比拟的。

二、幼儿园劳作活动的具体设计

幼儿园劳作活动是幼儿园课程的重要内容，是实现幼儿园课程目标的必要途径，通过教师对幼儿园劳作活动的精心设计和安排，可以更好地发挥其在促进幼儿身心全面发展中独特而重要的作用。

（一）幼儿园劳作活动的目标

劳动是人们通过自己的努力积极创造物质产品或精神产品的实践活动，幼儿在劳作活动中有时也会产生某些有价值的劳作成果，但幼儿园劳作活动的价值主要体现为促进幼儿全面发展的教育价值。因此，教师组织幼儿开展劳作活动时应该具有正确的价值取向和目标要求，这是设计和指导幼儿园劳作活动的出发点。

1. 确定幼儿园劳作活动目标的依据

（1）幼儿园保教工作的相关法规。在《3～6 岁儿童学习与发展指南》和《幼儿园教育指导纲要（试行）》等幼教法规中，国家明确提出了幼儿园教育和保育工作的主要目标，也指出了幼儿在健康、语言、科学、社会、艺术等领域的发展目标和内容要求，这些目标和要求是组织开展幼儿园一切保育和教育活动的基本出发点，也是确定幼儿园劳作活动的根本依据之一。

（2）幼儿身心发展的规律和特点。确定幼儿园劳作活动的目标还要考虑参加劳作活动的幼儿的身心发展的年龄特点和个别差异，这些特点和差异主要表现在每个幼儿的身材、体型、体力、体质等解剖生理方面，以及知识、经验、兴趣、动机、气质、能力等心理发展方面，这些特点和差异是确定合理的劳作活动目标的又一个根本依据。

实例链接

《爱劳动教育——剥蚕豆》活动目标设计的依据

五月一日劳动节是对孩子进行爱劳动教育的好时机。但对于我们小班的宝宝来说，普通的说教显得苍白无力。于是，我把这一周的目标定位于：（1）通过各种手的活动，发展幼儿手部小肌肉。（2）初步学习简单的劳动技能，树立初步的劳动意识。在教学内容的安排上，我选择了“剥蚕豆”。因为五月是蚕豆收获的季节，几乎每家每户都会食用，而且蚕豆比较好剥，也适合发展孩子的动手能力。

2. 幼儿园劳作活动目标的类别

（1）直接目标。

幼儿园劳作活动的直接目标是指期望通过幼儿劳动产生的具有一定使用价值的直接劳动成果，如幼儿自己动手穿好衣服和鞋袜，帮助老师把凌乱的活动场地整理得井然有序，种植活动结束时收获自己种植的瓜果蔬菜，自己动手制作一些简单的玩具、用具等，这些都是幼儿园劳作活动的直接目标。从幼儿年龄特点来看，小班幼儿往往并不在意自己的劳动会取得什么样的直接劳动成果，他们只是对劳动的过程感兴趣，随着年龄增长，大班幼儿开始重视自己劳动的直接成果。在整个幼儿期，幼儿最感兴趣的还是劳作活动的过程。教师在确定幼儿园劳作活动的直接目标时，要考虑幼儿身心发展的实际情况，不提出过高的要求，及时肯定和鼓励幼儿在劳作活动中取得的点滴成绩。

（2）教育目标。

幼儿劳作活动的主要目标在于促进自身的发展，教师组织幼儿园劳作活动时，主要应着眼于教育目标的实现，即通过劳作活动促进幼儿身心素质的发展。幼儿园劳作活动是幼儿园课程内容之一，其教育目标与游戏、教学、日常生活等活动的教育目标在本质上是一致的，因此，教师要把与劳作活动密切相关的情感、态度、能力、知识、技能等方面的教育目标作为幼儿园劳作活动的主要目标，具体可以从以下几个方面确定：

1）热爱劳动，热爱劳动者，懂得爱护劳动成果和尊重别人的劳动；

2）能努力做好力所能及的事，不怕困难，有初步的责任感；

3）初步具备独立解决劳作活动中遇到的实际问题的能力；

4）掌握有关劳动工具、劳动材料和劳动方法的初步知识和技能，积累劳作活动经验；

5）学会自我服务劳动、为集体和他人服务劳动、种植和饲养劳动、手工制作劳动及自发工作活动等需要的简单操作技能。

幼儿园劳作活动的直接目标不是幼儿园劳作活动的主要目标，教育目标才是幼儿园劳作活动要实现的最重要的目标，是教师组织幼儿园劳作活动的根本出发点和归宿。

（二）幼儿园劳作活动的内容

幼儿园劳作活动的内容主要有自我服务劳动、为集体和他人服务的劳动、种植和饲养劳动、手工制作劳动与自发工作活动等，教师应根据幼儿园保育和教育目标，综合考虑幼儿身心发展水平、季节特点、幼儿园所在地域和幼儿园条件等情况，合理选择和安排幼儿园劳作活动的内容。

1. 自我服务劳动

自我服务劳动是幼儿自己照料自己生活的劳动。如幼儿独立进行盥洗、如厕、睡眠、进餐，自己穿脱衣服鞋袜，整理收拾自己的玩具、书籍、床铺和房间等。幼儿在生活活动中开展的这些简单劳动是培养幼儿独立生活能力和劳动习惯，促进大脑发育和提高动作灵活性、协调性的重要途径。

2. 为集体和他人服务的劳动

为集体和他人服务的劳动是幼儿在成人的指导下，为家人、小朋友、老师、班级、幼儿园、社区或自己的家庭做力所能及的事。如幼儿在进餐前协助老师为小朋友分发餐具，游戏结束后帮助老师整理活动场地和玩具材料，清除幼儿园运动场地内的小石子、树叶等杂物，到公园拣拾饮料瓶、废弃包装袋、果皮纸屑，在家中为家长取放拖鞋，倒垃圾等。为集体和他人服务的劳动是培养幼儿关心他人、服务集体的义务感和责任感的有效途径。

3. 种植和饲养劳动

种植劳动是幼儿在成人的指导下亲手栽种一些易于管理和易于得到劳动成果的植物，如种植豆角、瓜类、向日葵、萝卜、蚕豆、葱、蒜等，幼儿参与种植、除草、捉虫、施肥、收获、品尝劳动成果等全过程。饲养劳动是指在幼儿园饲养一些小动物，如鸡、鸭、鸽子、鱼、兔子、蚕、蝌蚪、小鱼、甲壳虫、蚯蚓等，让幼儿参与对这些小动物的喂食、除粪、清扫场地等饲养活动。种植和饲养劳动不仅能丰富幼儿有关动植物生长、成熟过程的感性经验，培养幼儿从事种植、饲养劳动的简单技能，还有助于培养幼儿认真负责、持久细心的劳动态度，并使之受到热爱劳动和热爱自然的教育。

4. 手工制作劳动

手工制作劳动是幼儿利用各种材料和工具制作具有一定使用价值的产品的活动。如幼儿利用废旧的纸盒、铁丝、胶带等制作玩具，将旧挂历剪裁后装饰活动室的墙面，用硬卡纸制作相片框等。手工劳动可以使幼儿认识各种材料和工具的质地、结构、性能和用途等，培养幼儿的观察力、思维力和创造力，锻炼幼儿的动手操作能力。

5. 自发工作活动①

自发的工作活动是幼儿在兴趣、需求的驱动下进行的劳作活动。幼儿自发的工作活动，是幼儿不在成人干涉下自发、自动产生的活动，如幼儿用泥沙制造房子、桥、花园，用泥巴制造泥塑品，用积木搭造街区、房屋、大桥、交通工具等。自发的工作活动是真正意义上的符合幼儿天性的自由劳作活动，它在培养幼儿自律、规则意识、创造性、坚持性等方面具有特殊的作用。

（三）幼儿园劳作活动的准备

要保证幼儿园劳作活动的顺利开展，必须按照幼儿身心发展的水平和特点，在物质（工具、场地、材料）和心理（动机、态度、知识、技能）两方面做好充分的准备。

1. 幼儿园劳作活动的物质准备

（1）准备符合幼儿体力和兴趣的劳动工具。

根据幼儿的身材、力量等身体特点和兴趣爱好为幼儿准备劳作活动的工具，这是开

① 蒙台梭利认为，福禄贝尔式的练习，如折纸等手工制作是练习，不是工作。参见［意大利］蒙台梭利著，任代文主译校：《蒙台梭利方法》，第2版，北京，人民教育出版社，2001。

展幼儿园劳作活动的必要前提之一。这些工具通常包括手帕、洗脸帕、牙刷、牙缸、脸盆等洗漱用具，扫帚、抹布、拖把、簸箕、清洁袋、铁夹等清洁卫生用具，小铲子、小锄头、小桶、洒水壶、花盆、鱼缸、鸽笼等种植、养殖用具，值日生袖（臂）章，小刀、锤子、钳子、锥子、剪刀、针线、双面和单面胶带、糨糊、胶水等手工制作工具，以及从事某些劳作活动（清洁、种植、养殖等）必需的工作服或围裙等。这些工具在长短、大小、重量等方面必须符合幼儿的身材和体力，在造型、色彩等方面符合幼儿的兴趣爱好，在功能上除了满足幼儿劳作活动的基本需要外，还要特别注意消除安全和卫生方面的隐患。

（2）准备适于幼儿开展劳作活动的场地。

幼儿园在为幼儿准备劳作活动场地上须因地制宜，充分利用幼儿园的现有场地和设施。自我生活服务的场地可以是幼儿的专用盥洗室、餐厅、寝室、衣帽间，也可以是兼有多种用途的多功能活动场地；为了开展种植、养殖劳动，有条件的幼儿园可以开辟专门的种植园地、养殖场，场地较小的幼儿园则可以在过道旁、阳台、活动室摆放花盆、木箱、鸽笼、鱼缸等用于幼儿种植和养殖劳动；还可以请幼儿园周边的社区协助，提供适合幼儿开展各类劳作活动的场所。

（3）准备用于幼儿劳作活动的材料。

根据幼儿劳作活动的需要，教师要准备适合幼儿劳作活动的各种材料。如自我服务方面，小班幼儿刚开始学习自己穿脱衣服，这阶段为幼儿准备的衣物应该宽松一些，纽扣和扣眼要大一些，鞋子最好是魔术贴的而不是系鞋带的，随着幼儿动作的不断熟练再逐步增加或改穿一些穿脱难度稍大的衣物。再如种植和饲养劳动可以根据幼儿园的园地条件，准备适合幼儿种植的、易于成活和收到劳动成果的植物种子或幼苗，还可以饲养一些易于饲养、性情温和的小动物。

2. 幼儿园劳作活动的心理准备

（1）保护和激发幼儿从事劳作活动的主动积极性。

一方面，幼儿从入园前就在家庭或托儿机构的生活中表现出对劳作活动的浓厚兴趣，入园后更是积极主动地要求参与劳作活动，虽然这些兴趣和愿望更大程度上是一种游戏心理，但却是幼儿参与劳作活动的最原始动机。对幼儿表现出的这些劳作活动愿望，教师应适时适当地予以满足。另一方面，教师还应通过组织多种活动，如让小班幼儿参观大班幼儿的生活起居，参观厨房劳动、农田劳动、园艺劳动等，激发幼儿更广泛的劳作活动兴趣。

（2）丰富幼儿开展劳作活动所必需的知识、经验和动作技能。

幼儿要顺利开展劳作活动，还必须要有一定的知识、经验和技能，如为了幼儿能自己洗手，教师可以通过示范、讲解，使幼儿在老师的指导下进行练习，进而逐步掌握洗手的正确动作和程序；为了开展助厨活动，老师可以请厨房的师傅为幼儿示范择菜、剥豆、包饺子等简单的劳动技能。这些知识和经验是幼儿进行劳作活动的前提。

实例链接

秋天来到活动室

年龄：5～6岁。

形式：集体、小组。

目标：幼儿采用各种方法进行制作，体会集体创造环境美的乐趣。

准备：反复观察秋季的特征，欣赏有关秋天的散文；吹塑纸、电光纸、图画纸、碎布、胶水、针线、各种画笔、水粉等材料。

过程：

1. 讨论。引导幼儿讨论现在是什么季节，秋天都有什么特征（包括人、动物、花草、树木等），如何利用各种材料把秋天的景色布置在活动室里。

2. 操作。根据讨论结果，教师建议按制作材料的不同分成若干小组，幼儿自愿参加，教师进行指导。

布贴组：可选用各种碎花布剪出自己需要的形象。

折纸组：利用圆形、方形手工纸折叶子、大雁等。

剪纸组：剪树叶、大树、果实、庄稼、花朵等。

绘画组：画动物、人物、昆虫、泥土等。

3. 装饰与欣赏。各组把完成的作品放在一起，教师组织幼儿讨论怎样进行装饰。在讨论的基础上，每个幼儿将作品粘贴在整体画面的适当位置，表现一定的情景。

幼儿站在离作品稍远的地方欣赏，并完整地讲述画面。

建议：

1. 教师应尊重幼儿的构思，鼓励幼儿做多种尝试。

2. 准备丰富的材料，供不同兴趣、不同水平的幼儿使用。

3. 上述活动方式可随季节的变化更换内容。

资料来源：杨文尧：《幼儿园活动设计与实践》，北京，高等教育出版社，1999。

上面是一个手工制作劳动的方案，在方案设计中，教师采用了集体劳动的组织形式，并根据幼儿的能力和兴趣特点划分了劳作活动小组。为了开展好这次活动，教师不仅要在物质材料上做好准备，还要提前让幼儿在有关秋天的知识上做充分的准备。

（四）幼儿园劳作活动方案的设计形式

根据劳作活动时间长短、内容多少以及与幼儿园其他活动的关系，幼儿园劳作活动方案设计可以分为渗透式劳作活动方案设计和专项劳作活动方案设计两种。

1. 渗透式劳作活动方案设计

渗透式劳作活动方案设计是指教师将幼儿劳作活动与游戏、教学、日常生活、节日和娱乐等活动紧密结合，互相渗透，互相补充，共同促进幼儿的全面和谐发展，这是组织开展幼儿园劳作活动的主要方式。

渗透式劳作活动方案设计不是设计专门的劳作活动方案，而是在整个幼儿园课程设计中充分重视劳作活动的地位和作用，明确提出有关劳作活动的目的要求，选择教育内容和安排教育过程时自然渗透劳作活动。在学期计划、月计划、周计划和半日活动计划中，将劳作活动的安排与游戏指导、教学活动、日常生活活动、节日和娱乐活动的计划与方案等紧密结合。

实例链接

大班半日活动计划

幼儿进入大班以后，喜欢活动量大、变化多的游戏，喜欢自己动手运用工具，活动的目的性增强，活动中需要互相支持完成活动的行为出现；能初步形成合作群体，合作意识增强，并有了初步的责任感；针对某一件事愿意提出自己不同的见解，并出现评价行为。

我们将幼儿的特征及近期发展目标作为半日活动设计的主要依据。

1. 设计半日活动的指导思想

(1) 在小组同伴协同探索的活动过程中，满足幼儿合作及被同伴认同、接纳的需要，把握教育机会，将幼儿这一优势需要通过合适的方法适时转化为幼儿理解并乐于接受的小组规则。

(2) 尽可能帮助幼儿整合秋季观察活动的感受与经验，启发幼儿多角度思维并发挥想象，支持幼儿的自我评价行为。

(3) 注意在半日活动转换环节中，通过语言、图式、音乐，提示幼儿初步有序地安排自己的生活（盥洗、料理），协助老师完成活动前后的准备和整理工作。

2. 活动关注点

(1) 了解幼儿对小组约定规则的接受态度及接受方式。

(2) 活动转换环节幼儿自理准备的意识及相应的行为表现。

(3) 注意观察李星（今天的值日生）的表现并给予适当的支持和帮助。

3. 活动流程

自选操作区→早操→结伴交流："秋天的脚步"的统计资料→绘画教学：秋天的树林→下课十分钟→探索型主题活动："我和119"→户外活动：户外锻炼。

4. 实施提示

（略）

资料来源：四川省幼儿教育师资培训中心：《幼儿园活动设计与指导》，成都，四川人民出版社，2003。

上述案例体现了教师在活动设计时对幼儿劳作活动的关注，将幼儿劳作活动的设计渗透在半日活动计划中。

2. 专项劳作活动方案设计

专项劳作活动方案设计是指为了实现幼儿园课程的总体目标，发挥幼儿劳作活动独特的教育作用，教师根据幼儿劳作活动的特点和规律，设计专项的劳作活动方案。

根据某项劳作活动的内容和持续时间的长短，教师可以做长期系统的劳作活动方案设计，如《××幼儿园××班××学期值日生劳动安排计划》《××幼儿园××班××学期蚕豆种植计划》；也可以做短期的或临时的劳作活动方案设计，如《××班六一节教室美化活动计划》《××班助厨活动计划》，在这些专项劳作活动方案的设计中，教师可以确定劳作活动的目标和要求，根据班内幼儿的实际情况安排相应的劳作活动任务，设计适当的劳作活动过程。

实例链接

烧制玉米食品

活动目标：

1. 幼儿初步有分工合作、协商解决困难的能力。

2. 运用幼儿烧制食品的已有经验，引导幼儿探索烧制玉米食品的新经验。

活动准备：

锅、小灶、铲刀、调味品、柴、微波炉、嫩的玉米棒、玉米籽（嫩的、干的两种）、玉米粉、水、碗、湿纸巾、磁带等。

活动过程：

1. 激发兴趣，引起幼儿烧制玉米食品的兴趣。

2. 结伴讨论烧制何种玉米食品及烧制的方法。

3. 师生共同提示活动中的注意事项。

4. 幼儿动手烧制玉米食品。

（1）巩固幼儿烧制食品的已有经验，引导幼儿探索积累新经验。

（2）自由结伴、分工合作，协商解决问题。

（3）注意观察，及时发现、指出和纠正不安全、不正确的行为，杜绝安全事故。

5．品尝。

（1）品尝自制的玉米食品，体验成功的快乐。

（2）鼓励和肯定与人分享的行为。

（3）培养饮食和卫生习惯。

资料来源：四川省幼儿教育师资培训中心：《幼儿园活动设计与指导》，成都，四川人民出版社，2003。

技能训练

下面是一位教师遇到的困惑，请你想想办法：怎样解决这位老师遇到的困惑？如果是你，你打算怎么做？

一天户外活动时，孩子们都在院子里高兴地玩着，我看到地上有些纸屑，便随口说了一声："请把地上的纸拾起来。"这时有几个孩子往地上看了看，继续玩起来。看到这些，我又叫了一个小朋友的名字，这个孩子听到我的叫声后，慢吞吞地弯下腰拾起了地上的纸。见此情景，我想到现在孩子们越来越不愿意劳动了，这样下去可不行，一定要培养孩子们的劳动习惯。

学练结合

1．选择一个幼儿园的半日活动计划，试对该计划在渗透劳作活动方面的优点和不足进行评析，并提出改进意见。

2．自定题目，设计短期（临时）和长期专项劳作活动方案各一个。

第二节 幼儿园劳作活动的实施

基础知识

幼儿园劳作活动的内容丰富、形式多样，并受到来自环境、材料、工具和幼儿自身的知识经验、兴趣爱好、能力水平等诸多因素的影响和制约。因此，教师适时、适当的指导是幼儿积极、安全、有效地开展劳作活动，不断提高劳作活动水平，促进幼儿身心全面发展的重要条件。

一、幼儿园劳作活动实施的原则与基本方法

（一）幼儿园劳作活动实施的原则

幼儿园劳作活动与游戏、教学、日常生活等密切联系、互相渗透，在指导方法上与游戏、教学、日常生活的指导既有许多共通之处，也有一些特殊的要求。教师指导幼儿园劳作活动应该特别遵循以下基本原则。

1. 教育性原则

教育性原则是指教师在指导幼儿园劳作活动时，要把是否有利于幼儿在情感、态度、能力、知识、技能等方面获得发展作为衡量活动质量水平的根本标准。对于活动中出现的不利于幼儿健康成长的因素，教师必须及时采取措施加以纠正或消除。尽量避免为活动而活动或把幼儿当成劳动力使用的不正确思想和行为。

2. 趣味性原则

趣味性原则是指教师在指导幼儿园劳作活动时，要关注幼儿在劳作活动过程中是否

具有积极的态度和良好的情绪。如前所述，幼儿从入园前就开始对亲身参与劳作活动充满兴趣，他们大多是对操作劳动的工具和材料感兴趣，对模仿成人的劳动过程感兴趣，教师应尊重和保护幼儿的这些兴趣，并在活动中引导幼儿逐渐将兴趣向劳作活动的成果扩展。教师要避免只考虑自己的主观愿望而不顾幼儿是否感兴趣的做法。

3. 适宜性原则

适宜性原则是指教师在指导幼儿劳作活动时，要注意观察当前的劳作活动强度与难度是否适合幼儿的身心发展水平，是否符合每个幼儿的个体差异。对大多数孩子来说，如果教师要求过高，劳动强度太大，他们很容易会对劳动失去兴趣。比如，有米粒和汤渍的桌子，孩子往往是擦不干净的，教师可先用清洁剂擦洗一遍，然后再要求孩子两人一组面对面站在桌子两边，将拧干的抹布摊铺在桌面上左右移动，每人负责自己面前的一半，从这头擦到那头，然后再沿桌子四周擦一遍。这样孩子才会产生胜任感，并通过自己的行动体验到挑战自我的快乐。所以，幼儿园所开展的劳作活动应该是幼儿能够胜任的或通过自己的努力能够完成的任务，而且应该针对幼儿的个体差异安排不同要求的劳作活动任务，这样才能使每个幼儿在劳作活动中不断发展自己的身心素质，才有利于保持每个幼儿对劳作活动的持久兴趣。

4. 安全卫生原则

安全卫生原则是指教师在指导幼儿劳作活动时，要把确保幼儿的健康和安全放在首位，消除一切可能危害幼儿健康和安全的不利因素。诸如，劳动工具是否符合幼儿的身材、体力，是否坚固易用；幼儿是否掌握和遵守劳动工具的使用常规；劳动环境是否安全卫生，有无危险或有害因素；劳动量大小和劳动时间长短是否符合幼儿身心特点，会不会引起幼儿过度疲劳。这些要求教师在指导幼儿劳作活动时对幼儿、劳动工具、劳动材料、劳动环境等进行细心的观察，如发现隐患要及时采取有效的措施加以排除。

5. 家园合作原则

家园合作原则是指教师指导幼儿劳作活动时，要积极与幼儿家长沟通，争取与家长在指导思想上达成一致，共同为幼儿的劳作活动创造条件。幼儿家庭可以为幼儿提供幼儿园不具备的劳作活动条件，很多劳作活动技能都需要幼儿在家庭生活中去应用，这样才能不断巩固和提高幼儿的劳作活动水平，不断增强幼儿的劳作活动意识和能力。家园合作是提高幼儿园劳作活动指导效果最重要的原则之一。

（二）幼儿园劳作活动实施的基本方法

教师指导幼儿园劳作活动的基本方法与指导其他活动的方法是一致的，可以采用的方式方法有很多，下面几种基本方法是幼儿园教育活动技能在幼儿园劳作活动中的具体应用。

1. 幼儿园劳作活动过程中的观察与评价

幼儿园劳作活动的观察是教师在幼儿劳作活动过程中对幼儿的语言、行为、表情等表现，以及劳作活动的环境等进行全面、持续的观察和记录，收集多方面的信息，为评价和指导幼儿的劳作活动提供最直接的参考，这是教师指导幼儿园劳作活动的首要环节。

幼儿园劳作活动的评价是教师根据幼儿劳作活动的基本原则和要求对幼儿的劳作活动进行价值判断，以了解幼儿劳作活动的安全性、适宜性和教育有效性等，为指导、调整和改进幼儿劳作活动提供依据。

对幼儿园劳作活动的观察与评价具体可以按以下几个步骤进行：

（1）确定观察评价项目。教师根据劳作活动的内容和形式，确定对劳作活动进行观察和评价的项目。

（2）制订评价的标准。教师根据幼儿的身心发展水平制订各个项目的评价标准。

（3）实施全面观察。教师对幼儿在劳作过程中的表现及劳作活动环境等相关现象进行全面、仔细的观察，收集掌握各方面的信息。

（4）给出评价意见和指导措施。教师根据观察记录的结果，对劳作活动做出全面客观的评价意见，并提出指导意见和改进措施。

下面是对幼儿园劳作活动进行观察与评价的项目和基本指标，教师可以参照下列指标，根据各年龄班幼儿开展劳作活动的不同内容和形式，制订更具有针对性的观察与评价指标体系。

（1）幼儿园劳作活动安全性的观察与评价的项目和基本指标，见表 6—1。

表 6—1　　幼儿园劳作活动安全性的观察与评价的项目和基本指标

观察评价项目	观察评价基本指标	评价意见	指导措施
劳动环境（室内外适用）	1. 气温适宜，空气清新，无噪音、粉尘、废气等污染。		
	2. 没有跌落（倒）、碰撞、踩踏、交通事故、溺水、走失、染病、中毒、烧（烫）伤、电击、惊吓等安全隐患。		
	3. 所有幼儿都在教师的视线范围内。		
劳动工具	1. 工具的长短、大小、轻重适合幼儿的体型、体力，轻便、牢固。		
	2. 工具结构和质地良好，没有割（刺）伤、勒毙、窒息、电击、烧（烫）伤等安全隐患。		
	3. 建立了使用劳动工具的常规要求，幼儿执行常规良好，没有造成自伤或互相伤害的安全隐患。		
劳动材料（对象）	1. 没有割（刺）伤、咬（抓）伤，勒毙、窒息、电击、烧（烫）伤、染病、中毒、惊吓等安全隐患。		
	2. 劳动材料（对象）的长短、大小、轻重等适合幼儿的体型、体力。		
	3. 劳动材料的使用符合幼儿的经验和能力水平，不会造成财产损失，不会危害他人的健康和安全。		
劳动时间和劳动量	1. 单次劳动时间长短适宜，没有引起幼儿厌倦、疲劳。		
	2. 单次劳动量适宜，没有引起幼儿过度疲劳。		
	3. 幼儿没有出现气喘、汗多、脸色不正常等现象。		

（2）幼儿园劳作活动适宜性的观察与评价的项目和基本指标，见表6—2。

表6—2　　幼儿园劳作活动适宜性的观察与评价表的项目和基本指标

观察评价项目	观察评价基本指标	评价意见	指导措施
幼儿整体的适宜性	1. 全体幼儿开展劳作活动的动作熟练程度较高。		
	2. 全体幼儿圆满完成劳作活动任务的人数比例较高。		
	3. 全体幼儿对劳作活动的兴趣、情感和态度表现积极。		
幼儿个体的适宜性	1. 发展滞后的幼儿在劳作活动中得到了及时的帮助和支持（不能完成劳作活动任务的幼儿姓名及具体表现）。		
	2. 发展超前的幼儿在劳作活动中得到了充分的锻炼和表现（任务完成情况优秀的幼儿姓名及具体表现）。		
	3. 其他需要给予特别关注的个别现象。		

（3）幼儿园劳作活动教育有效性的观察与评价的项目和基本指标，见表6—3。

表6—3　　幼儿园劳作活动教育有效性的观察与评价的项目和基本指标

观察评价项目	观察评价基本指标	评价意见	指导措施
情感与态度的培养	1. 对劳动工具、劳动材料（对象）、劳动过程等表现出喜欢、愉快、接纳等积极的态度和体验。		
	2. 对劳动的成果表现出期待、欣喜、爱护等积极的态度和体验。		
	3. 对劳动的伙伴、教师和其他劳动者表现出尊重、关爱、接纳的态度和体验。		
能力水平的提高	1. 注意力、观察力、记忆力、思维力、想象力等一般能力获得发展。		
	2. 面对实际分析问题、解决问题的能力得到提高。		
	3. 言语表达与理解能力获得发展。		
	4. 交流与协商能力获得发展。		
知识经验的积累	1. 关于劳动工具色彩、形态、质地、结构、功能、相互关系的知识经验得到丰富。		
	2. 关于劳动材料（对象）的色彩、形态、质地、结构、功能、相互关系、发展规律等的知识经验得到丰富。		
	3. 认识、掌握了关于劳动的规则、程序、操作方法等方面的知识和经验。		
动作技能与身体机能的发展	1. 精细动作的准确性、灵活性、协调性、熟练度得到发展。		
	2. 粗大动作的准确性、灵活性、协调性、熟练度、力度得到发展。		
	3. 身体的运动、呼吸、循环、消化、神经等系统的机能得到锻炼和增强。		

2. 幼儿园劳作活动过程中的示范与范例

掌握劳作活动的基本技能是幼儿开展劳作活动的必要条件，如扣纽扣、系鞋带、套袜子等是幼儿穿脱衣服的必备技能，使用工具进行挖掘、填埋、浇灌等是幼儿进行种植活动的必备技能，剪裁、粘贴、穿刺、敲钉等则是幼儿进行手工制作活动的必备技能。

幼儿掌握新的劳作活动技能主要是通过对成人或同伴的模仿来进行的，因此，教师通过亲身示范或提供范例是指导幼儿掌握劳作活动技能的主要方法。

示范法是指通过教师、其他劳动者或做得好的幼儿亲身操作，让幼儿进行观察和模仿，帮助幼儿在头脑中建立劳作活动技能的动作表象。如在利用硬卡纸制作相片框时，教师为幼儿示范双面胶带的使用方法，开展助厨活动（包饺子）时请厨师为幼儿示范包饺子的操作程序。范例法则是教师将成人或幼儿的劳作活动成果展示出来，提供给幼儿作为观察和模仿的对象，如教师在组织幼儿包饺子时，把老师、厨师或幼儿做得比较漂亮的饺子展示给幼儿，让幼儿模仿学习。

根据幼儿学习的特点，教师在劳作活动中为幼儿进行示范和提供范例时应该注意以下几点：

第一，教师的亲身示范和提供的范例应该具有一定的典型性，动作过程清楚、简单，便于幼儿模仿。

第二，教师的示范和范例要与生动形象的语言讲解和描述相结合，便于幼儿理解和记忆。

第三，教师进行示范和提供范例供幼儿模仿时，应该允许幼儿在不妨碍安全和健康的前提下自主创新，鼓励幼儿尝试使用新的方法和程序解决问题。

实例链接

采用示范法指导小班幼儿《穿衣服》的案例

第一步，教师把自己的上衣放在床上。

第二步，教师一边念儿歌一边示范穿衣服。

“抓领子，盖房子”，两手抓住衣领，把衣服从头上甩到背后并在肩上披好。

“小老鼠，钻洞子”，两手抓住衣襟，准备穿袖子。

“左钻钻、右钻钻”，先用右手抓住左边的衣襟，把左手穿进袖子里，再用左手抓住右边的衣襟，把右手伸进袖子里。

“吱吱吱吱上房子”，把两边的衣襟对齐，从下向上扣好纽扣。

第三步，教师把自己的上衣脱下，要求幼儿把自己的衣服摆放好。

第四步，教师带着孩子们一起，一边念儿歌，一边模仿老师的动作学习穿上衣……

在上述案例中，教师把穿上衣的动作分解成几个简单的环节，在示范的同时，配以形象有趣的儿歌，既让幼儿对穿衣服的动作技能记忆清楚，又能激发幼儿的活动兴趣。

3. 幼儿园劳作活动过程中的讲解与谈话

在幼儿园劳作活动中，教师需要通过讲解和谈话向幼儿描述劳动结果，讲清劳作活动的操作程序和安全规则，及时纠正幼儿在劳作活动中的不正确举动。讲解和谈话是激发幼儿劳作活动积极性，了解幼儿内心思想和体验，确保幼儿顺利、安全、有序地开展劳作活动的重要方法。

讲解法是教师运用口头语言向幼儿说明劳作活动操作程序，提出安全要求，指出劳动中存在的问题和努力方向的方法。谈话法是教师与幼儿在劳作活动中互相交流想法和意见，帮助幼儿加深理解，巩固记忆，形成正确认识的方法。

教师在劳作活动中运用讲解和谈话对幼儿进行指导应该注意以下几点：

第一，在讲解和谈话中，教师使用的语言应该生动、形象、清晰、简明扼要，富有感情，能引起幼儿学习的兴趣，容易被他们理解和接受。

第二，讲解、谈话要与具体的劳动操作相结合，切忌脱离具体事物的空洞说教，特别是对低段幼儿更应该边讲边做，边做边练，切实做到“教学做合一”。

第三，讲解和谈话中，教师要善于提出富有启发性的问题，要耐心倾听幼儿的提问和回答，及时肯定和补充，帮助幼儿不断加深和扩大对事物的认识。

4. 幼儿园劳作活动过程中的肯定与否定

在劳作活动中，幼儿表现出正确的行为或取得点滴的成绩和进步时，教师如果及时给予肯定评价，有利于激发和增强幼儿参与劳作活动的内在动机，使幼儿劳作活动的正确技能得到进一步巩固，不断丰富和积累幼儿的劳作活动经验。而当幼儿在劳作活动中表现出违反劳作活动纪律和安全要求等错误行为时，教师应及时、适度地给予否定评价，以避免安全事故的发生，确保劳作活动的顺利进行。肯定和否定是行为评价法在幼儿园劳作活动指导中的应用。

肯定的评价法通常指表扬与奖励，就是教师对幼儿在劳作活动中的良好表现、进步或成绩给予精神上或物质上的褒扬和激励，让幼儿体验到愉悦和满足，从而强化其劳作活动的积极性。比如，教师可对班上有进步的孩子进行有针对性的表扬，然后提出要求：“因为你们表现得很棒，所以老师请你们来帮忙。你们愿意吗?”受到邀请的孩子自然开心不已，他们看到周围小朋友羡慕的眼光，自豪感就会油然而生。否定的评价法通常指批评与惩罚，就是教师对幼儿在劳作活动中出现的违反劳作活动纪律和安全要求，破坏劳作活动秩序等错误行为给予制止、批评和惩罚，让幼儿体验到不愉快、羞愧和自责。

在幼儿园劳作活动中对幼儿进行肯定或否定的评价时应该注意以下几点：

第一，在幼儿园劳作活动的指导中坚持正面教育，以表扬、奖励为主，尽量少用或不用批评、惩罚，禁止任何形式的体罚或变相体罚。

第二，幼儿园教育活动中，禁止把劳作活动本身作为惩罚幼儿的手段。

第三，使用表扬和奖励的目的应该是使幼儿认识到自己的优点、长处和进步，逐步培养幼儿从事劳作活动的自豪感和责任感，不能让幼儿把参与劳作活动仅仅作为追求表扬和奖励的手段。

第四，批评和惩罚只在幼儿故意违反劳作活动纪律和安全要求、破坏劳作活动秩序时使用，其目的是使幼儿掌握和遵守劳作活动的纪律和安全要求，因此批评和惩罚要与说理相结合。对因为缺乏认识、动作不熟练等原因造成的错误言行不能批评或惩罚，教师应该进行耐心的讲解、示范，指导幼儿进行正确的练习，通过帮助幼儿提高劳作活动水平来解决。

5. 幼儿园劳作活动过程中的游戏与操作

由于幼儿劳作活动具有显著的游戏性和操作实践性，因此，教师对幼儿劳作活动的指导常常是在游戏和操作实践中进行的。

游戏法是指教师以游戏角色的身份或游戏的口吻对幼儿的劳作活动进行指导。这种指导方式是幼儿喜闻乐见的，符合幼儿的兴趣，容易使幼儿接受教师的指导意见。操作法是指教师指导幼儿通过多次操作实践和反复练习，不断巩固和提高劳作活动技能水平。劳作活动技能与其他活动技能一样都需要经过多次反复的练习才能熟练掌握。

教师运用游戏法和操作练习法指导幼儿园劳作活动时应该注意以下几点：

第一，教师采用游戏的方式是为了使幼儿能更好地接受教师对劳作活动的指导意见，更好地达到幼儿园劳作活动的教育目标，而不是把劳作活动当做游戏进行指导或把劳作活动变成纯粹的游戏。到大班以后，教师应该逐渐减少使用游戏的指导方式，使幼儿更多关注劳作活动的创造过程和结果。

第二，教师指导幼儿进行操作练习时要注意观察，及时做出反馈，对幼儿在操作练习中出现的问题要通过讲解或示范，及时加以纠正，尽量保证幼儿操作练习的动作技能都是正确的。对幼儿在操作练习中主动的创新要及时给以鼓励。

第三，幼儿学习了新的劳作活动技能后，教师要通过多种途径让幼儿进行操作练习，尤其要协同家长为幼儿的劳作活动创造实践机会。

教师在对幼儿园劳作活动进行指导的过程中，为了达到预先确定的劳作活动目标，需要综合运用观察与评价、示范与范例、讲解与谈话、肯定与否定、游戏与操作等多种指导方法。

二、幼儿园劳作活动实施的形式

好的组织形式是激发幼儿参与劳作活动积极性，充分发挥幼儿园劳作活动教育功能的重要条件。教师在组织开展幼儿园劳作活动时，可以根据劳作活动的内容、幼儿的身心发展水平和劳作活动的目的，采用以下几种组织形式。

（一）集体劳动

集体劳动是教师根据劳动的任务和内容，组织全班或小组的幼儿，在同一时间内共同进行劳动。自我服务劳动、为集体和他人服务的劳动、种植和饲养劳动、手工劳动等都可以采用集体劳动的形式进行。

（二）个别委托劳动

个别委托劳动是教师根据教育的需要和幼儿的实际情况，有意识地委派个别幼儿去完成某项劳动任务。如让胆小的幼儿去做一些简单的劳动，让粗心的幼儿去做一些需要细心才能完成的劳动等。

（三）值日生劳动

值日生劳动是教师安排幼儿以轮流值日的形式为集体服务的劳动。值日生劳动和幼儿的一日生活紧密联系在一起，如早操值日、餐桌值日、寝室值日、盥洗值日、天气记录值日、自然角值日等。幼儿园的值日生劳动一般从中班开始。

（四）家务劳动

家务劳动是教师和家长指导幼儿在家庭中完成一些力所能及的家务活。家务劳动需要教师与家长密切配合，教师向家长讲清让幼儿适当从事一些家务劳动的必要性，与家长共同探讨和改进幼儿进行家务劳动的指导方法，检查和评价幼儿家务劳动的情况。

以上几种组织形式各有特点，教师可以采用其中某一种组织形式，也可以综合采用几种形式开展相关的劳作活动。教师还可以在保证安全、卫生与健康的前提下让幼儿自发开展一些劳作活动，如前面提到的自发工作活动。

技能训练

下面是谈话活动《辛勤劳动的人们》① 的案例，结合所学知识对案例中前后两次谈话活动进行分析。

一、谈话活动：辛勤劳动的人们

活动目标：

1. 增强幼儿对劳动者的认识，萌发幼儿对劳动者尊重的情感。
2. 幼儿能大胆讲述自己的所见与所感。

活动准备：

1. 不同行业劳动者的图片 8 张。
2. 幼儿园不同岗位工作人员的照片 8 张。

① 作者：深圳市宝安区教育科学研究培训中心秦义。引用时做了删减。

3. 实物投影仪、电视机各1台。

活动过程：

1. 教师将全班幼儿集中到教室中间，坐成三排，教师开始组织谈话。

2. 教师引入。

师：小朋友们，“五一”节就要到了，你们知道“五一”是谁的节日吗？

孩子自由发表意见，教师引导孩子知道“五一”是劳动者的节日。

3. 引导幼儿发表对劳动者的认识。

师：小朋友们，你们知道哪些人是劳动者吗？

在幼儿发表的基础上，教师出示不同行业劳动者的图片，通过实物投影仪和电视机展示出来，并让幼儿说说这些劳动者是谁。

师：小朋友们，这些叔叔阿姨劳动辛不辛苦？是怎么样辛苦的？

教师请个别幼儿到集体面前做劳动者劳动的动作，并引导大家一起模仿，感受和体验劳动者的辛苦。

4. 讨论幼儿园里的劳动者。

师：幼儿园哪些人是劳动者呀？

幼儿发表意见，在此基础上教师通过投影展示幼儿园各岗位工作人员的照片，并进行归纳。

师：他们都是怎么样进行劳动的呀？辛不辛苦呀？园长、教师、生活老师……

在幼儿回答的基础上，教师大致帮助孩子归纳出幼儿园不同岗位工作人员的主要工作。

5. 进行总结归纳。

师：幼儿园有各种各样的工作人员，园长、主任、教师、保育老师、厨师、门卫、清洁人员，他们为我们在这里学习付出了辛勤劳动，我们要向他们表示节日祝福。让我们到美工区去制作礼物送给他们吧！

延伸活动：

幼儿分批到美工区制作礼物（卡片）并送给幼儿园工作人员。

二、案例诊断分析

1. 不清楚谈话活动在主题活动中的作用。

2. 没有明确谈话活动的核心目标。

3. 没有处理好谈话活动的组织形式。

4. 忽略了记录在谈话中的重要作用。

5. 内容脱离了幼儿生活经验。

三、活动方案修订

将谈话的主题缩小至孩子身边劳动的人们，将活动名称改为《幼儿园里谁最辛苦》。

活动目标：

1. 引导幼儿围绕主题谈话，在群体面前大胆表达自己的经验，发展幼儿的讲述能力和倾听能力。

2. 了解幼儿关于身边劳动者的认识，为后续延伸探究做准备，激发幼儿对劳动者的感情。

活动准备：

1. 幼儿园不同岗位工作人员的照片8张。

2. 实物投影仪、电视机各1台。

3. 记录用大白纸、大头笔若干。

活动过程：

教师将幼儿分成两组，坐成弧形，由两位教师分别带一组小朋友谈话，注意保持足够的距离，不要相互干扰（如一组在教室的语言区，另一组在教室的建构区）。

1. 教师引入。

师：小朋友们，“五一”节就要到了，你们知道“五一”是谁的节日吗？

孩子发表意见，教师记录。

师：哪些人要过“五一”劳动节？

教师要注意让幼儿明确劳动者是参加劳动并以自己的劳动收入为生活主要来源的人。

2. 引发认识。

(1) 引导幼儿发表对幼儿园劳动者的认识。

师：小朋友们，你们知道幼儿园的哪些人是劳动者吗？

在幼儿回答的基础上，可依次出示幼儿园各类工作人员工作的照片，以激发幼儿更多的表达，教师记录。

(2) 了解幼儿关于“幼儿园里谁最辛苦？”的认识。

师：你们认为幼儿园里谁的工作最辛苦？为什么呢？

不同孩子有不同的观点，教师可在之前记录的基础上，将幼儿所说的持相同看法的话记录在对应的工作人员处。

3. 统计分析。

(1) 统计幼儿园的工作人员“谁最辛苦”并进行排行。

师：我们一起来数一数，哪种看法的人最多？第二多？第三多？

幼儿统计，教师记录，并在白纸上标出第一、第二、第三等符号。

(2) 激发幼儿表达不同意见。

师：刚才我们列出了“谁最辛苦”的排行榜，有没有小朋友有不同的意见？

教师允许幼儿争论，在争论过程中，教师可用评议和表情适时“煽风点火”，激起幼儿谈话的兴趣，如可说：“我觉得×××讲得有道理”“×××说得真好！我都想站在他那边了”等。

4. 教师小结，结束本次谈话。

小朋友们今天讲得很好，大家都有自己的看法。没有关系，接下来，老师想请持相同看法的小朋友组成一组，每个组都去想办法收集证据，来证明你们组的看法没有错。

学练结合

1. 结合幼儿园见习，分析见习园（班）在幼儿园劳作活动的组织和指导方面的优点和不足。

2. 下面是一位老师遇到的困惑，请你想想办法帮助这位老师解决困惑。

一天，乐乐跑到我面前悄悄地告诉我："老师，我也想当值日生。"我对他说："好啊，你好好表现，大家会选你的。"到了评选值日生的日子，孩子们踊跃地推荐自己和其他小朋友。乐乐坐直了身子望着大家，可是没有一个孩子推选乐乐，乐乐有些期盼地看了看我。此时，我想起了他对我说的话，就微笑地注视着他，鼓励他大胆推荐自己。乐乐勇敢地举起了手，告诉大家："我也想当值日生。"这时，晨晨说："老师，我不同意。"燃燃说："我也不同意，他上次还打我呢。"孩子们七嘴八舌地议论着："不同意！对！我也不同意！"听了大家的话，乐乐很委屈。面对这样的情景我也很尴尬。

第七章　幼儿园说课的设计与实施

目标导航

［**知识目标**］了解幼儿园说课的含义与作用、形式与要求、程序与注意事项，能分辨备课、说课、授课之间的关系，知道说课是一种特殊的教学活动研讨方式，掌握幼儿园说课稿的设计与实施方法。

［**能力目标**］能够为各种教育活动设计说课稿并能说好课。

第一节　幼儿园说课的设计

基础知识

目前，不论在幼儿园内还是在更大范围的同行教学交流活动中，“说课”已经成为许多幼儿园教师经常使用的一种教学活动研讨交流方式。什么是说课？说课有什么用？说课稿怎么设计？如何说好课？这些是本节要学习的主要内容。

一、幼儿园说课概述

（一）幼儿园说课的含义

说课是一种教学研究活动，它以教育教学理论、理念、思想为依据，针对某一课题（教学内容）的自身特点，结合教育对象的实际情况，口头表述该课题教学的具体设想的一种教研活动。

说课是幼儿教师通过对教育目标的分析，表述具体教学内容的活动设想及理论依据。说课往往以教育心理学理论、幼儿园课程与教学理念、《幼儿园教育指导纲要（试行）》及《3～6岁儿童学习与发展指南》等作为理论依据。说课是幼儿教师在备课基础上，于授课之前面对领导、同行或评委主要用口头语言讲解具体课题的活动设想及其依据的一种教研活动，是教师对教案本身的分析和阐释，是一种口头叙述为主的教案分析。通俗地讲就是要说清：教什么、怎么教、为什么这么教。“说课”以说为主，它是教师将教学目标与内容的理解、教法及学法设计转化为“具体活动”的一种课前预演，也是督促幼儿教师进行业务学习和教育教学研究、提高业务水平的重要途径，还是评估幼儿教师教学水平的有效手段。

（二）说课与备课、授课的关系

备课、说课、授课以及评课，是教学工作的四个基本环节。这四者的共同点是都围绕“课”来进行，目的都在于提升教学的有效性，提高教师的教学业务能力与水平。一般而言，备课在前，说课居中，授课在后。所以，我们这里主要就这三者间的不同点进行比较。

（1）目的不同。备课的目的是将领域学科知识转化为教学知识；授课的目的是将教学知识转化为教学行为，将教师的知识（理解）转化为幼儿的知识（理解），促进幼儿学习与发展，即“使幼儿会学”；说课的目的则是向听者介绍一次活动的主要设想，“使听者听懂”。

（2）内容不同。备课的主要内容就是构思某一教学主题的设计；授课的主要内容在于让幼儿理解哪些内容，重在“怎么讲”或者“怎么上”；说课则不仅要讲清上述主要内容，而且要讲清“为什么这样教”“为什么这样学”。

（3）对象不同。从面对的人来看，备课的对象是自己，是自己的自省、自悟；授课的对象是幼儿；而说课的对象是领导、同行或专家、评委。

（4）方法不同。备课是文案工作，重在“写”；授课是教师与幼儿的双边活动，重在“讲”；说课则是以教师自己的解说为主，重在“说”。

（三）幼儿园说课的作用

说课，有小到年级组或教研组的，或幼儿园范围的，也有大到市、省一级教学比赛范围的。无论在什么范围，说课实际上就是使用语言清楚明了地向同行“说明”“说清”自己教学活动方案的设想与依据，引发同行对相关问题的回应。说课的具体作用如下：

1. 反思备课与预演授课的有效性

实现教学活动的有效性，是幼儿园教学的出发点和归宿。幼儿园教学活动的有效性，指的是通过幼儿教师实施的教学活动达成教育效能。幼儿园老师通常采取的形式是备好课即授课，在备课与授课之间缺乏一个环节来反思自己的活动设计，反思授课的妥当性、有效性。通过说课这一形式，恰好可以填补这一空缺：我为什么要这样设计？我该怎样组织好教学？说课，就是对备课进行反思，对授课进行预演。

2. 检验与提升说课者理论素养、教学能力与教研能力

没有理论支撑的教学设计与实施，不可能成为优质教学。说课，既能检验教师的理论素养、教学能力与教研能力，也能提升教师的理论素养、教学能力与教研能力。例如，如果一位教师熟悉、理解并能运用好《3～6岁儿童学习与发展指南》的精神与理念，就能理解各领域教育的核心价值，了解幼儿各领域学习与发展的规律以确定适宜的教学目标，选好适宜的教学内容并发掘出教学内容中所包含的多种教育价值，理

解幼儿各个领域、各种类型学习的特点和教育教学的途径与方法，以有效支持幼儿的学习。

3. 深入研讨教学，促进同行间深层交流

说课者为了提高“说课”效果，听课者为了听得透彻、评得高远，都必然重温教育教学理论并进行深入探讨，听说双方以此得到不同程度的提高。首先，说课是通过同行交流分享一些工作心得，以期望同行可以从中得到有益的启示；其次，说课是通过与熟悉程度各不相同的同行交流，锻炼自己的表达能力和信心；最后，最重要的一点就是抓住机会倾听同行的不同意见，以便重新反思，拓宽自己的视野和提升教学设计与执教能力。①

二、幼儿园说课稿的设计

（一）幼儿园说课稿设计的要点

1. 分析客观、正确、透彻

说课重在分析。首先，说课者对教学内容（作品）的分析要正确、透彻。教师不仅要从微观上弄清弄懂各知识点的内涵和外延，做到准确无误，更要从宏观上正确把握本次教学内容在本学科领域、本年龄段的地位、作用以及本课内容的知识结构体系，深刻理解各知识点之间的关系。其次，对幼儿的学情分析要客观、准确，符合实际。说课中教师要从幼儿的原有基础和现有困难两个方面分层次、客观、准确地分析学情，为确定适宜的活动目标、重难点以及采取相应的教学对策提供可靠的依据。

实例链接

《蜘蛛织网》② 说课稿中的内容分析与学情分析

中班幼儿的观察能力有了一定的发展，对于生活中常见的昆虫——蜘蛛有了一定的认识，并且对蜘蛛很感兴趣。所以我选择科学活动《蜘蛛织网》这一素材，启发幼儿通过观察，了解蜘蛛的身体构造。在活动中，为了激发幼儿对活动的兴趣，让他们主动参与到活动中，我对本次科学活动与美术绘画活动进行整合，引导幼儿把观察到的蜘蛛网通过绘画的方式表达出来。

① 参见许卓娅：《浅议“说课”的目的和方法》，载《幼教园地》，2009（7、8）。

② 《蜘蛛织网》作者：重庆人文科技学院学前教育学院杨陈栋婷。后同。

2. 理论有依据，指导思想明确

说课要有理论依据。在说课中对教学内容的分析可以学科基础理论或者《纲要》《指南》为指导，对学情的分析可以教育心理学理论为指导，对教法的设计可以课程教学论和学科教学法为指导，力求所说内容言之有理、言之有据。

实例链接

大班艺术领域剪纸活动《美丽的花蝴蝶》[1] 说课稿中的“说目标”（节选）

《幼儿园教育指导纲要（试行）》提出，幼儿能用自己喜欢的方式进行艺术表现活动。《3～6岁儿童学习与发展指南》也指出，引导幼儿学会用心灵去感受和发现美，用自己的方式去表现和创造美，使幼儿喜欢进行艺术活动并大胆表现。我将本次活动的技能目标设定为“探索蝴蝶的剪纸步骤，尝试用镂空折剪的方法进行蝴蝶的多种形状设计。”

《幼儿园工作规程》提出幼儿园艺术教育的目标是萌发幼儿感受美与表现美的情趣。因此，我将情感目标设定为“萌生感受蝴蝶美的情趣，喜欢剪纸艺术。”

3. 写法通俗易懂

说课的目的是向听者介绍一次教学活动的活动设想，“让听者乐听，使听者听懂”。说课虽然是讲活动设计背后的理念与依据，但也不能卖弄学术或理论，让听者听得云里雾里。

实例链接

中班科学领域活动《蜘蛛织网》说课稿中的活动反思

此次活动选择《蜘蛛织网》这一素材，主要是让幼儿通过观察探究，了解蜘蛛的身体构造以及蜘蛛网的形成过程。活动环环紧扣，从观察探究到绘画蜘蛛网，作为走在前面的引导者，走进幼儿的参与者，站在后面的欣赏者，我将内容层层深入，既培养了幼儿的科学探究能力和美术绘画能力，又让幼儿能够在学中玩、玩中学，使幼儿的兴趣贯穿活动始终。活动延伸涉及语言、美术、科学领域及日常生活、游戏中，帮助幼儿丰富了科学知识及生活经验。

---

① 《美丽的花蝴蝶》作者：重庆师范大学学前教育专业吴琴。后同。

（二）幼儿园说课稿设计的内容

一篇完整的说课稿主要包括说基本信息、说教学内容（或说设计意图或说活动来源）、说活动目标、说活动准备、说活动重难点、说教法与学法、说活动过程、说活动延伸、说活动效果九个部分。

1. 说基本信息

一篇说课稿的基本信息要完善，要让听者明白说课者设计的是哪个年龄班的什么领域的什么活动。比如，大班艺术教育领域音乐歌唱活动说课稿《小熊过桥》。

2. 说教学内容

说课主要包括教学内容（作品）分析、班级幼儿情况分析、设计意图或活动来源及活动依据。

（1）教学内容（作品）分析。分析教学内容及其在教学中的地位和作用，通过分析所选活动主题的内容特点，指明其在整体或主题网络教学中的地位。如果是故事、儿歌、歌唱等教学活动，还要对作品进行分析。

实例链接

《小熊过桥》[①] 的作品分析

《小熊过桥》是一首C大调的歌曲，采用拟人化、叙事的手法，运用活泼、跳跃的旋律，描绘了小熊过桥时从害怕到勇敢的心理变化，给人以遇到困难不要害怕、要积极面对、勇敢行动的启示。

（2）班级幼儿情况分析。主要包括幼儿的年龄特点、身心发展状况，幼儿原有知识和基础技能的掌握情况，幼儿的关注与兴趣。

实例链接

大班健康活动《好玩的纸棒》的幼儿情况分析

纸棒是幼儿非常熟悉的物品，几乎每个班的健康区都有，它既安全又环保，是

① 《小熊过桥》作者：西南大学幼儿园廖丽莉。后同。

幼儿每天接触的好伙伴。可是我们常常发现，孩子虽然喜欢玩纸棒，但他们往往玩不出什么花样来，不是拿来当金箍棒挥，就是当剑劈。针对这些我设计了本次活动，让幼儿既感到亲近熟悉，又感到新奇；对教师来讲，既符合现实水平，又有一定的挑战性。

（3）设计意图或活动来源。设计意图主要写本次活动设计的意图，教师通过教学要解决的问题。活动来源主要写本次活动来源于幼儿兴趣、关注与需要，或幼儿的生活经验，或教学用书（教材），或教师对幼儿的观察与了解等。

实例链接

《小熊过桥》的设计意图

就像说话一样，歌唱是幼儿的一种自然活动，也是幼儿最常见、最喜爱的音乐形式。在愉快的歌唱活动中，孩子们不仅能获得充分的成就感和满足感，也能通过这种简单的方式有效地表达自己的情感和体验。幼儿由于受到年龄、生活经验等方面的限制，他们缺乏各种必要的感性经验，他们的思维发展尚处在直觉形象阶段，这些局限使得他们不可能用成人的思维去理解或再加工那些复杂的音乐材料。传统的歌唱教学活动注重模仿，常常采取教师示范，幼儿一句句机械地学唱，一遍遍简单地重复的形式，幼儿觉得枯燥乏味，对歌唱活动失去兴趣，音乐也由此无法发挥它应该具备的重要教育功能。如今越来越多的教育者走在音乐课程改革的路上，通过创新的歌唱教学形式、优化的教学策略，让幼儿积极地投入到歌唱活动中，愿意歌唱、喜欢歌唱、快乐歌唱。游戏化的音乐活动能更好地激发幼儿参与的兴趣，有效地提高音乐教学的效果。同时，图谱也是一种有效的教学辅助工具。图谱是一种艺术符号化的表现，是指人作为主体有意识、有目的地根据某种理由，将某一事物作为另一事物的替代物的过程。艺术符号化活动的基本心理转换机智主要就是类比思维，而类比思维的基本机制是用替代事物的某种特性来反映被替代事物的某种特性。图谱歌唱法就是利用图谱这种幼儿感兴趣、看得懂的形象化的视觉符号把音乐材料简单化、形象化，利用最明白、最简单的图画形表现乐曲中的音乐元素。合理适当地运用图谱，能帮助幼儿更好地理解和记忆歌词，使得教学效果更加优化。

（4）活动依据。活动依据可以从《纲要》《指南》精神中提取。

实例链接

中班音乐活动《我爱我的小动物》的活动依据

在《纲要》中寻找到的依据：教育内容的选择，既要贴近幼儿的生活，为幼儿感兴趣的事物和问题，又有助于拓宽幼儿的经验和视野。

3. 说活动目标

本部分主要从四个方面来撰写：（1）上位目标与本次活动目标的关系；（2）活动目标的价值取向；（3）从情感态度、行为能力、知识技能等方面综合地表达出来，并能体现主题的教育要求；（4）确立此目标的依据。

实例链接

大班艺术领域剪纸活动《美丽的花蝴蝶》说课稿中的“说目标”

活动目标是教育活动的起点和归宿，对活动起着导向作用。本次活动以行为目标为价值取向，根据《纲要》艺术领域中提出的“在支持、鼓励幼儿积极参加各种艺术活动并大胆表现的同时，帮助他们提高表现的技能和能力”的要求，结合大班幼儿的学习特点，我将本次活动的目标定位如下：

《幼儿园工作规程》提出，幼儿园艺术教育的目标是萌发幼儿感受美与表现美的情趣。因此，我将情感目标设定为“萌生感受蝴蝶美的情趣，喜欢剪纸艺术”。

《幼儿园教育指导纲要（试行）》提出，幼儿能用自己喜欢的方式进行艺术表现活动。《3～6岁儿童学习与发展指南》也指出，引导幼儿学会用心灵去感受和发现美，用自己的方式去表现和创造美；喜欢进行艺术活动并大胆表现。我将本次活动的技能目标设定为“探索蝴蝶的剪纸步骤，尝试用镂空折剪的方法进行蝴蝶的多种形状设计”。

《3～6岁儿童学习与发展指南》提出，和幼儿一起发现美的事物的特征，感受和欣赏美。我将认知目标确定为“知道蝴蝶是春天里美丽的一员，能想象当它们多变嬉戏的丰富画面”。

4. 说活动准备

本部分主要从三个方面来撰写：（1）活动准备的依据；（2）活动前的准备，例如家长工作、社区协调、环境创设、资料收集、幼儿园活动等，活动中的准备，有关玩具、教具等材料；(3) 活动情境创设，包括场地布置与布局等。

实例链接

大班艺术领域剪纸活动《美丽的花蝴蝶》说课稿中的“说活动准备”

充分有效的活动准备是美术活动成功的前提。本活动准备既关注幼儿已有经验的积累与参与，也注重教具的形象性与作画工具的合理性。如选用的剪刀是圆刀口，且刀刃不易划伤幼儿。蒙台梭利说过：在有准备的环境中幼儿能够自己教自己。为保证幼儿在做中学、玩中学、行为中学，我为本次活动做出如下准备：

1. 经验准备：陈鹤琴说：“大自然、大社会都是活教材”。为丰富幼儿的日常生活经验，我准备提前给幼儿观看蝴蝶的相关资料及视频并带领幼儿到户外观看蝴蝶。

2. 物质准备：虞永平教授指出，对于幼儿而言，没有材料就没有真正的学习。为此，我为本次活动提供了如下材料：每名幼儿一支笔、一把剪刀和5张正方形彩纸。

3. 情境创设：《纲要》中指出，环境是重要的教育资源，应通过环境的创设和利用，有效地促进幼儿发展。所以我在幼儿活动室中设置活动，用小椅子摆成半圆形状，呈U形围着教师。

5. 说活动重难点

本部分主要说清楚活动重点、难点的确定（是什么）和解决（如何突破）。

实例链接

大班艺术领域剪纸活动《美丽的花蝴蝶》说课稿中的“说活动重难点”

一个活动中最能体现活动目标与活动内容的部分便是活动的重难点部分，抓住重点就能合理安排活动时间及顺序。

1. 根据本次活动目标和活动内容，我把重点定为：掌握蝴蝶剪纸的方法并能完整地剪出蝴蝶。

2. 中班幼儿正处于愿意讲话并能清楚地表达这一阶段，应该注重幼儿想象力的发展。所以我把难点定位为：蝴蝶形状的设计。

6. 说教法与学法

教学过程是教与学相统一的过程，这个过程必须是教法与学法同步的过程。因此，教师在说课时不仅要说明自己的教法，还要说明幼儿的学法以及怎样运用这样的学法。说教法主要说明教学方法及教学手段的选择和运用。幼儿园教学方法主要有讲解、谈话、对话、演示、示范、情境表演、情境教学、探究教学、支架式教学等方法。要根据教材的特点、幼儿的实际、教师的特长以及教学准备情况等，说明选择某种方法或手段的依据，主要说明教师要“怎样教”的问题和“为什么这样教”的道理，做好“授鱼”。

说学法就是说出幼儿有哪些学习方法，培养幼儿哪些能力，并结合活动目标与内容、幼儿年龄特点具体地说出理论依据。幼儿的学法主要有观察、操作、游戏、发现、探究学习、行动学习等方法，主要说明幼儿要“怎样学”的问题和“为什么这样学”的道理。要讲清教师是如何激发幼儿学习兴趣，引导幼儿主动、积极探索的；还要讲出教师是怎样根据班级特点和幼儿的年龄、心理特征，运用哪些教育教学规律指导幼儿进行学习的，做到“授渔”。

实例链接

中班艺术领域音乐活动《我爱我的小动物》① 的“说教法与学法”

我们都知道教学有法，但无定法。在教学活动中选择适宜的教学方法并有效运用，既是幼儿教师专业性的体现之一，也是保证教学活动有效性的前提之一。为求“形成合作探究式”的师幼互动，我以一个动物的身份参与幼儿游戏中，与幼儿一起玩游戏，一起学习探究。采用的教法主要有：

1. 情境教学法。在教学过程中有目的地创设具有一定感情色彩的形象和场景，让幼儿尽快融入到游戏情境之中，以引起孩子对学习的兴趣，充分调动幼儿的想象力和创造力，大胆用肢体动作来模仿动物并体验歌唱的快乐。

2. 讲解演示法。给幼儿练声后，借展示动物图片之机进行范唱，再逐步深入指导，层层递进。

以幼儿为主体，创造条件让幼儿参加创造活动，不仅提高了认识、锻炼能力，更升华了情感。本次活动幼儿的学法有游戏学习法和探究学习法。

1. 游戏学习法。游戏活动是孩子最重要的学习形式，《纲要》也重申“幼儿园教育应尊重幼儿身心发展规律和学习特点，以游戏为基本活动”。游戏是激发引导幼儿参与活动的重要手段，符合幼儿身心发展特点，满足幼儿身心需要。游戏过程能激发幼

① 《我爱我的小动物》作者：重庆师范大学学前教育专业丁龙琴。

儿一直以积极、轻松、愉快、自觉的心情参与活动。因此，我让游戏贯穿教学过程始终。

2. 探究学习法。尝试和探索是幼儿获得知识和技能的最佳途径。这个过程遇到的成功和失败对幼儿来说都是宝贵的经验。提供幼儿自由探索和尽情发挥的自由空间，让每个幼儿都有机会参与尝试。活动中，我让孩子自主地尝试歌唱旋律和创编动作。

7. 说活动过程

说活动过程是说课的重点部分，因为通过这一过程的分析才能看到说课者独具匠心的活动安排，反映教师的教学思想、教学个性与风格，也只有通过对活动过程设计的阐述，才能看到其活动安排是否合理、科学，是否具有艺术性。

说活动过程主要说四个方面：（1）整个活动的设计思路；（2）活动流程，即各个活动环节的实施过程与变化处理，按照活动的先后顺序说明每一环节所用的大体时间，重点说明主要环节的师幼双边活动；（3）活动目标的指向与达成；（4）活动难点和重点的解决与突破。

实例链接

大班艺术领域剪纸活动《美丽的花蝴蝶》说课稿中的“说活动过程”

本活动总的设计思路是：根据大班幼儿学习的特点和本活动目标要求，以师生示范—思考与操作—展示与分享来组织教学。导入环节在想象中入情，展开环节在创造中激情，结束环节在情景中生情。这样的活动设计，环节紧紧相扣，节奏分明。

（一）开始部分（约 3 分钟）

“兴趣是最好的老师”，所以我用美观的教具来吸引幼儿，引起幼儿对活动的兴趣，激起幼儿的创作欲望，为活动的重难点做好铺垫。本环节指向目标 1。

（二）展开部分（约 20 分钟）

1. 根据《指南》指出的 4～5 岁儿童欣赏艺术作品时会产生相应的联想和情绪反应，我用已做好的剪纸让幼儿欣赏，不仅增添了幼儿对蝴蝶剪纸的喜爱，还让幼儿在情趣中渴望学习蝴蝶剪纸。本环节达成目标 1、指向目标 2。

2. 幼儿在激情中创造美，老师引导幼儿展开想象的翅膀，幼儿结合自己已有的经验技能大胆地创新制作，让幼儿体验独立创造的快乐，这样不仅能展现幼儿现有的操作水平，又给幼儿一定的挑战性，符合新纲要的原则。此时我根据新纲要的精神，照顾幼儿的个别差异，进行个别启发性指导。本环节达成目标 2、指向目标 3 并突破重点。

3.《纲要》指出，要鼓励幼儿大胆、清楚地表达自己的想法和感受，尝试说明、描述简单的事物或过程，发展语言表达能力和思维能力。《学前儿童发展心理学》也指明要大量开展各种文学艺术活动以激发幼儿的想象力。所以，我引导幼儿发散思维，对蝴蝶进行创造，培养幼儿的想象力和创造力，增添活动的趣味性。本环节强化目标 2、达成目标 3 并突破难点。

（三）结束部分（约 5 分钟）

我首先请幼儿展示并分享自己的作品，鼓励小朋友根据操作结果大胆发表自己的见解，教师及时鼓励那些大胆且清楚地表达自己的想法和感受的幼儿，也激励内向胆小的幼儿说出自己的想法。最后采取做蝴蝶飞的动作结束活动，目的是希望幼儿用自己的身体动作来表现蝴蝶。

注意，在介绍活动过程时不仅要讲活动内容的安排，还要讲“为什么这样教”的理论依据（包括《纲要》依据、课程标准依据、教学法依据、学前教育学和学前心理学依据等）。具体内容只需概括介绍，只要听者能听清楚“教的是什么”“怎样教”“幼儿怎样学”就行，不能像组织幼儿活动那样按教案讲。

实例链接

中班语言领域儿歌教学活动《春雨》①
说课稿关于基本部分的设计（节选）

1. 4～5 岁儿童欣赏艺术作品时会产生相应的联想和情绪反应。所以，我用图片让幼儿欣赏春天的变化，也以此学习儿歌。不仅增添了幼儿对春天的喜爱程度，还让幼儿在情趣中学习了儿歌。达成目标 1、指向目标 2 并突破重点。

2. 根据中班幼儿的倾听能力，教师先完整朗读儿歌，而后幼儿跟着老师一起朗读儿歌。《指南》指出：应鼓励幼儿用故事表演、绘画等不同的方式表达自己的理解。所以在幼儿学会整首儿歌后，引导幼儿表演儿歌，并分组进行角色表演，既增添幼儿的兴趣又巩固儿歌的学习，在参与表演中达到活动高潮。达成目标 2、指向目标 3 并突破难点。

3.《纲要》指出：要鼓励幼儿大胆、清楚地表达自己的想法和感受，尝试说明、描述简单的事物或过程，发展语言表达能力和思维能力。《学前儿童发展心理学》也讲到，要大量开展各种文学艺术活动以激发幼儿的想象力。所以，我引导幼儿发散思维，对儿歌进行创编，培养幼儿的想象力和创造力，增添活动的趣味性。强化目标 1、达成目标 3。

---

① 《春雨》作者：重庆师范大学学前教育专业秦艺维。

8. 说活动延伸

本部分主要说延伸的途径与具体活动安排；依据何在，即为什么这样延伸。

实例链接

中班科学领域活动《蜘蛛织网》
说课稿中的“说活动延伸”

1. 家庭是幼儿园重要的合作伙伴，亲子教育是必不可少的，所以我请幼儿回家和父母一起阅读各类有关蜘蛛的故事、绘本。

2. 区域活动是集体教育活动的延伸和巩固，因此，我将蜘蛛及其他昆虫的标本放进科学区，以供幼儿平日科学积累。在美工区我也投放了新材料——彩线，通过手工的形式将观察到的蜘蛛网表现出来。

3. 游戏中学是一种重要的幼儿玩中学的学习方式，因此，我把本次活动延伸到了体育游戏当中，开展《蜘蛛网网蚊子》活动。

4. 活动源于生活，因此，我把本次活动延伸到了日常生活中，请幼儿观察蜘蛛的生活习性，以进一步了解蜘蛛。

9. 说活动效果

说活动体现的理念与思想，对活动进行反思与评价并预期效果。

实例链接一

大班健康活动《好玩的纸棒》
说课稿中的“说活动效果”

小小的纸棒在小朋友手中变得很神奇，也很有魔力，是良好活动的开端。在整个活动过程中，我始终坚持“活动在前，认识在后”“发现在前、结论在后”“尝试在前、引导在后”的原则，幼儿始终在玩中探索、玩中学习、玩中体验成功的快乐。因此，幼儿在活动中玩得很主动、很开心，确实有所发现、有所发展。在活动中我让每个幼儿都积极主动地参与活动，尽量以鼓励为主，幼儿尽量以体验为主，避免因个体差异出现矛盾和问题，这样，增强了每个幼儿的自信心，使之在活动中乐意与同伴交往、学习、合作和分享，每个幼儿的心理得到了满足，体验到了成功和喜悦。

实例链接二

大班音乐歌唱活动《老鼠画猫》① 设计的“说活动效果”

此次活动选择《老鼠画猫》这一音乐活动，主要是让幼儿学习演唱这首儿歌，并表现出儿歌诙谐、幽默的特点。活动环环紧扣，从熟悉、感受儿歌到自由表演，我都是以引导者的身份，积极引导幼儿主动去学习，培养幼儿自主学习的好习惯。活动高潮部分，让幼儿进行自主想象并设计老鼠的表情和动作，激发起幼儿强烈的探索欲望，让幼儿做自己的主人，相互探讨并表达出自己的想法。如此设计，可以增加趣味，激发幼儿兴趣，让幼儿学会分享交流。而鼓励幼儿设计表情和动作，正是为了培养幼儿的想象创造力与思维能力。

说课稿既是教学活动教案的扩展与扩充，也是教案的深化与升华；既是教师所学所知理论的运用，也是教师业务能力与水平的体现。所以，写好说课稿是教师的一项基本功。

技能训练

下面是一位同学为中班综合活动《我的衣裳》写的说课稿，请根据本节所学知识进行修改与完善。

一、说设计意图

《幼儿园教育指导纲要（试行）》告诉我们：教育内容的选择，既要适合幼儿的现有水平，又要有一定的挑战性；既要贴近幼儿的生活来选择幼儿感兴趣的事物和问题，又要有助于拓展幼儿的经验和视野。在文明的世界里，衣服是必需品，随着时代的发展，衣服也体现出时尚。本次活动贴近幼儿生活，衣裳图案的改变能一定程度地激发幼儿的兴趣。同时，小朋友们对衣服的了解相对有限，因此在自己想象设计环节又具有一定的挑战性。

二、说活动目标

1. 情感态度目标：引发幼儿对儿童绘本的兴趣。设定此目标的依据是：《幼儿园教育指导纲要（试行）》提出要利用图书、绘画和其他多种方式，引发幼儿对书籍、阅读和书写的兴趣，培养前阅读和前书写技能。《指南》中提出要为幼儿提供丰富、适宜的

① 《老鼠画猫》作者：重庆师范大学学前教育专业郑美琼。

低幼读物，经常和幼儿一起看图书、讲故事，丰富其语言表达能力，培养阅读兴趣和良好的阅读习惯，进一步拓展学习经验。

2. 能力目标：能根据连续画面提供的信息，大致说出故事情节。设定此目标的依据是：《指南》指出应引导幼儿仔细观察画面，结合画面讨论故事内容，让幼儿学习建立画面与故事内容的联系。

3. 技能目标：能运用绘画的方式表现自己想象的事物。设定此目标的依据是：《纲要》中指出要引导幼儿接触周围环境和生活中美好的人、事、物，丰富他们的感性经验和审美情趣，激发他们表现美、创造美的情趣。提供自由表现的机会，鼓励幼儿用不同艺术形式大胆地表达自己的情感、理解和想象，尊重每个幼儿的想法和创造，肯定和接纳他们独特的审美感受和表现方式，分享他们创造的快乐。

三、说活动准备

为力保证幼儿在活动中做中学、玩中学、行动中学，我为本次活动做了如下准备：

1. 知识经验准备：根据中班幼儿的认知特点与生活经验，准备了绘本故事《我的衣裳》，以引得幼儿发散思维。

2. 物质材料准备：《纲要》指出，幼儿园应尊重幼儿的人格和权力，为提供自由表现的机会，鼓励幼儿用不同艺术形式大胆地表达自己的情感、理解和想象，尊重每个幼儿的想法和创造，肯定和接纳他们独特的审美感受和表现方式，分享他们创造的快乐。在支持、鼓励幼儿积极参加各种艺术活动并大胆表现的同时，帮助他们提高表现的技能和能力。为此，准备了白纸和各色彩笔。

3. 情景创设：创造一个自由、宽松的语言交往环境，支持、鼓励、吸引幼儿与教师、同伴或其他人交谈，体验语言交流的乐趣，学习使用适当、礼貌的语言交往。（需要桌子和椅子，桌子拼接成一张很长的桌子，一部分椅子围着桌子，设为情景一；另一部分椅子以老师的椅子为中心，围成扇形，距离为所有学生能在老师的视线内，设为情景二。）

四、说活动重难点

1. 重点：欣赏儿童绘本《我的衣裳》，听故事可引起幼儿对阅读书籍的兴趣，通过绘本故事，引导鼓励幼儿想象并创作。

2. 难点：根据绘本故事与已有经验大胆想象，并用绘画的方式表达出自己的想法。

五、说教学方法

教法有情景渲染法和故事引入法。

1. 情景渲染法：用儿童绘本的方式调动孩子的兴趣。

2. 故事引导法：用故事引导孩子设计衣裳并用绘画表现自己的设计。

以幼儿为主体，创造条件让幼儿参加创造活动，不仅提高了认识，锻炼了能力，更升华了情感。本次活动幼儿采用的学法有谈话法、自主探索法和操作法。

1. 谈话法：师幼一步步深入的对话将《我的衣裳》这个故事逐渐呈现在儿童面前，使幼儿产生浓厚的学习兴趣。

2. 自主探索法：尝试和探索是幼儿获得知识和技能的最佳途径。提供幼儿自由探索和尽情发挥想象的空间，让幼儿参与尝试，大胆想象。

3. 操作法：将自己的想法大胆地用绘画的方式表现出来。

六、说活动过程

本次活动有个四环节：听一听、说一说、想一想、画一画。通过话题讨论导入，以故事发展活动，由绘画创作达到高潮。

1. 开始部分

活动开始，让小朋友在情景二中坐好，以小朋友们的衣服开始进行话题讨论。导入本次活动道具：儿童故事绘本《我的衣裳》，通过讲故事引起幼儿兴趣，指向目标一。

2. 展开部分

这是本次活动的核心部分之一。通过听一听，引导幼儿完整欣赏绘本故事。达成目标一。通过说一说，复述故事，达到让幼儿对故事更加巩固的作用。指向目标二，突破重点。

3. 探索部分

幼儿根据自己的生活经验，通过想一想、画一画，大胆想象并尝试用绘画的方式为自己设计一件衣裳，培养幼儿的想象力、创造力。指向目标三、突破难点。

4. 结束部分

在结束部分，通过语言引导："宝贝们，你们画得真的好漂亮啊，你们设计的衣裳真美。小宝贝们，我们把我们设计的衣裳拿出去晒晒太阳，看我们的衣服上会不会有阳光。"结束活动。

七、说活动延伸

开展艺术手工活动《我的衣裳，我设计》，根据自己的想象与已有的生活经验为自己设计制作衣裳。

学练结合

1. 这是某地教学技能大赛活动的赛题，假设你也是一位参赛选手，请按下面规定完成任务。

请为语言儿歌教学活动《夏天的歌》写一篇教案并写出说课稿。要求：年龄班自定，板块结构完整，符合教案与说课稿设计规范，说课稿需设计 PPT，说课在 60 分钟内完成。

附录：儿歌《夏天的歌》。

夏天的歌，在哪里？蝈，蝈，蝈，在绿绿的草丛中。

夏天的歌，在哪里？知了，知了，在高高的大树上。

夏天的歌，在哪里？咕呱咕呱，哗啦哗啦，在清清的池塘里。

夏天的歌，在太阳帽里，在小花伞里，在甜甜的雪糕里，在小娃娃乐呵呵的笑声里。

2. 请为自己写的教案设计一篇说课稿。要求：板块结构完整，符合说课稿设计规范。

第二节　幼儿园说课的实施

基础知识

写好说课稿只是完成了说课的文案工作。说课之“说”字，就是要“叙说”“解说”出来以“说清”“说明”本次活动的设想。怎么才能“说清”或者“说明”好呢？这是本节要讲解与学习的内容。

一、幼儿园说课的形式与要求

（一）幼儿园说课的形式

从说课的目的划分，说课形式可以分为检查性说课、研究性说课、评价性说课与示范性说课；从说课的内容划分，说课形式可以分为单元主题说课与一节课时说课。这里主要讲解前者。

1. 检查性说课

检查性说课主要用于领导检查教师的备课情况。检查性说课也称为课前说课，是幼儿教师在认真分析教学资源、领会设计意图、完成教学设计基础上的一种说课形式，是教师个体深层次备课后的一种教学预演活动，其目的是检查教师对教案的熟悉程度、改进和优化教师的教学设计。例如，在幼儿园教研活动中，园长通常会安排关于下一周教育内容的说课活动，以便更好地检查教师的备课情况。

2. 研究性说课

研究性说课主要用于同行之间教学研讨与切磋交流。研究性说课是以教育教学工作中遇到的重点、难点、热点与前沿性问题为主题，教师在进行一段时间实践和探索的基础上，用说课的方式向其他教师、专家和领导汇报其研究探讨的结果。

实例链接

某幼儿老师在学习了《指南》精神后，贯彻“整合的理念，适宜于幼儿的学习方式：生活学习、游戏学习、操作学习、探究学习、体验学习”理念，设计了一个健康领域的活动《小脚丫》，为了说明自己的设计意图与研究结果而向其他教师进行说课。显然，研究性说课是一种更深入的问题研究活动，它更有助于教育教学重点、难点与前沿性问题的解决。

3. 评价性说课

评价性说课主要用于教学评比、竞赛活动。就是把说课作为教师教学业务评比的内容或一个项目，对教师运用教育教学理论的能力、理解课程目标和教学内容的实际水平、教学流程设计的科学性和合理性等进行客观公正评判的活动方式。它既是发现和选拔优秀教师的一种评比方法，也是促进教师队伍建设、促进教师专业发展的有效途径。评价性说课作为教师业务能力考核评比的一项指标，既可以在幼儿园内部进行，也可以在区、市、省教研部门组织的一年一度的大型幼儿教师练兵评比活动中进行。评价性说课需要组织考核评比的部门事先给出评课标准（见表 7—1），评委根据标准对参与评比的选手进行量化考评。

表 7—1　　幼儿园教师说课评分标准

评价内容	评价标准	分值
活动内容和幼儿情况分析	本课题在知识体系中的地位、作用及知识点、能力点；对幼儿年龄特点、技能、学习品质等方面的把握	10
活动目标	活动目标的确立及依据，实现活动目标的思路	20
活动内容	活动内容分析透彻，活动重点、难点的确认及解决重点、突破难点的策略	15
活动准备	活动准备情况及依据	10
活动结构	活动设计思路，优化师幼互动关系的设想	10
活动过程	组织活动过程的方案，活动环节转换的技巧性设计，情感调控	10
组织方法和手段	活动方法的选择及使用价值；多媒体或教学器具材料使用的时机与程度；学法指导的设想	20
活动效果预测	幼儿认知、技能、能力、情感等发展的效果预测	5
合计		100 分

4. 示范性说课

示范性说课是为了给其他教师树立说课的样板，供其学习、参考的一种说课形式。一般是教学能手、学科带头人或特级教师等优秀教师向其他听课教师做示范性说课。通过这样一种形式的教学研究活动，听课教师可以从听说课、看上课、参评课中增长见识，开阔视野，不断提高自己运用理论指导教育教学实践的能力，也是培养教学骨干教师的有效方式和重要途径。一般来说，示范性说课比较适合于在园内或市区内开展，每学期一般可以进行 1～2 次，目的是以点带面、以老带新，促进幼儿教师整体素质提高，尤其是促进刚参加工作的新教师的成长和提高。

（二）幼儿园说课的要求

1. 突出“说”字，讲究“说”法

说课要突出“说”字，这里“说”的意思是叙说、说明、说清。说课不等于备课，不能照教案读；说课不等于讲课，不能视听课对象为幼儿去说；说课不等于背课，不能按教案只字不漏地背；说课不等于读课，不能拿事先写好的说课稿去读。说课时，要抓住一节课的基本环节去说，说内容、说幼儿、说思路、说方法、说过程、说依据，紧紧围绕一个“说”字，突出说课特点，完成说课进程。此外，说者在说课时注意：环节间过渡要自然，整体要流畅。比如，在说目标时这样说“我为本次活动确定了三个目标，旨在促进幼儿认知、能力、情感等方面的学习与发展”；说完目标可接着说“下面我侧重谈谈对这个教学活动重难点的处理”；“为顺利达成以上活动目标，我将做好以下准备”；等等。说课不要用“1、2、3”，也不要用讲课式、演讲式等方式。

说课还要讲究“说”法。说课有法，但无定法。说课的方法很多，应该因人制宜、因人施说。可以说物、说理、说游戏、说操作、说体验、说探究、说演变、说本质、说事实、说规律、正面说、反面说，但一定要沿着某一基本思路去说，以防跑野马。教师在说课的过程中，首先要将说课框架说出来，即：说活动基本信息→说教学内容→说活动目标→说活动准备→说活动重难点→说教法学法→说活动过程→说活动延伸→说活动效果预测。其次要将隐含于教学方案后面的设计思想、教育理念、具体依据说出来，由显说隐、由隐论显。

实例链接

说课中的“显”与“隐”

提出问题并讨论→猜测记录与交流→实验观察及比较→表达交流共分享→活动延伸。

(1) 提出问题并讨论（幼儿表达、教师了解认知）。

由显说隐：旨在鼓励幼儿大胆地表达自己的观点，引导幼儿回忆生活经验，分享相关的感受。同时教师通过倾听了解幼儿对“……”的认知程度，发现幼儿在这项探究中存在的盲区或误区，以便思考自己预设方案需要调整的地方。

(2) 猜测记录与交流（幼儿主动建构知识、猜测、学习记录方法、倾听交流）。

由隐论显：猜想是幼儿主动建构知识的前提，旨在激发幼儿大胆的设想和猜测，并学习初步的记录方法，同时引发更多的幼儿参与陈述，引导幼儿听听看看，了解同伴的不同观点。

(3) 实验观察及比较（探索、客观描述）。

设计意图旨在引导幼儿认真实验，仔细观察，一一验证自己的猜测，培养幼儿尊重事实的态度和勇于探索的精神，幼儿学习获得事实依据和实证材料的方法，学习客观地描述事物。

(4) 表达交流共分享（表达倾听、梳理经验）。

由显说隐：观察记录是集体交流的媒介和载体，旨在鼓励幼儿大胆地描述自己的操作过程和结果。一方面幼儿学习表达自己的想法和倾听别人，并通过回顾、反思和比较改变自己的初始想法；另一方面教师帮助幼儿梳理、归纳零碎的经验，从而获得新的经验，或从新的角度去认识事物。

(5) 活动延伸。

由隐论显：我们还可以去发现……旨在鼓励幼儿继续探索本课题的相关特征。

2. 说出特点，说出风格

说课的对象不是学生，而是教师同行。所以说课时不宜把每个过程说得过于详细，应重点说出如何实施教学过程、如何引导幼儿学习的方法，说出提升幼儿学习能力与提高教学效果的途径。说课要重理性，讲课则要重感性和实践。因此，用极有限的时间完成说课内容不容易，必须做到详略得当、简繁适宜、准确把握说的“度”。说得太详太繁，时间不允许，也没必要；说得过略过简，说不出基本内容，听众无法接受。那么，如何把握说的“度”呢？最主要的一点是因情制宜，灵活选取说法，把课说活，说出该课的特色，把课说得有条有理、有理有法、有法有效，说得生动有趣；然后，发挥个人的特长，说出个人的风格，这就把握了说课的度。此外，说课者可以根据自身的特长结合教学内容设计，在说课中讲一小段故事、跳一小节舞蹈、唱一小段儿歌……这些都能体现出说课者作为幼儿教师的基本素养，又让说课现场变得生动有趣，更容易感染听者。说课是深层次的教研活动，是教师将教学构想转化为教学活动之前的一种课前预演，其本身也是集体备课。要借助有同行、专家参与评说众人共同研究的良好机会，树立创新意识，大胆假设，小心求证，探索出新的教学思路和方法，从而不断提高自己的业务水平，进而不断提高教学质量。只有在说课中不断发现新问题、解决新问题，才能使说课活动永远新鲜、充满生机和活力。

3. 有理有据，理论联系实际

说课要理论联系实际，这是说课活动的灵魂。说课是说者向听者表达其对某次活动设想的一种方式，是教学与研究相结合的一种活动，因此在说课活动中，说课人不仅要说清其活动构想，还要说清其构想的理论与实际两个方面的依据，将学前教育理论与活动实际有机地结合起来，做到理论与实践高度统一。

（1）说课要有理论指导。在说课中对教材的分析应以专业基础理论为指导，对活动情况的分析和教法的设计一概以学前教育学、学前心理学理论为指导，力求所说内容言之有理、言之有据。

（2）教法设计应上升到理论高度。教师在实践中，往往注意到对教法本身的探索、积累与运用，而忽略了将其总结上升到理论高度并使之系统化、规律化，因而淡化、浅化了实践的功能。说课中，教师应尽量把自己的每一个教法设计上升到学前教育教学理论高度并接受其检验。

（3）理论与实际要有机统一。在说课中，既要避免空谈理论，脱离实际，“放之四海而皆准”；又要避免只谈做法不谈依据；还要避免为增加理论色彩而张冠李戴，理论与实际不一致、不吻合。要做到理论切合实际，理论与实践高度统一。

实例链接

大班艺术领域活动《老鼠画猫》① 说课稿中的“说活动目标”“说活动准备”“说重难点”（节选）

说活动目标

活动目标是教育活动的起点和归宿，对活动起着导向作用。本次活动以行为目标作为价值取向。在《3～6岁儿童学习与发展指南》提出的引导幼儿学会用心灵去感受和发现美，用自己的方式去表现美和创造美的要求下，根据大班幼儿的年龄特征和认知水平，结合所选内容，我为本次活动拟定了如下目标：

1. 认知发展目标：《3～6岁儿童学习与发展指南》提出：“和幼儿一起发现美的事物的特征，感受和欣赏美。”我将认知目标确定为“知道老鼠想象中的猫是什么样子的，能想象出老鼠画猫的得意神情”。

2. 情感态度目标：《幼儿园工作规程》提出幼儿园艺术教育的目标是萌发幼儿感受美与表现美的情趣。因此，我将情感目标设定为“主动而有创造性地绘画出猫的样子，体验绘画、唱歌、表演的乐趣”。

3. 知识技能目标：《3～6岁儿童学习与发展指南》指出：“创造条件和机会，支持幼儿自发的艺术变现和创造。尊重幼儿自发的变现和创造，并给予适当的指导。”所以，我将本次活动的技能目标设定为“学会运用表情、动作充分展现老鼠的形态，表现出儿歌诙谐、幽默的特点”。

---

① 《老鼠画猫》作者：重庆师范大学学前教育专业吴美琼。

4. 行为能力目标：根据教育心理学提出的合作机制建设，我将行为目标设定为“自主思考猫的模样，与同伴相互合作玩，初步具有合作能力”。

说活动准备

蒙台梭利说过，在有准备的环境中幼儿能够自己教自己。虞永平教授也指出，对于幼儿而言，没有材料就没有真正的学习。为了保证幼儿在活动中做中学、玩中学、行为中学，我为本次活动做了如下准备：

1. 知识准备：幼儿在该活动前学过并熟悉童谣《小老鼠上灯台》。
2. 物质准备：每名幼儿一支笔；一张画着猫轮廓的图片；一个猫的头饰。
3. 情境创设：活动在幼儿活动室中展开，将小桌子摆成横排；准备一架钢琴。

说活动重难点

一个活动中最能体现活动目标与内容的部分便是活动的重点部分，抓住重点能使整个活动的进程有的放矢，有利于合理安排活动时间及顺序。

1. 根据本次活动目标和活动来源，我把重点定为：熟悉并能完整地唱出儿歌《老鼠画猫》。

2. 根据《3～6 岁儿童学习与发展指南》，大班的幼儿具有初步的艺术表现能力与创造能力。所以我把难点定位为：儿歌动作的设计和表演。

二、幼儿园说课的程序与注意事项

（一）幼儿园说课的程序

1. 自我介绍，自报信息

说课者做身份的介绍，如“我是×××幼儿园教师，我叫×××”等。在说课比赛中不报自身具体信息，报参赛的序号即可。自报信息是向听者报告说课基本信息，如“我说课的内容是大班科学领域科学探究活动《小袋子飞起来》”。

2. 自信说课，感染听者

在说课过程中，语速要适中。语速太快显得紧张，容易发生说错内容的情况，会影响说课的流畅度；语速太慢，让人昏昏欲睡。说课时，不但要精神饱满，而且要充满激情。要使听者首先从表象上感受到说课者对说好课的自信和能力，从而感染听者，引起听者的共鸣。说课的语言应具有较强的针对性，语言表达应简练干脆，避免拘谨，力求有声有色，灵活多变。

3. 结束致意，敬请指教

在说课结束时，要对在座的老师或比赛评委表示感谢，并请他们给予指导。

（二）幼儿园说课的注意事项

1. 说课不是复述教案，也不是再现教学过程

说课稿与教案有一定的联系，但又有明显的区别，不应混为一谈。说课稿以教案为蓝本并在教案基础上编写，说课稿不宜写得过多，说课时间控制在 10 分钟之内为宜。

教案只写“教什么”“怎样教”，教案是教师备课这个复杂思维过程的总结，多是教学具体过程的罗列，是教师备课结果的记录，是教师进行课堂教学的操作性方案。它重在设定教师在教学中的具体内容和行为，即体现“教什么”“怎么教”。而说课稿重点说清“为什么要这样教”，说课稿侧重于有针对性的理论指导的阐述，它虽也包括教案中的精华部分，但更重要的是要体现出执教者的教学思想、教学意图和理论依据，即思维内核。简单地说，说课稿不仅要精确地说出“教”与“学”的内容，更重要的是要从理论和实践的结合上具体阐述“我为什么要这样教”。教案是平面的、单向的，而说课是立体的、多维的。说课稿是教案的深化，扩展与完善。

有些教师在说课过程中一直口若悬河，激动万分地给听者“上课”：讲解知识难点、分析教材、演示教具、介绍板书等，把讲给学生的东西照搬不误地拿来讲给下面就座的评委、同行听。如果他们准备的内容和课程安排面对的是学生，可能会是一节很成功的示范课。但说课绝不是上课，二者在对象、要求、评价标准以及场合上具有实质性的区别，不能等同对待。说课是说教师的教学思路轨迹，说教学方案是如何设计出来的，设计的优胜之处在哪里，设计的依据是什么，预定要达到怎样的教学目标，这好比一项工程的可行性报告，而不是施工工程本身。由此可见，说课是介于备课和上课之间的一种教学研究活动，对于备课是一种深化和检验，能使备课理性化，为上课做出更为严密的科学准备。

2. 准备充分，借助多媒体等辅助材料

虽然说课看不出教师临场发挥的教学机智，看不到幼儿学习知识、形成能力的实际效果，甚至有时还可能出现说得好但讲不好的现象，但“凡事预则立，不预则废”。由于“说课”是有计划、有目标、有组织的活动，教师要充分做好课前准备，通过教者说，听者议，集思广益，及时调整教学内容和方法。

说课教师在说课过程中可以运用一定的辅助手段，如多媒体课件、新颖的玩具材料、说课文字稿等，在有限的时间里向同行及评委们说清楚课，说好课。在说课时，要注意将多媒体教学手段以简洁、实用、恰当的方式融入说课之中并为说课增添色彩。多媒体教学手段的操作运用要熟练，要精心准备说课稿并设想好说课的方式方法，使说课更加生动，从而取得最佳效果。

3. 削枝强干，把握说课技巧

说课的显著特点在于说理，即内容与说理的有机融合要体现在整个说课过程中。这样，依靠内容的充实和环环相扣，使说课具有科学性、逻辑性、深刻性。要给听者留下深刻的印象，必须做到“说主不说次”“说大不说小”“说精不说粗”。要达到这些要求，就要对说课的内容进行锤炼，削枝强干。

说课要直截了当，要直奔主题，不要过分去追求“华美演说式”的效果。说课者还需要尽量设想自己的言说是否能够与同行听众的经验“对接”，是否能激发同行听众的积极思考和与自己对话的兴趣，而不是获得同行听众欣赏的表情与热烈的掌声。如果听众不能被有效激发，则会很快陷入厌倦的状态，这样的说课自然也就不容易达到言说者期望的共鸣效果。

一节课要展现出来的内容很多，但每节课都应该有一个说课者要下工夫的着力点。可能每个教师在指导课上的着力点会不同，说课者在说课时要抓住自己与众不同的着力点，做深度剖析和晾晒，让它的独特魅力去感染听者。此外，说课的角度也有很多，不管选取哪一个角度说课，只要能展示出本次课的个性特色，就很有价值了。

“说课”作为幼儿教师教学研究活动的一种形式，有助于幼儿园教学研究活动丰富化，有助于提高幼儿园教学研究活动的质量。“说课”避免了幼儿教师“只教不研”的状态，并把个人钻研与集体研讨融为一体，既能集众人的智慧，又能扬个人的风格，促使幼儿园教研组活动真正成为落实幼儿园教育教学工作的基本阵地。“说课”的兴起是教育事业发展的需要，随着教育改革的深入，“说课”将作为教学研究的一种形式，在发挥其应有的作用中获得发展。

技能训练

请选择一篇已写好的说课稿进行说课，在说课练习中请注意以下几点：

1. 说课的框架完整；
2. 说课的程序规范；
3. 说出自己的特色和风格。

学练结合

分小组进行说课比赛，每小组推选一人进行说课展示，其他同学作为评委对其说课进行评价打分。要求：说课者在 10 分钟内完成说课，评委根据表 7—1 进行打分。

第八章　幼儿园教育活动的评价

目标导航

[知识目标] 了解幼儿园教育活动评价的含义与意义，熟悉幼儿园教育活动评价的类型与实施的原则、内容及基本方法，学习并掌握幼儿园教育活动评价实施的过程，树立科学的幼儿园教育活动评价观。

[能力目标] 能够运用适当的幼儿园教育活动评价实施原则、方法及评价工具对幼儿园各种教育活动进行科学评价。

第一节 幼儿园教育活动评价的取向

基础知识

《幼儿园教育指导纲要（试行）》中提出，教育活动评价的过程是教师运用幼儿发展知识、学前教育原理等专业知识分析问题、总结经验、自我反思的过程，也是教师自我成长的重要途径。幼儿园的教育活动设计、教学活动、游戏活动、一日生活活动、劳作活动是幼儿园工作中的必要环节，每个环节是否实现幼儿园教育活动的发展目标成为幼儿园教育工作是否取得成效的重要评价标准。评价者在整个评价过程中，始终要树立正确的幼儿园教育活动评价观，不断反思和提升，使评价能更好地适应儿童的发展和教育活动的改善。

一、幼儿园教育活动评价概述

（一）幼儿园教育活动评价的含义

幼儿园教育活动评价是指在一定教育价值观的指导下，基于适宜的教育目标，运用可操作的科学手段，通过使用一定的工具、技术和方法，系统收集信息资料并进行分析整理，对各种教育活动设计、实施过程及结果进行科学判定，从而实现自我完善并有效提高教育活动质量的过程。幼儿园教育活动评价是以幼儿园为评价主体，指向幼儿园内部教育的一种评价活动。① 这一定义表明：幼儿园教育活动评价是一个过程，是一种有

① 参见胡惠闵、郭良菁：《幼儿园教育评价》，上海，华东师范大学出版社，2009。

系统、有一定程序的过程；教育活动评价以一定教育目标或一定教育价值观为依据；教育活动评价以对评价对象的具体活动设计、过程和效果进行价值判断为核心；教育活动评价以科学的评价方法、技术与工具为手段；教育活动评价最终目的在于不断完善并提高被评价对象的教育活动质量。

（二）幼儿园教育活动评价的作用

1. 诊断作用

教育评价的诊断作用是指通过评价，揭示、发现幼儿园教育活动过程中存在的问题，并根据一定的价值观对这些问题进行分析和诊断，以便教师明确教育的症结所在，在下一阶段的教育中加以改进，它包含两个方面的含义：

（1）通过评价，了解幼儿园教育活动中主体的需要，从而有针对性地调整幼儿园教育活动的目标设定，使幼儿园教育活动的目标符合儿童的生活经验，有利于提升幼儿园教育活动的整体质量。

例如，某中班教师计划组织一次“认识昆虫”的活动，原先设计的活动目标是让幼儿认识各种各样的昆虫，概括昆虫的共同特征并形成昆虫的科学概念。在进行这一活动之前，为了了解幼儿心目中“虫子”的概念，教师进行了一番调查，结果发现，幼儿虽然知道很多种虫子，但是对“虫子”的理解却是五花八门的，更谈不上对昆虫的共同特征的关注。同时教师还发现，幼儿对不同的昆虫明显表现出不同的态度，有的幼儿还知道哪些虫子是害虫，所以他不喜欢。据此，教师即时调整了活动目标的重点，将认识昆虫的名称及共同特征改为和幼儿谈论各种各样的“虫子”，包括“你知道哪些虫子?”“它们是什么样的？生活在哪里?”“你喜欢它们吗？为什么?”等，在后续的活动中才逐步引入概括昆虫特征的要求。这样的活动调动了幼儿的主动性、积极性，因而取得了较好的效果。

（2）通过对幼儿园教育活动评价揭示活动过程中存在的症结。

在幼儿园教育活动结束之际，对其进行合理评价是一个价值判断的过程，对本次教育活动所取得的教育功效进行总结和判断，从而对整个教育活动过程的价值从评价者的角度做出判断，并为下一阶段或改善本次活动提供信息，从而完成教育活动预期的目标。

2. 调控作用

幼儿园教育活动评价具有调控功能，即通过对教育活动整个过程进行全面而科学的测评、估量、评价，了解幼儿园所制定的教育活动目标、所选用的教育活动内容和方法等是否与幼儿的年龄特点和知识经验相适应、教育活动是否达到了预期的效果，并根据反馈的信息，不断改进和提高教育活动工作。即通过评价，考察幼儿园的教育活动是否“达标”，教师教学质量如何，幼儿的发展状况怎样等状况。通过对这些情况的了解，也可以知道教育活动取得了哪些成绩，进而提高教育工作和学习的积极性。同时，在这一过程中，也可以发现哪些方面还存在不足，从而在今后的工作中进行改进。如通过了解一教师实施教育活动的情况，发现该教师在进行教育活动的环境创设中片面追求“时尚”，忽视了环境的教育价值，这时可以将问题及时反馈给教师，促使该教师及时进行调整和修正，确保教育活动的高质和有效。

3. 改进作用

根据教育评价专家泰勒（Tyler）的观点，目标、教育过程和教育评价三者形成了一个“闭环结构”（见图 8—1）。教育活动由预定的教育目标决定，评价是将实际教育结果与教育目标进行对照，检测教育活动偏离预定教育目标的程度以确定通过什么样的改进措施来更好地达成目标。

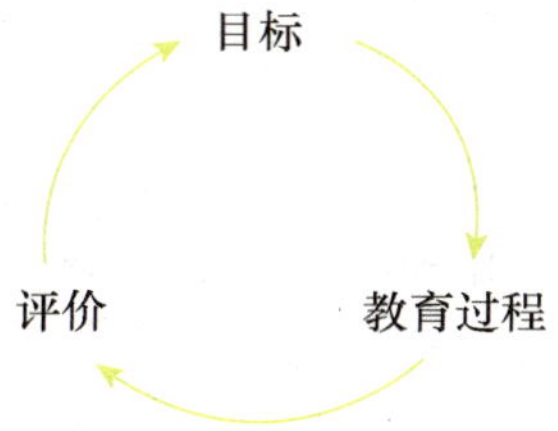

图 8—1 教育评价的闭环结构

图 8—1 表明，教育活动是一个循环往复、持续不断的过程，同时也是一个螺旋上升的过程。目标是评价的依据，评价则是达到目标的一个重要手段。教育评价不仅能评价教育结果，还能够实施补救教育、个别教育，为进一步调整教育活动活动提供依据。评价的最终目的不是鉴定“优”或“劣”，而是提高教育质量。因此，评价过程是一种评价者与被评价者互动的过程。

总之，教育活动评价是幼儿园教育活动中不可缺少的一个部分，对提高教育活动的水平具有重要作用。

（三）幼儿园教育活动评价的类型

幼儿园教育活动评价按照不同的标准可以划分为不同的类型。

1. 按照评价的参照体系不同，可以将幼儿园教育活动评价分为相对评价、绝对评价、个体内差异评价

相对评价是以某一集合的平均状况为基准，评价每个对象在这个集合中所处的相对位置。如将某园教师组织教育活动的平均水平作为基准，对该园每位教师教育活动的组织与指导进行评价。

绝对评价是指在评价对象的集合之外，确定一个标准，评价时将评价对象与这个客观标准进行比较，评价其达到标准的程度，从而做出价值判断。这种评价不以各被评价对象的情况为转移，所有被评价的对象都要和客观标准对照。如对幼儿在教育活动前运用智力量表实施测验，以了解幼儿的智力发展水平，然后根据幼儿智力活动的特点设计相应的教育活动，以促进幼儿在现有水平基础上获得发展。

个体内差异评价是把被评价个体的过去和现在相比较，或将个体有关的各个侧面相互比较。如幼儿园评价某幼儿在教育活动开展以前及现在的发展水平，将该幼儿在观察力、语言、动作、社会性等方面的表现做前后比较，以确定该幼儿进步与否。这种评价充分照顾到了个体间的差异，在评价中不会对被评价者造成压力。但是，这种评价由于

既不与客观标准比较，又不与其他被评价者比较，很容易使被评价者自我满足。

表 8—1 描述了相对评价、绝对评价和个体内差异评价在参照体系、评价方法和评价重点三个方面的差异。

表 8—1　　相对评价、绝对评价和个体内差异评价的差异

	相对评价	绝对评价	个体内差异评价
参考体系	以某一集合的平均状况为基准	评价对象的集合之外，确定一个标准	评价对象自身
评价方法	评价每个对象在这个集合中所处的相对位置	评价对象与客观标准进行比较，评价其达到标准的程度，从而做出价值判断	被评价个体的过去和现在相比较；被评价个体有关的各个侧面相互比较
评价重点	了解幼儿之间的差异；便于比较个体学习的优劣；评价标准不能反映教学目标的要求	直接掌握教学目标的完成状况；监控幼儿学习与教学目标的差距；指明教学改进方向；不易分辨幼儿之间在学习方面的真实差异	充分照顾了幼儿间的个体差异；被评价者没有压力；被评价者容易自我满足

2. 按照评价功能的不同，可以将幼儿园教育活动评价分为诊断性评价、形成性评价和总结性评价

诊断性评价是指在开展教育活动之前，为使计划能更有效地实施而进行的预测性评价，其目的在于了解评价对象的基本情况，为制定教育计划或解决问题搜集资料、做好准备。如在幼儿刚入园时，教师会对幼儿在科学态度、科学知识及科学方法等的发展水平进行摸底测试，了解幼儿的发展情况，发现其发展中的一些特点，以便因材施教。

形成性评价是指在教育活动过程中评价活动本身的效果，目的在于及时了解教育活动过程中各方面的情况，以便及时获取反馈信息，适时进行调节调控，并通过评价研究教育活动的进程，总结经验教训，及时改进工作。由于形成性评价是在教育活动发展的动态中进行的，因而更多地具有行动研究的性质，是一种在计划实施过程中不断进行的动态评价。例如，幼儿园使用一套自己开发的教育活动的新教材，为了及时发现该教材使用中的经验和不足，在工作中每隔一段时间对教师的使用情况和幼儿的发展情况进行一次评价，以便总结经验，找出问题，调整、修订教材，使之直到完善。

总结性评价是指在完成某个阶段教育活动之后，对其成果做出价值判断，也就是以预先设定的教育目标为基准，对评价对象达到目标的程度进行评价。这种评价的目的在于全面了解该阶段的成果，并向决策者提供信息。总结性评价关心的是教育活动的结果，常常是对被评价对象做出鉴定，或对被评价对象划分等级，预测其未来发展的可能性。如幼儿园开展科学发现室后，对材料的投放、规则的制定、教师的指导等进行综合评价，检测该科学发现室创设与实施的有效性、下一步还需要做哪些改进等。

表 8—2 显示了诊断性评价、形成性评价和总结性评价在评价功能、评价时间和评价重点三个方面的差异。

表 8—2　　诊断性评价、形成性评价和总结性评价的异同

	诊断性评价	形成性评价	总结性评价
评价功能	确定有没有必备技能；确定预先所掌握的水平；根据所设想的各种教授方式之间的特性，确定学生的分类；确定影响持续性学习问题限度方面的原因	得到关于学生学习进展方面的师生之间的相互反馈信息；为了使治疗性的指导方针明确，在单元的构造中指出错误的位置	单元、学期、课时终了时，边确定资格，边记录成绩
评价时间	在单元、学前、学年开始时；在通常的教授不能达到的预期学习目的时；在教授活动的进行中	在教授活动的进行中	单元、学期、学年结束时
评价重点	认知、情感及动作技能的能力；身体性、环境性、心理性的主要原因；相应的补救措施	认知能力，提供儿童进步的描述	一般是认知能力，按照学科也有动作技能和情感能力，关心最后的成果

由于教育活动极其复杂，每一种评价都有自己的特点和长处，也存在一定的不足，都有特定的适用范围和界限，这使得单独任何一种类型的教育评价都不可能全面掌握和指导幼儿园教育活动。因此，只有将多种评价加以综合使用，才能既充分发挥各种评价的优势和特长，又可以互相弥补各自的缺点和不足，从而使评价的结果更加客观、公正。

二、幼儿园教育活动评价的价值取向

幼儿园教育活动评价的取向分为目标取向、过程取向和主体取向，幼儿园教育活动评价到底偏向哪种取向，取决于教师设计的教育活动结构化的高低，具体表现为：在设计高结构化的教育活动时，活动设计者往往会采纳教育活动的目标取向；在设计低结构化的教育活动时，活动设计者往往会采纳教育活动评价的过程取向或主体取向。

（一）幼儿园教育活动评价的目标取向

顾名思义，它是将教育活动组成的课程目标看作教育活动评价的标准。虽然这种评价取向简单易行、便于操作、容易推广和施行，但是这种评价取向忽略了人的主体性和创造性，将教育活动设计和实施的过程看作一个简单化、机械化的过程。如中班数学活动《白猫警士捉老鼠——认识10》[1] 这一教育活动。

实例链接

中班数学活动《白猫警士捉老鼠——认识10》

活动目标：

1. 感知10以内的数量，体验数学的重要性和趣味性。
2. 多感官感知10以内的实物数量，理解数的实际意义。
3. 提高观察、动手操作、运用数学语言大胆表达的能力。

活动准备：（略）

活动过程：

1. 用“黑猫警长和白猫警士”的游戏情节导入，激发幼儿兴趣。
2. 游戏“白猫警士练本领”，复习9以内的数量。
3. 游戏“侦察敌情”，理解10的形成与实际意义。
4. 游戏“白猫警士捉老鼠”，练习排除大小、排列等干扰，感知数量10。

评价内容（福建福州市蓓蕾幼儿园 林霞）[2]：

（1）找到儿童的兴趣点。

教师了解当下学生喜欢和关注的动画形象、游戏情节等，并巧妙地结合到数学集中活动中，使数学变得有趣。

（2）情节设置合理，符合生活经验。

数学活动中的游戏情节设计符合幼儿的生活经验，在不脱离实际下设置情境。

（3）游戏的设计要注重内容。

游戏的设计始终围绕教学目标展开，促进幼儿对于数学内容的学习和理解。

案例基于生活和游戏中的数学学习，让孩子感受——数学与生活的关系，数学与自己的关系，数学的真实和有趣，学习数学的意义和价值。

（二）幼儿园教育活动评价的过程取向

幼儿园教育活动评价的过程取向承认评价是一个价值判断的过程，将人在教育活动设计和实施过程中的表现作为评价的主要内容。这种评价不仅要评价课程组织实施的过程，而且要评价幼儿的学习过程，注意了解不同幼儿的发展网络、发展背景及心理变

---

① 摘自于联合国儿基会“爱生幼儿园”项目农村幼儿园教师培训资源包案例，摘用时有删减。

② 借鉴于联合国儿基会“爱生幼儿园”项目农村幼儿园教师培训资源包培训文稿。

化，了解影响幼儿发展的价值因素，形成最有价值的评价。① 如一位教师设计的游戏活动《沙上游戏》。②

实例链接

沙上游戏

材料提供：

1. 瓶罐、纸板、纸卷筒等。
2. 树枝、石头、杂草等。
3. 砖头、竹筒、竹片、板块、水管等。
4. 铲子、水桶、簸箕等。

可引发的活动：

1. 用竹筒或水管引水入沙池。
2. 使用砖头、易拉罐、板块等材料搭建楼房、城墙、城堡等。
3. 用铲子等工具挖隧道、地洞等。
4. 在沙上加点水堆山坡、种树、铺草等。
5. 用簸箕筛沙。

简要评价：沙水区可投放幼儿在沙上搭建的积木、插塑、瓶瓶罐罐等材料；提供可供探索的铲子、筛子、大小不同的桶、瓶罐等材料；提供水管等玩水的材料。沙水自身的多种特点具有探索价值，对于幼儿来说是一种具有多样性探索的综合游戏材料，适宜幼儿表现和创造。

（三）幼儿园教育活动评价的主体取向

这种评价将教育评价看作评价者与被评价者、教师与幼儿等共同建构意义的过程，是一个多元的价值判断的过程。它采用的是对情景的理解、人的自由和解放、每个主体对自身行为的反思，而不是对被评价者的调控。这种评价取向尊重差异，尊重价值多元，将个性解放至于重要的位置。但是，这种评价取向也因为其多元性、不确定性和随意性，在操作上有相当的难度。如一位老师设计的教育活动《奇怪的芋艿》③。

---

① 参见朱晓梅、傅淳：《从我国幼儿园课改透视课程评价价值取向之变化》，载《学前课程研究》，2007 (2)，9页。

② 《沙上游戏》作者：福建省幼儿高等专科学校附属第一幼儿园郑琼。

③ 《奇怪的芋艿》作者：江苏苏州市金家坝中心幼儿园计彩娟。

实例链接

奇怪的芋艿

芋艿是本地区常见的作物，但刚接触芋艿时，孩子们被它的外形吸引住了。他们不约而同地问："老师，这是什么呀？长得好奇怪呀。"俊熙说："我觉得它像一只乌龟"……当知道是芋艿时，孩子们更好奇了，"这么奇怪的芋艿是哪里长出来的"。听了孩子们的提问，老师顺势激发："芋艿到底是哪里长出来的，老师也不知道，不如我们动手种芋艿吧，看谁的答案是正确的。"

简要评价：芋艿俗称芋头，是本地区常见的作物，但孩子对它奇特的外形产生了兴趣。自问题提出开始，幼儿和教师始终处于平等的对话关系，最后引出教师和幼儿一起种植芋艿，在操作中使幼儿获得对芋艿最直观的关键经验。

幼儿教师及其他人员在对幼儿园教育活动评价之前，要树立科学的评价观念。在评价过程中始终坚持以幼儿的发展为最终目的，一切评价都要建立在评价者自身的价值观之上。教育评价的重新审视需要评价者尊重每个幼儿的个性特点和发展潜能，坚持积极评价的基本原则，多鼓励幼儿，始终从多个角度和层面去评价幼儿园教育活动，在多元、和谐的氛围中对幼儿进行评价，充分发挥各种评价方式的优势，使幼儿园教育活动评价的诊断作用、改进作用和调控作用真正落到实处。

技能训练

请分析下列案例中教师评价存在什么问题，并提出改进意见和建议。

（1）牛牛的游戏。

牛牛每天都选择在建构区游戏，他可以设计出各种各样的汽车类型，还可以指导其他幼儿进行游戏，老师认为牛牛长期在建构区游戏使他的动手建构、空间想象等能力得到了充足发展，但在音乐感受、阅读理解等方面的能力有所缺失。所以教师建议牛牛去其他区游戏，但牛牛并没有采纳老师的意见，老师便采取降温措施，尽量不去关注牛牛，也不对牛牛建构的汽车做评价，但仍然无法使牛牛离开建构区进入其他区角……

（2）小班数学活动《高矮排序》片段。

老师将"小小国评比活动"的故事导入教学活动，教师与幼儿共同观看故事片段。在观看的过程中，老师一直在看短片，没有关注幼儿。

T：谁得了第一名？怎么评的？（教师举起手，示意幼儿举手回答）

C1：它在台上表演节目的时候……（教师在幼儿回答问题的时候，去搬动旁边的黑板）

T：主持人叫他们怎样站？怎么排队的？谁能回答？

C2：（声音很小）……

T：想想他们是怎么排队的？

C3：从高到矮。

T：从高到矮，哦，主持人是让他们从高到矮来排队的，是不是？（老师看黑板上的图片，没有看回答的幼儿）

C3 依稀回答是。

C4：那个最左边的是高的。

T：哪一个？是这个么？这个穿裙子的小姑娘呢？

C5：嗯。

T：第三个呢？是比较高。

幼儿跟着教师说比较高。

T：这个呢？比较矮。

幼儿又跟着说比较矮……

学练结合

1. 请结合幼儿园中的见习，观察幼儿教师对幼儿园集体教学、游戏活动、一日生活或者体育活动的安排，任选其一，从目标取向、主体取向和过程取向分别分析教师评价中存在的问题。

2. 请为刚入园的幼儿设计评价表，对幼儿生活自理能力进行评价，评价表中至少涉及两种评价类型。

3. 请对下列游戏案例进行评价。

大班民间游戏《狡猾的狐狸在哪里》

目标：

(1) 在游戏中，幼儿能根据狐狸的方位指令，迅速寻找相反的安全地方躲藏，提高幼儿敏捷的反应能力。

(2) 引导幼儿运用场地上的轮胎、梯子、木桩、木板快速搭建自己所需的藏身之所，培养幼儿的创造性和合作性。

准备：

轮胎、梯子、木桩、木板等可移动材料。

玩法：

(1) 幼儿两人一组，以民间游戏“炒黄豆”进入场地。

(2) 幼儿围成圈，边走边念童谣，念到“狐狸狐狸，在哪里”时教师拍一幼儿的头，这位幼儿便是“狐狸”。“狐狸”可以说“在上面/在下面/在里面/在外面”中的一个方位。其他幼儿听到“狐狸”的指令后，迅速躲避到与“狐狸”指令相反的安全地方。

(3) 如果“狐狸”选择“下面”指令，表示地面是不安全的，所有幼儿都要寻找用木桩、木板搭建的“安全地带”，在上面站着或者坐着。如果没有找到合适的“安全地带”，就会被“狐狸”捉到。

(4) 可适当减少材料提供，增加游戏的难度。

请结合以上游戏活动，对游戏目标、游戏过程从幼儿主体的角度进行简单评价。

第二节　幼儿园教育活动评价的实施

基础知识

幼儿园教育活动评价是幼儿园教育的重要组成部分，《幼儿园教育指导纲要（试行）》中提出教育活动评价宜重点考察教育活动的目标、内容、组织与实施方式，以及环境能否向幼儿提供与本指导纲要所要求的教育目标相一致的学习经验，满足幼儿全面发展的需要。因此，幼儿园教育活动评价的实施成了评价中的关键，评价者要理解幼儿园教育活动评价的内涵和内容，选择适宜的教育活动评价方法，严格遵守活动评价的过程，充分考虑儿童的发展特点和在具体教育情境的适宜性，以促进评价工作的实效。

一、幼儿园教育活动评价实施的原则

《幼儿园教育指导纲要（试行）》中提出教育活动评价的过程，是教师运用幼儿发展知识、学前教育原理等专业知识于教育实践，分析问题、解决问题的过程，也是教师成长的重要途径。教育活动评价应以教师自评为主，同时发挥教师群体的智慧和合作精神，共同研究、共同提高，教育活动评价应结合教师的实际工作，自然地伴随着整个教育过程进行。评价的实施伴随着幼儿园教育活动的过程产生，即幼儿园教育活动评价的实施是指幼儿园评价主体对幼儿园教育活动评价的实际行为。

（一）发展性原则

教育评价是幼儿园教育工作的重要组成部分，是了解教育的适宜性、有效性，调整和改进工作，促进每一个幼儿发展，提高教育质量的必要手段；是教师运用专业知识审视教育实践，发现、分析、研究、解决问题的过程；也是其自我成长的重要途径。这体现了教育评价由“鉴别性”转向“发展性”，即以评价促进幼儿、教师、课程与教学不断发展的理念。为了更好地发挥评价在促进学生发展、教师专业能力提高和改进教学质量上的功能，评价者在实施评价中应当遵循全面和个体发展性原则，它包含两层含义。

1. 要对幼儿园教育活动进行全面评价

评价的内容应反映教育活动中幼儿和教师的全面状况，而不仅仅停留在活动的形式和方法等浅显的层次上，还应当包括在教育活动过程中儿童是否始终处于最近发展区之内，活动是否引起了幼儿和教师的兴趣，是否更进一步促进了儿童和教师多方面的发展；要防止评价内容只关注于教学或课程的片面化倾向，使评价的视角更全面多向，同时关注对幼儿学习兴趣、态度、情感、交往、学习风格、学习习惯、自理能力、适应集体、遵守规则等多方面的考察和评价。

评价的渠道应体现全面和多样，即评价者既可以通过在日常活动中采用观察、记录、交流等多种方式进行对教育活动中教师和幼儿层面上的评价，也应当把来自家庭、社区等多种渠道的信息作为一种评价的途径。应当树立起评价是教师、儿童、家长及管理部门共同参与和合作的过程的理念，而不是以往家庭和社会不参与评价，只了解幼儿评价情况的状态。

2. 注重全面性的同时要有儿童个性的发展

作为教育者，既要全面关心儿童群体的发展，也要关注儿童作为独立个体的发展需要和潜力。因此，对于评价者来说，既要关注幼儿的全面和谐发展，也要关注幼儿某一方面的突出表现和潜在能力，为其个性化、个别化的发展和生成留有空间。在教育活动评价实施中的个别化原则是指评价者或教师应当从幼儿的不同潜能和个性出发制定评价手段和方式，如以“幼儿成长档案记录袋”的形式，既能记录评价幼儿的现有能力水平，又能了解幼儿的成长过程和发展方向。此外，个别化原则还指教师应当遵从幼儿的个别差异，可以视评价的实际情况，在活动的一定情境范围内针对不同的幼儿有不同的观察和记录着眼点，体现评价的弹性化、个性化。

（二）科学性原则

教育活动评价的科学性原则要求在评价的实施中，评价者不能单凭主观经验或直观感觉来评定和判断教学质量，而必须采用科学合理的评价方法、手段和工具来展开评价。

首先，科学性原则体现在评价展开之前，教师应对评价的对象、内容及评价的依据认真考虑，明确为什么要评价、满足什么需要、解决什么问题、应当收集哪些方面的信息和数据、要采用哪些测量或评估手段、在什么时间和场地进行评价等一系列问题，即充分做好评价前的准备。

其次，科学性原则也体现在评价的实施中，评价方法和手段要具有科学的标准，能便于评价者合理操作和实施。

最后，科学性原则还应当体现在评价者必须综合考虑教育活动各相关因素间的相互关系和作用，从静态和动态两方面实施评价，既考虑量化的评价指标又体现对质性评价手段的运用。

（三）导向性原则

由于教育活动是在特定的环境与背景下由不同的个体参与而发生的活动过程，因此，对教育活动的评价不可能脱离其特定的情境。脱离了具体和特定的情境对活动中的各项内容和要素的评价往往是标签式的、等级式的且有失偏颇的简单评价。

教育情境中，评价是把获得的教育活动过程中的信息与评价标准进行比较并做出判断和决定的过程。作为评价者，应当对于教育活动的过程进行真实无误的记录，观察与记录教育活动过程中幼儿、教师等在实际情境问题中参与、操作、实验、交流、合作、态度等方面的状况，并对其中的相关因素做出分析和评价。把握和提倡评价中的情境性原则，更关注的是教育活动的过程而非果，更强调的是评价的过程性、现场性和即时性。

（四）定量和定性评价相结合原则

定量评价是对活动过程和结果从量的方面进行分析，通过数量化的说明对所评价的现象做出解释。如对幼儿智力发展的评价，就常用数量化的智力商数来表示。定性评价是对活动过程和结果从质的方面进行分析评价，是通过对现象进行质的深层次的分析做出的评价。如对教师的教学责任心评价，就是从质的角度去考察和评价。

数量和质量是一个事物的两个方面，既没有离开数量的质量，也没有离开质量的数量。所以在教育活动评价中，要将定量分析和定性分析结合起来，互相补充，相辅相成，才能使评价更全面、更科学。

（五）甄别性原则

评价是每位教师日常教学工作中不可缺少的一个部分，其核心是通过获取信息来做出判断，它以确定教学活动中幼儿的能力水平、测定教学的效果、调整教育过程、通过反馈激励来促进幼儿学习为主要目的。

二、幼儿园教育活动评价的内容

（一）幼儿园教育活动设计的评价

幼儿园教育活动设计的内容被称为“教案”，是针对单个课程活动设计的具体活动方案文本，活动设计的评价可以为幼儿园活动设计的完善提供借鉴和参考。一般而言，幼儿园教育活动设计主要包括活动目标、活动内容和活动过程三大部分。

1. 幼儿园教育活动设计中活动目标的评价

幼儿园教育活动的目标是实施具体教学活动的指针，它会影响幼儿园教育活动的质量。如果在教学活动设计时，活动目标背离了幼儿园课程的理念，那么具体实施的活动也将偏离幼儿园课程的理念，使整个活动过程无法顺利开展。判定幼儿园教育活动设计中目标确立的合理性，应从以下两个方面着手。

首先，幼儿园教育活动设计的目标必须符合相应的幼儿年龄特征。目标的设计应该时刻处于儿童的最近发展区之内。“最近发展区”的概念是由苏联的心理学家维果茨基提出的，他认为教育应该先于儿童的发展而存在，因此目标的设计必须与幼儿的发展相一致，并能略高于幼儿的发展水平，使幼儿从现有的水平向更高的水平发展。

其次，幼儿园教育活动设计的目标要适应幼儿发展的需要，并紧密结合幼儿的生活。幼儿园教育活动的目标必须要符合儿童的年龄发展特点，不随意拔高幼儿的发展，更不能脱离幼儿的生活经验。如教育活动《金猴降妖》的活动目标。

实例链接

金猴降妖

活动目标：

1. 在观察比较中了解脸谱主要图案所表示的含义，能用对称的经验以绘画的方式表现唐僧师徒四人的有趣特征。

2. 对故事《金猴降妖》感兴趣，积极大胆地表现自己喜欢的人物的特征。

评价与分析：《唐僧骑马咚那个咚》是许多大班幼儿熟悉的儿歌，能挑战大班幼儿解决问题的能力。面对角色的缺失，幼儿的反应是不同的，通过观察，教师可以了解幼儿的想法，帮助幼儿积累面对问题、解决问题的能力。许多教师在进行“我是中国人”主题下的《京剧脸谱》活动时，较多表现的是脸谱颜色和对称这两个主要经验，而此环节的处理，巧妙地引出了老妖婆——旦角，丰富了幼儿认知的广度。

资料来源：上海学前教育网，http://www.age06.com/Age06.

2. 幼儿园教育活动设计中活动内容的评价

对教育活动内容的评价主要包括三个方面：

第一，活动内容的评价要结合目标的设计。集体教育活动、游戏活动、体育活动和幼儿的一日生活都应该遵循目标的制定原则，评价时要考虑目标在内容中的体现。

第二，活动内容的评价应具有的科学性。依据维果茨基的“最近发展区”理论，选择的教学内容应是幼儿最需要学习，而且经过一定的努力能学会的内容。因此，教学内容选择得是否恰当可以从这些方面评价：教学内容是否依据教学目标来确定；内容选择是否贴切幼儿生活实际，是否在幼儿“最近发展区”水平；知识的逻辑顺序和幼儿心理顺序是否相结合；是否充分分析教材，将教材内容和幼儿实际生活结合，将益智教育与品德教育结合。

第三，活动内容的评价要凸显全面性。幼儿园活动内容选择不仅从单一角度进行考虑，而且要确定活动是否能够促进幼儿的发展及促进幼儿哪些方面的发展，因此在幼儿园活动评价时要从教师、活动本身、幼儿参与活动后的行为、情绪和状态等角度对幼儿园活动进行评价。

3. 幼儿园教育活动设计中活动过程的评价

（1）评教学思路。

教学思路是教师上课的脉络和主线，它是根据教学内容和幼儿水平两个方面的实际情况设计出来的。它反映一系列教学措施编排，衔接过渡，详略安排及操作练习等。因此，教育活动实施过程评价，一是要看教学思路设计是否符合教学内容与幼儿实际，是否激发了幼儿兴趣，满足了幼儿学习需要；二是要看教学思路的设计是否具有一定的独创性，能给予幼儿启发；三是要关注教学实施的层次性。教学环节是否按照由浅入深，由易到难，层层递进而展开的，在评价中要充分考虑提问的设计、操作环节的设计等。

（2）评教学方法。

在幼儿园教育活动设计中对教学方法进行评价，主要从活动设计的结构与活动时间和环节的分配及方法与教学手段等方面进行。

第一，教育活动设计的结构安排是否合理，教学环节时间分配和衔接是否恰当，是否存在“前松后紧”或“前紧后松”的现象，指导与练习时间搭配是否合理，幼儿个人活动、小组活动和集体活动的时间分配是否合理，评教学方法和手段运用是否有利于教学目标的实现。

第二，教学方法是指教师在教学过程中，为完成教学目的、任务而采取的活动方式的总称。它不是教师孤立的单一活动方式，它包括教师“教学活动方式”，还包括学生在教师指导下“学”的方式，是“教”的方法与“学”的方法的统一。评析教学方法与手段，应包括两方面的内容。

首先，教学方法是否能依据教学对象、教学目标与教学内容灵活运用。“教学有法，但无定法，贵在得法。”一种好的教学方法总是相对而言的，它需要根据教学内容、幼儿和教师的特点而相应变化，也就是说教学方法的选择要量体裁衣，灵活运用。

其次，教学方法是否具有多样性。教学方法最忌单调死板，再好的方法天天照搬，也会令人生厌。教学活动的复杂性决定了教学方法的多样性。

（二）幼儿园教育活动实施过程的评价

对科学教育活动实施过程的评价包括目标定位、内容选择、过程引导、活动态度、活动表现和活动成效等方面的综合评价，如表 8—3 所示。

表 8—3　　幼儿园教学活动评价表

活动名称：________________　　班级：________________

评价对象	评价维度	评价指标	分值	得分
教师	目标定位	1. 活动目标明确，符合已有经验和发展需要，能体现领域活动的特征。		
		2. 有机整合情感、态度、能力、知识技能等方面的发展要求。		
		3. 目标达成意识强，能贯彻教学过程始终。		
	内容选择	1. 贴近幼儿生活，既符合幼儿的现有水平，又体现一定的挑战性，有助于拓展幼儿的经验和视野、促进幼儿长远发展。		
		2. 善于利用和开发教学资源，活动容量合理，突出重点，体现科学性、可行性。		
	过程引导	1. 能以亲和的态度和灵活的活动形式构建安全、平等、温馨、丰富的学习环境。		
		2. 提供充分的活动时间和适宜的活动空间、设施、材料，有效引发幼儿与环境、材料的积极互动。		
		3. 教学基本功扎实，教学语言生动活泼，简洁流畅，富有启发性和感染力，有利于激发幼儿主动学习的兴趣和热情。		
		4. 教学思路清晰，环节分明，张弛有度，能恰当运用多元化的教学方法和手段，采用适宜的指导策略，形成有效的师幼、幼幼互动。		
		5. 关注幼儿在活动中的表现和反应，能灵活调整活动进程与指导策略；尊重幼儿的个体差异，实施因人而异的个别辅导。		
幼儿	活动态度	轻松、愉快、积极、有序，乐于参与活动。		
	活动表现	1. 对学习内容感兴趣。		
		2. 对活动环境、活动材料、活动方式感兴趣，会利用环境资源学习。		
		3. 能主动、积极、专注而投入地参与探索、操作、讨论、表述等活动流程。		
		4. 愿意与同伴分享经验、意见和感受，有需要时会与同伴合作。		
	活动成效	1. 活动中有自信的表现和成功感。		
		2. 获得与活动内容相关的新经验和新体验，在经验、能力和智慧等方面有所发展。		
		3. 有属于个体的新收获。		
综合		1. 对《纲要》的把握。		
		2. 具有创新点。		
总分				
等第	优秀（100～90）	良好（89～80）	一般（79～60）	较差（60 以下）

1. 评教育活动方法

活动方法的评价要从活动目标是否实现、活动内容是否符合幼儿的实际发展，选择与运用的活动方法是否生动、直观、形象，是否能够使教师和幼儿在轻松、愉快的氛围中学习和探索，幼儿是否是活动的主体，在活动中有没有充分调动幼儿活动的积极性、主动性、创造性等几个方面进行细致的评价。

2. 评活动流程

第一，活动实施过程的结构要严谨、有序，环节交替自然有序，前一个环节要为后一个环节做铺垫，能有效利用时间，并最终达到目标。

第二，活动过程中是否体现了启发性的原则。幼儿学习科学的过程就是探索和发现的过程，因此，教学活动中，教师在材料的提供、环境的创设、问题的提出等方面应该具有启发性，启发幼儿的探索欲望，并进行自主的探索。

第三，活动结构是否合理，是否能根据幼儿活动和学习规律动静交替。

第四，在活动过程中是否采用了多种活动形式组织活动。如采用集体、小组、个别等多种活动相结合的形式，让每个幼儿都可以通过适合自己的方法去探索和发现。

第五，教师是否为幼儿创设了良好的心理环境，使得师生交往和谐融洽。鼓励每个幼儿积极探索，感受自由、合作、分享的乐趣。当个别孩子未能完成探索活动时，教师要采用鼓励和支持的态度，而不是采用讥讽的语言与手段。

第六，幼儿的参与态度应该主动积极，而不是被动甚至是旁观者。

3. 评教师

第一，教师讲解的适宜性是指教师对特定活动内容的讲述、解释是否适宜，即是否有利于幼儿进一步的学习和促进幼儿思考。讲解不清晰或者低层次的重复讲解都是不合适的。幼儿的学习主要不是通过教师的讲解实现的，而是通过幼儿自己的交往及其他实践性活动实现的。

第二，教师教学策略的适宜性是指教师面对特定的教学问题情境，尤其是面对幼儿的学习状况所采用的旨在激励、指导、传授、帮助、启发的具体策略是否合适。这是针对特定的幼儿和特定的问题情境而言的。

第三，教师对幼儿的关注主要是对幼儿在活动中的状况的关注，具体地说，包括对幼儿的现实需要、兴趣、活动投入度、遇到的具体问题等方面的关注。衡量教师对幼儿关注程度的主要内容是对活动过程中幼儿出现的一些重要事项是否注意。

第四，教师总结和评价的适宜性是指教师在活动过程中及活动结束后，是否根据需要开展适当的评价。教师的评价可以针对个别幼儿，也可以针对小组或全班幼儿。可以专门评价，也可以在情境中评价。但评价一定要从需要开发，不能流于形式，为评价而评价。活动评价应注重过程中和情境中的评价。

4. 评幼儿

第一，幼儿的投入程度是指幼儿在活动中注意力是否集中，是否有活动的积极性和主动性，思维是否活跃，是否表现出创造性。

第二，幼儿的互动机会是指活动中幼儿与同伴、与成人的互动机会。幼儿的互动也是一种重要的学习途径和方式。但互动也要从需要出发，无实际问题的讨论、没有合作必要的合作都不是适宜的互动。

第三，幼儿面临的挑战是指活动过程中幼儿是否获得新的经验，是否面临问题并努力去解决问题，幼儿是否有效地运用了已有的经验。换言之，活动有没有将幼儿带到最近发展区。

第四，幼儿的学习习惯是指幼儿活动的坚持性，轮流、合作及分享等基本行为技能的掌握情况等。

教师和幼儿的评价如果都趋向一种良好的状态，则表明在活动中幼儿和教师结成了良好的师幼互动关系。

5. 评活动材料

第一，活动材料在数量和种类方面是否能满足幼儿发展的需要。

第二，活动材料的投放是否具有层次性，是否满足不同幼儿的发展需求。

第三，幼儿在活动过程中是否有争抢玩具的现象等。

（三）幼儿园教育活动效果的评价

幼儿园教育活动效果是根据一定的教育目标选择适宜的教育活动内容，运用多种方法开展教育活动所产生的结果。幼儿园教育活动效果是整个教育活动的一个有机组成部分，对其进行评价影响着整个幼儿园教育活动的过程，也影响着幼儿园教育活动的质量和发展方向。对幼儿园教育活动效果的评价包含幼儿园教育活动目标的达成情况和幼儿发展评价两个方面。

幼儿发展评价是对幼儿身体、认知、品德与社会性等方面的促进作用进行评价。可以分为以下几个部分进行：

第一，活动开始阶段。要明确幼儿已有的经验是什么，对哪些方面发生兴趣。

第二，活动进行阶段。了解幼儿收集了哪些与主题有关的材料，哪些内容可以进行深入研究。

第三，主题的深入阶段。需要明确幼儿是如何解决问题的，采用了哪些方法和途径，在解决问题的过程中幼儿有哪些差异等。

第四，主题的结束阶段。幼儿在这个主题中获得了哪些发展，还存在什么问题，这些问题如何解决等。

三、幼儿园教育活动评价实施的方法

（一）观察记录法

随着幼儿园课程改革的不断深入，《幼儿园教育指导纲要（试行）》《幼儿园教师专业标准（试行）》《3～6 岁儿童学习与发展指南》等指导性文件陆续颁布并贯彻落实，对幼儿教师的观察能力提出了较高的要求。《幼儿园教育指导纲要（试行）》指出：教师要关注幼儿在活动中的表现和反应，敏感地察觉他们的需要，及时以适当的方式应答，形成

合作探究式的师生互动。这就需要教师善于观察，敏于观察，从观察中发现问题、分析问题，并找到相对应的策略。教师对幼儿进行有效观察能提高教师自我研究的能力，使他们对幼儿的行为和心理有敏锐的观察和感悟。① “观察”是仔细看事物或现象，通过叙事、表格、图解与取样观察等方法搜集幼儿资料，并严格按照程序进行观察，以观察记录的方式呈现出来。对幼儿教师来说，有计划地观察是教师的基本要求。② 教师对幼儿的观察记录应该是有目的的、有针对性的，应该根据观察的目标选择性地进行记录。观察的方法主要包括描述/叙事法，取样观察法，表格、图解等观察记录法，同时辅以多媒体技术使记录的方法呈现多样化，如教师利用手机拍照、录像和录音等辅助观察方式的进行记录。

1. 观察的步骤

为了保证教育活动观察的目的性和系统性，观察需要按照一定的过程来进行。一般分为以下几个部分：(1) 制定观察的目标，帮助观察者制定观察的计划。(2) 实施观察，实施观察时为了能更充分和详细地获取各方面的信息，要采用多种观察方式同时进行，如采用一定的工具和手段。(3) 解释观察得来的资料。资料的解释往往带有主观性的特点，因此在解释资料时要充分利用儿童心理学和教育保育知识，正确把握整个教学事件和儿童的行为。(4) 改进教育活动，观察法作为评价的方法必须服务于幼儿园教育活动，教师需要根据观察得出的结论来改善教育活动目标、内容和实施过程，做出及时调整。

2. 观察的记录模式

一般而言，对教育活动观察时所运用的记录表包括教育活动整体式观察记录表（见表 8—4）和教育活动片段式观察记录表（见表 8—5）。

表 8—4　　教育活动整体式观察记录表

活动名称 年龄班 执教老师						
观察项	活动目标的设定	活动内容的选择	活动兴趣的激发	活动环境的创设	师幼互动的效果	教学方法和策略
记录（教师）						
记录（幼儿）						

表 8—5　　教育活动片段式观察记录表

活动名称 年龄班 执教老师

① 参见钱芬：《通过教育观察记录提高教师自我研究能力》，载《山东教育：幼教刊》，2004 (18)，6～7 页。

② 参见虞永平：《学前教育质量问题需要三思而笃行》，载《中国教育报》，2013-10-13。

教育活动	发生的背景和环境	事件/行为、语言（幼儿或教师）	评价与反思
记录			

3．描述观察——轶事记录

轶事记录是观察者对可以表现幼儿个性或某个方面发展的有价值、有意义的行为情况所做的记录。轶事记录不受观察时间、观察地点的限制，凭借文字描述就可记录幼儿的特定动作和行为或某件事。此法运用起来简单方便，可以为评价提供有意义的资料和客观依据。

做好轶事记录应注意以下几点：

（1）轶事记录力求真实，不可将记录者的意见、解释和事实混淆，避免使用带有主观性的词。

（2）记录要及时、准确、具体，要将被观察者的行为、言语、周围情景详细记录，并注意记录的完整性。

（3）记录材料要妥善保存。

案例：在活动室里，幼儿随着音乐进行律动活动。这时阳阳突然从后面冲了过来，一把抱住了琪琪。琪琪顿时慌张起来，害怕地大叫："老师，你看阳阳呀！"她一边喊一边使劲挣脱，可是这时阳阳因为听见琪琪向老师告状，手抓得更紧了，而且还用力亲了琪琪脸蛋一下，之后用力推开琪琪，赶快跑回自己的座位。

我走过去拉着阳阳的小手问："请问刚才你在干什么呢？"她说："我让琪琪和我一起做动作，她不和我做。"我告诉她："你可以先问问琪琪愿不愿意和你一起做运动呀！"我鼓励她马上去告诉琪琪她的想法，并真诚地向琪琪道歉。"我相信她会愿意和你做朋友的。"果然，两个孩子又高兴地一起做游戏了。

这个年龄段的幼儿模仿能力较强。阳阳是想模仿老师的样子去教琪琪做动作。这说明阳阳是个善于观察和模仿的孩子，可是由于她在与琪琪交流时没有表达出她的用意，导致琪琪产生了误会。教师使用了移情法，使阳阳认识到自己的错误，然后让她通过道歉来弥补过错，取得对方的谅解。如果教师能在实践中注意引导幼儿运用合适的方式与他人交流，时间长了，幼儿会逐渐学会利用已有经验处理类似事件。①

（二）学习故事法

1．学习故事评价的内涵和特点

学习故事是一套来自新西兰的儿童学习评价体系，由新西兰学前教育学者 Margarer

---

① 参见于冬青：《轶事记录法运用中的问题及运用策略研究》，载《幼儿教育（教育科学）》，2010（5），22～32页。

Carr 2001 年提出。[①] 学习故事评价（Leaming Story），有时又称为叙述性评价（Narrad-ve Assessment），是一种与表现性评价的理念非常接近的评价儿童的方法。学习故事评价是建立在建构主义学习理论基础上的，并在一定程度上受情景理论的影响。因为个人在学习中不是去习得知识固有的意义，而是自己建构有关世界的意义，因此缺乏情景的学习对儿童来说是没有意义的。学习故事评价试图通过连续描述儿童在真实情景中的行为来展示儿童的学习与发展状况及学习与情景的多方面联系，它强调对儿童的学习与发展进行全面和整体的观察和评价（Carr，2004）。学习故事评价更适合于解读处于某种具体情景中的个人的学习，试图保持学习的复杂性，强调学习的联系性而不是单独的知识或技能，它呈现了在真实情景中更为丰富的学习画面（Carr，2004）。莫讷等人（Morre，Molloy，Morton & Davis，2008）指出，学习故事评价提供了一种特定的理解、看待和解读儿童的方法。当我们与他人（包括儿童在内）分享和交流这种叙事记录时，我们是在交流解读儿童的方法，交流我们对于儿童是什么样的一个人的观点和看法。在交流叙事记录时，所有参与交流的人共同建构儿童的身份。

首先，学习故事是为了支持儿童进一步学习所进行的评价，而不是对学习结果的测评。因此，它是形成性的，关注的是学习过程，是课程的一部分。

其次，学习故事是在日常教学情境中所做的观察，用图文的形式记录下儿童学习过程的一系列“魔法时刻”，关注的是儿童“能做的”（Can do）、感兴趣的事情，而不是儿童“不能做的”、欠缺的地方。在这些魔法时刻，儿童展示出一个或几个有助于学习的心智倾向——勇气、信任、坚持、自信、责任。

最后，教师的计划和支持儿童进一步学习的方法、策略和内容建立在分析所观察到的与儿童学习有关的信息的基础上。

学习故事的这些特点表明，它不仅是一种学习评价的手段，更是一种理念，一种以儿童为中心的、教师与儿童一起工作的方式。教学始于观察儿童的学习（注意），然后尽力去分析和理解它（识别），最后好好地利用我们所识别到的信息来有效地计划和支持儿童的进一步学习（回应）（Drummond，1993）。因此，学习故事作为一种记录儿童学习评价的方式，主要表现在：

（1）一种以叙事形式呈现的评价。

（2）关注儿童的兴趣。

（3）围绕对学习的“注意、识别和回应”展开。

（4）用于为个体和集体的学习做计划。

（5）儿童能够参与评价。

（6）和家庭成员分享儿童的学习经验。

2. 学习故事评价的过程

学习故事可以使用比较简洁的格式，目前常用的格式一般包括以下三部分内容：

（1）观察（发生了什么——儿童实际行为和情景描述）：对儿童自发的游戏、学习

---

① 参见许颖：《学习故事的运用研究综述及其启示》，载《福建教育》，2015（7、8）：31～33 页。

活动和探究过程进行观察与记录。可以主要采用实况详录法（Running Records）详细地记录儿童在这一时间段或者事件中的行为、语言、与教师的互动等细节，同时还可以记录近来与该儿童相关的一些背景信息。

（2）评价（学习什么——解读、评价和回应儿童的学习行为）：对儿童学习行为的分析和评价。如分析儿童在此时的活动中学习到什么数学概念，发展水平如何，解决了什么问题，遇到了什么困难等。不仅可以分析儿童数学学习活动的内容和表现，而且可以分析儿童的学习兴趣、学习品质、与同伴之间互动的状况，同时还可以分析教师对该儿童的关注、理解、互动和回应策略。

（3）下一步该怎么做（下一步）：对儿童下一步指导的计划。如教师如何发展儿童的兴趣、能力、学习及学习品质，如何把这一学习内容与课程其他领域的学习联系起来，以及如何通过家园合作来促进儿童发展。

（三）作品分析法

作品分析法是根据幼儿的各种作品，如图画、泥塑、所编故事、儿歌等分析幼儿的发展水平，或检测教育教学活动效果的一种方法。

例如，要求幼儿观察小金鱼的生长变化并做观察记录，教师以此分析幼儿观察的细致性、准确性、系统性，同时了解幼儿坚持性、独立性等品质的发展情况。再如，通过对幼儿科学探索和技术操作作品的分析，综合了解幼儿在各个方面的发展。如进行《光和影》教育活动之前，教师请幼儿画一画自己的影子朋友（见图 8—2）。根据前评价资料，教师在活动过程中不断研究分析，设计出符合幼儿感兴趣的、适合幼儿需要和发展水平的活动，活动实施后进行效果评价，根据幼儿的作品（见图 8—3）了解幼儿进步的情况，检查教育目标的达到程度。①

图 8—2　活动前幼儿所画的“我的影子朋友”

图 8—3　活动后幼儿所画的“我的影子朋友”

① 参见冯晓霞：《幼儿园课程》，北京，北京师范大学出版社，2001。

作品分析法的优点在于资料较易收集，教师有足够的时间对幼儿的作业进行分析、比较，使评价更加客观准确。缺点是作品分析法较多反映的是当前教学的影响，往往不能系统、完整地了解幼儿的科学素质发展水平。

（四）评价表法

评价表法，又称正式评价，是指评价者富有计划性、目的性和针对性实施的评价，往往采用量化的方式进行，在教育活动中多表现为上级行政部门、幼儿园管理层根据一定目的和计划而开展与实施的评价，常见的有各个层次（园内和园间）的教学活动评优等，一般采用量化和等级或分数式的评价表。① 见表 8—6、表 8—7。

表 8—6　　幼儿园教育活动评价表

活动名称：________________　班级：__________　执教者：______________

评价项目	评价标准	总分 100 分		
		分值	得分	小计
教育目标 10%	活动目标凸显本领域教育价值，能体现多元化、层次化，注重促进幼儿兴趣、情感、能力等方面的全面发展。	5		
	目标定位明确、具体，体现适宜性、可操作性。	5		
教育内容 10%	选材符合幼儿兴趣、现实需要和发展水平，有一定的挑战性。	5		
	内容能围绕教育目标，体现教育领域的相互渗透，兼顾群体需要和个体差异。	5		
教育过程 50%	活动的方式及手段合理、恰当、有效。	10		
	活动中各环节清晰，围绕目标层层递进，重点突出，时间安排合理。	10		
	为幼儿提供合适的环境、材料，满足幼儿操作需要，为幼儿创造自主探索、观察、情感体验的机会与条件。	15		
	教师能观察幼儿，根据幼儿需要提供有效支持，师幼互动积极良好。	15		
活动效果 10%	幼儿在活动中情绪愉快、态度积极，参与意识强，各种能力在原有水平上得到提高。	5		
	活动目标能在过程中基本得以落实。	5		
教师素质 20%	教态亲切自然，与幼儿关系和谐融洽，善于鼓励调动幼儿积极性。	6		
	语言简练、规范、富有感染力，提问简洁明了。	6		
	教师基本功扎实，调控活动能力强，有灵活的教学机智和应变能力。	8		
简要评语		合计		

评价者：　　　　日期：

① 参见黄瑾：《幼儿园教育活动设计与指导》，上海，华东师范大学出版社，2007。

表 8—7　　幼儿教师教学活动评估表

活动名称：________　班级：________　执教者：________

类别	观测点		等级			备注
			好	一般	差	
活动主题	符合幼儿兴趣与需要					可从幼儿活动中的表现进行评价
	包含多方面的教育价值					能帮助幼儿学会求知、做人、学习等
活动目标	符合幼儿发展水平					符合年龄班特点与该班幼儿实际水平
	领域价值明确					符合《纲要》精神与领域目标
	目标表述					表述清晰、具体、可操作
活动准备	幼儿准备					包含知识、经验、心理准备
	教师应对预计					教师对突发问题有打算
活动环境	物质材料					
	活动情境					
活动内容	与目标对应					
	考虑到地域性					
	实施中的生成性					活动中有非预先设计的教学内容
	容量适宜					活动内容具有适宜性
	重难点适宜					有重点，突破了难点
	涉及多个学习领域					自然地与其他领域进行了整合或渗透
活动过程	活动方式					运用了多种活动方式
	活动流程	活动环节				活动环节清晰、有层次
		活动转化				活动环节转换自然、有逻辑性
教师活动	教师角色发挥					教师角色发挥适宜，充分并不一定是好
	教学关注	歧视性倾向				教师对不同性别、阶层、优差生等幼儿进行区别对待
		重视幼儿情感体验				善于引导幼儿进行多种体验
		重视幼儿的问题				善于引导幼儿发现问题并认真对待幼儿的问题
		重视幼儿的经验				教师善于利用幼儿已有经验教学
		师幼交往				教师注重师幼互动

续前表

类别	观测点		等级			备注
			好	一般	差	
幼儿活动	表现	活动自主				不是教师说做什么就做什么
		发起互动				幼儿自主发起的与同伴、教师的交往
		情绪愉快				从幼儿情绪表现进行评价
		活动有序				从幼儿活动秩序进行评价
	发展	在原有水平上有发展				幼儿能力、知识、技能有所提高，或获得一种新体验
		达到本次活动目标				达到教师预设目标

评价者： 日期：

（五）成长档案评价法

“你喜欢画画吗?”“你经常画些什么样的画?”“你最喜欢的图书是哪一本?”“你从幼儿园回家后经常做些什么样的游戏?”“你在家里看电视吗?”“你最喜欢什么样的玩具?”“你最喜欢班里的哪个小朋友?”幼儿对上述问题的回答，教师可以在耐心倾听的同时记录下来，连同日常观察记录、检核表、幼儿的绘画及手工作品等，一起放进一个有形的容器里，用以反映幼儿身心发展的状况与特点。这是对成长档案的一种通俗的理解。而从专业角度来看，成长档案是“儿童作品及相关资料的有意收集，以反映儿童的兴趣、态度，以及在特定领域中的努力、进步与成就”①。

成长记录袋的内容应是依据特定目的收集的学生作品及相关资料。实际上除了使用目的，成长记录袋服务的对象（包括幼儿、教师、家长及他相关人员）、课程的内容与要求、社区与幼儿园的实际（如是否具备录音和录像设备）等很多因素，都会影响成长记录袋内容及形式的选择。一般说来，成长记录袋收集的内容可以覆盖幼儿的身体、动作、认知、言语、情感及社会能力等多个发展领域。②

档案袋的运用方法并不是一成不变的，它取决于运用档案袋的目的。另外，对如何收集、分析、利用这些资料，以及与什么人分享资料等问题的回答都是因人而异和因班级而异的。

（六）谈话法

谈话法是调查者通过与被调查者当面交谈来获取信息，进而进行评价的方法。按照谈话方式，谈话法有以下四种。

① 王坚红：《学前教育评价》，北京，人民教育出版社，1994。

② 参见赵德成、徐芬：《成长记录袋在幼儿评价中的应用》，载《学前教育研究》，2002（5）：11～13页。

1. 直接回答问题的谈话

即一种一问一答式的谈话。谈话者把准备好的问题一一提出来，提完一个，让幼儿回答一个。

2. 选择答案的谈话

谈话者把询问的内容预先拟定成具体的选择题，以便供被调查者选择，从而进行评价。如让幼儿说出最喜欢幼儿园的什么地方？（游戏室、科学发现室、电脑房等）进行这类评价时，应尽量考虑供幼儿选择的答案的简单性，不易让幼儿遗忘。有时为了防止幼儿遗忘，还可以适当辅之以实物、照片和图片。

3. 自由回答的谈话

即围绕一个或几个问题进行回答，直到了解问题为止。对于教师对孩子的态度、责任心等方面的评价，可用这种方法。

如：幼儿对教师的评价。

- 你最喜欢班上哪位老师？
- 你为什么喜欢这个老师？

进行这种评价方法时，需给孩子营造一个自然、轻松的氛围，消除孩子的紧张感，甚至可请家长代问孩子并记录幼儿的回答。

四、幼儿园教育活动评价实施的过程

（一）确定评价目标

任何评价，不论是大规模的正式评价，还是在教学过程中的即时评价，都是一种有目的的行为。因此，评价的第一步是确定评价的目的。评价目的涉及三个具体问题，即为什么评、由谁来评、评价什么。

1. 为什么评

评价者要明确当前评价的直接目的是什么，是衡量教育效果是否达到质量标准，还是进行比较和鉴别？是为了对幼儿进行选拔，还是为家长提供幼儿的发展情况？是为了发现和诊断问题，还是为了改进教学？出于不同的目的，评价的具体实施（包括由谁评价，评价的具体内容，收集资料的方法等）也就不一样了。

2. 由谁来评

在学前教育机构，管理人员、教师、儿童及家长都是学前教育评价工作的参与者，幼儿园教育工作评价实行以教师自评为主，其他人员参与评价的制度。在所有的评价主体中，教师与儿童是主体中的主体。

评价的目的不同，评价的主体也就不同。如果是为了对幼儿园的教育质量进行评估定级，就需要由权威的评价机构或上级教育行政或业务主管部门组织实施；如果是幼儿园内部为检查教育效果而进行的评价，则可以由幼儿园的管理人员进行，各班教师配合。教师本人可以针对自己的教育教学情况做出评估，或者进行诊断，从而得到改进和提高；儿童也可以作为评价的主体，对家长、老师、同伴及本人做出各种评价。

3. 评价什么

评价的目的决定了评价的对象和具体内容。在科学教育评价中，既要全面真实地反映评价对象的有关情况，又要从实际出发，节约人力和物力，选择可操作性强的、具有代表性的内容进行评价。比如，对某教师教学方法的使用进行评价，就只需要评价方法实施以后幼儿的发展状况，而不需要将其学历、职称、品德等作为评价内容。

（二）设计评价方案

评价方案是根据评价目的，对整个教育评价的过程进行总体的规划。评价方案的完备与否，直接影响着评价实施的效果。设计评价方案的过程，就是将评价的目的分解成具体的、可以操作的评价内容，以及相应的评价方法。这一步骤包括四个方面的工作：

1. 明确评价标准

在幼儿科学教育的评价中，应该以幼儿科学教育的总目标为依据，对教师的教学、幼儿的发展状况进行评价。

2. 设计评价指标体系

评价指标体系是教育目标的具体化，是把评价内容中各个有关因素集中在一起，按照一定的层次和权重，组成一个指标体系。

比如，要评价幼儿的好奇心，我们可以对照好奇心的概念（好奇心是对新异刺激的积极的反应倾向）确定好奇心的操作定义，即以一系列行为表现作为好奇心的指标，如接近新异刺激，观察刺激物，摆弄刺激物，自我发问，提出问题，长时间不愿离开等，将幼儿的表现分为从远处看、在近处看、用手摸、用语言逗引、模仿动物叫声、喂食、将发现告诉给他人等因素，组成本次评价活动的指标体系。

3. 选择收集资料的方法

收集资料的方法有很多，如观察法、问卷法、谈话法、作品分析法等，不同的评价内容应该选择不同的方法。对同一个评价内容，有时也可以采用不同的评价方法，以相互印证，提高评价结果的全面性和可靠性。关于收集资料的具体方法，我们将在下面介绍。

4. 准备评价的书面材料

为保证评价资料的收集和结果的科学性，在设计评价方案时，还应该根据计划采用的评价方法，设计好相应的表格和文件。如运用观察法时，要准备好观察记录的表格和评价标准；运用问卷法，要设计好调查问卷，力求科学、有效；运用谈话法时，要准备好访谈提纲；等等。

（三）实施评价方案

1. 进行宣传动员

评价正式实施之前，评价的组织者要对评价所涉及的对象做必要的解释，争取评价对象的支持和协助，以免出现负面影响，影响评价资料的真实性。例如，有的教师担心自己班的幼儿成绩低于同行，对班上的幼儿进行事先演练，评价中变相泄题；家长为了让自己的孩子不“落后”，也进行强化训练，这些都会干扰评价方案正常进行，影响评价的真实性。因此，评价者在评价方案实施前一定要取得评价对象的理解和合作，同时也要对幼儿进行适当的解释，消除其可能产生的紧张情绪。

2. 收集评价资料

首先，收集评价资料的过程是科学教育评价中工作量最大、技术性最强的阶段，也是决定评价是否成功的关键。为此，教师要在平时勤观察、勤记录，全面准确地收集资料，完整地保存和积累资料，尤其要关注幼儿在日常生活中表现出的各种探索行为，如专心致志地观察小动物、制作科学玩具等，这些其实都是有价值的资料，评价者应加以重视，耐心细致地进行搜集。

其次，注意在评价过程中尊重、接纳评价对象，不要面对评价对象随意发表议论和评价，以免对幼儿产生一定的影响，无法获得真实、客观的评价资料。

最后，评价者对资料的文字记录要保证客观性，避免使用带有主观色彩的词汇。

如果进行大规模的评价活动，则需要聘请经过培训的测试员，保证评价中的客观性、真实性。在正式实施评价方案时，组织者要对评价现场进行巡视，及时处理测试员遇到的问题。

3. 分析并处理资料

在获得评价资料以后，要及时、认真、精确地分析资料，用统计方法将评价资料加以处理。如果需要，还可以借助计算机辅助完成一些量化统计的工作。

（四）处理评价结果

经过第三步骤的工作，评价者已经获得了有关评价对象的事实材料，这时评价者要针对汇总和整理资料的结果进行全面、认真地分析，做出评价的结论并形成评价报告，然后提供给有关对象，或者反馈给教师，供其改进教学；或者报告上级，使其了解情况。总之，要使教育评价的结果发挥作用，真正成为改进工作或做出决策的依据。

幼儿园教育活动实施的评价是一个复杂性、多元性和挑战性的工作，不仅体现在幼儿园教育对象的特殊性上，还体现在幼儿园教育活动的组织和实施的动态性、多变性、偶然性和潜在性上，因此，在评价上，一定要注重对幼儿园教育活动进行全面的考察，在评价方式上经常要利用两种甚至于数种方法进行评价，考验的是评价工作者对学前教育专业理念的了解及评价知识和评价能力的深刻把握。所以，在幼儿园教育活动评价中，必须树立科学的评价理念，坚持客观的评价标准，运用丰富的专业知识及能力。

技能训练

1. 对下列案例中教师的教学方法进行评价，并说明理由。

（1）语言教学，教师引导幼儿进行“青蛙”的谜语创编。教师先播放一段青蛙生长过程、生活习性的录像片段，让幼儿观看后编有关“青蛙”的谜语。从外形方面编出：鼓眼睛，宽嘴巴，白衬衣，绿大褂，前腿短来后腿长，唱起歌来呱呱呱；从生活习性方面编出：小的时候长尾巴，长大穿上绿大褂，水中游泳地上跳，专捉害虫护庄稼；从功用方面编出：眼睛鼓鼓阔嘴巴，捉害虫来护庄稼，农民伯伯把它夸，我们应当保护它。

（2）大班歌曲教学《回声》中，教师将歌词内容绘成图，学习歌曲前引导幼儿观察图上的内容，让幼儿边观察边讲述，待幼儿熟悉图上内容后，再归纳出歌词，便于幼儿记忆，在此基础上，再教幼儿学习歌曲。

（3）中班音乐欣赏《摇篮曲》中，教师给每位幼儿准备一个布娃娃，让幼儿随着音乐摇动布娃娃，体验做妈妈的情感，理解乐曲的内容。

（4）中班故事教学《月亮姑娘难做衣裳》中，教师在活动准备环节让幼儿观察月亮圆缺变化的情况，获取月亮圆缺变化的知识经验，在学习故事时，幼儿容易理解为什么月亮姑娘的衣裳难做：因为她的圆缺（即胖瘦）变化太快，所以刚做好的衣服就不合身了。

（5）中班科学活动：探索树的用途。教师引导幼儿探讨树木的用途时，既可以回答最常见的用途：树木可以制作家具、学习用具（如铅笔）、劳动工具（如木锨），可以造纸，还可以做建筑材料，等等；还可以回答生态方面的用途：树木可以美化绿化环境，制造氧气，净化空气，可以固堤、防止水土流失，还可以为小动物提供住所、提供食品（果实、树叶），使小动物生存，维持生态平衡；特殊的树木有特殊的用途：橡胶树能生产橡胶，椰子树能提供椰汁饮料，等等。再如，让幼儿设计到太空探险的工具，可以有宇宙飞船、航天飞机、火箭、飞碟等，也可以鼓励幼儿大胆创新，想出与其他幼儿不同的办法。

2. 请对下列教师的教学行为进行评价。

一次美术活动中，老师让小朋友们画《春天的花圃》，在小朋友们都聚精会神画画的时候，老师发现灿嵘小朋友在画纸上画了很多小竖线，却没有画小花。老师轻轻地走到他的身边，他连忙用胳膊把画纸捂住，并把头狠狠地低下去。很明显，他知道自己“画得不好”，就在这时，坐在他旁边的小女孩抢着告诉老师：“老师，老师，他什么也不会画，他画得乱七八糟。”灿嵘听后，很不好意思地红着脸，一脸羞愧地看着老师。当时，老师看着他的表情，心里像打翻了五味瓶一样。是呀！孩子的心多么脆弱，当众出丑让他觉得很难堪！而老师既不能很虚假地表扬“你画得不错”，也不能完全否定，继续伤害他。于是，老师只是很随意地说了一句：“不会画花，可以画一些其他的东西，就像小草……”灿嵘听老师这么一说，捂着的手才慢慢地放开，他看着自己的画，若有所思地说：“老师，老师，我画的是冬天的花！你看，这就是小雪花。”你瞧，他想得多好！老师趁机表扬了他，并告诉他：“春天来了，冬天已经过去了，你也画一些春天的花，好吗？”灿嵘想了想，点了点头，又继续画了起来。待活动结束时，老师发现灿嵘的画纸上多了许多小花，老师会心地笑了。老师想：正是因为给予他积极鼓励的评价，才会使他逐步克服困难，战胜自卑，拥有自信。

学练结合

1. 观摩幼儿园一日教育活动，运用轶事记录法记录游戏活动或劳作活动并评价实施。

2. 到幼儿园见习，运用本章的相关评价表对一日活动或半日活动进行评价。